실패한 교육과 거짓말

Noam Chomsky on MisEducation

Chomsky on MisEducation

Copyright ⓒ 2000 by Noam Chomsky
All rights teserved
by the publisher, Rowman & Littlefield Publishing Group

Korean Translation Copyright ⓒ 2000 by Ahchimyisul Publishing Co.
Korean edition is published by arrangement with The Rowman & Littlefield
Publishing Group through BOOKCOSMOS.COM

이 책의 한국어판 저작권은 BOOKCOSMOS.COM을 통한 저작권자와의 독점 계약으로 아침이슬에 있습니다. 신저작권법에 의해 한국 내에서 보호를 받는 저작물이므로 무단 전재와 복제를 금합니다.

실패한 교육과 거짓말

초판 1쇄 발행 · 2001년 2월 27일
초판 5쇄 발행 · 2004년 5월 25일

지은이 · 노암 촘스키
옮긴이 · 강주헌
펴낸이 · 박성규
펴낸곳 · 도서출판 아침이슬

등록 · 1999년 1월 9일(제10-1699호)
주소 · 서울시 마포구 합정동 364-70 (121-884)
전화 · 02) 332-6106 / 팩스 · 02) 322-1740
e-mail · webmaster@21cmorning.co.kr
홈페이지 · www.21cmoring.co.kr

값 8,500원
ISBN 89-88996-09-7 03370

* 잘못 만들어진 책은 바꾸어 드립니다.

실패한 교육과 거짓말
Noam Chomsky on MisEducation

노암 촘스키 지음 | 강주헌 옮김

아침이슬

옮긴이의 글
진정한 민주교육, 거짓과 진실을 구별하는 교육을 위하여

天命之謂性
率性之謂道
修道之謂教.

　중용(中庸)의 첫 구절이다. 이 말씀이 맞다면, 교육의 첫걸음은 천명, 즉 하늘의 명령이다. 물론 이 글에서는 스스로 배움을 말하지만, 현 세상이 교육을 제도화해서 의무적으로 강요하는 한, 제대로 되지 못한 교육은 천명을 어기는 꼴이다. 마침 이 책의 번역을 끝냈을 때 교육부(명칭의 변화는 중요하지 않다) 장관이 교체되었다. 언론에서는 이 정권이 들어서고 벌써 다섯 번이나 교육부의 수장이 바뀌었다고 법석이다. 누가 장관이 되든지 천명을 어기지 않겠다는 신념이 절대적으로 필요할 것이다.
　촘스키의 책은 언제나 신선하다. 지금까지 세상을 보던 시각에 변화를 주기 때문이다. 촘스키는 우리가 교육이라는 제도를 통해서 세상을 지금처럼 보도록 길들여지고 있다고 말한다. 그런 조작을 정부가 주도하고 언론이 뒷받침했다는 주장이다. 따라서 세상을 비판하자면 새롭게 눈을 떠야 한다. 그 역할을 교육이 맡아줘야 하지만 과연 그럴 수 있는가 의문이다.

예를 들면, 이런 식이다. 현 정권이 들어서면서 천명한 원칙은 시장경제와 민주주의의 병행 발전이었다. 그러나 촘스키는 듀이의 사상을 예로 들면서 자본주의와 민주주의는 양립할 수 없는 것이라고 말한다. 시장경제를 자본주의가 극도로 발전된 형태로 치면 이 정권은 처음부터 거짓말을 한 것이다. 물론 민주주의를 무엇으로 보느냐에 따라 달라지겠지만…….

신자유주의가 이 땅을 밟으면서 새로운 유행어가 생겼다. "부자는 더 부자가 되고, 가난한 사람은 더 가난해진다!" 이 유행어는 우리만이 아니라 미국에서 유행이란다. 아니, 신자유주의 물결에 휩싸인 세계 전체가 그렇다. 부의 분배는 80대 20의 사회에서 90대 10의 사회로 전환된다고 말한다. 또 하나, 노동시장의 유연성을 말한다. 그러나 그 유연성은 언제 해고당할지 모른다는 불안감을 부추길 뿐이다. 촘스키의 해석은 여기에서 멋들어진다. 유연성을 "더 나은 대우로 초과시간을 일한다"는 뜻으로 해석한다. 고매하신 경제학자들께서 주장하는 노동시장의 유연성은 지배계급의 구미에 맞도록 해석되고, 사용되고 있다고 촘스키는 비판하고 있다. 결국 언론을 비롯한 교육받은 사람들이 국민을 현혹하는 "인민위원"을 자처한 것이다.

외국어는 어려서 배우는 것이 유리하다는 이상망측한 논리로 유아에게 영어교육을 강요하는 기업들과 그것에 휩쓸리는 부모들, 국어는 초등학교에 입학하기 전에 당연히 습득해야 한다는 논리로 국어 가르치기를 포기하는 학교, 나날이 어려워지는 중고등학교의 학습 수준들……. 창의력을 키우는 교육을 해야 한다고 목소리를 높이지만 그 방법에 대해서는 얼마나 연구가 되어 있을지 걱정스러울 뿐이다. 촘스키의 역설대로 무작정 외워서 수능시험날 쏟아내기만 하면 되지 않은가! 수능시험이 옛날과 달라졌다고 하지만 그것이 창의력을 평가하는 것인지 정말 궁금하다. 어떤 과학적 근거가 있을까?

촘스키의 교육론은 간단하다. 민주 교육을 한다고 외치기 보다는 실천하라는 것이다. 민주 교육을 한다고 주장하는 것은 그만큼 민주적이지 못하다는 사실을 감추려는 가면에 불과하다고 충고한다. 사실, 민주 교육을 떳떳이 하고 있다면 구태여 그런 자랑을 늘어놓을 필요가 없을 것이다. 가르치는 것보다는 스스로 깨우치게 하는 교육, 그것에 희망의 교육이 있다는 촘스키의 고언을 다시 한 번 새겨보아야 할 때이다. 이민을 떠나는 가족 중 우리의 교육 현실에 불만을 품고 떠나는 가족이 적지 않다는 사실에 교육부는 책임을 통감해야 할 것이다.

이 책은 얼핏 보면 제목과는 달리 교육과 전혀 무관한 책처럼 비쳐질 수도 있다. 교육법에 대한 자세한 설명은 없다. 굵은 줄기만을 보여준다. 그것도 이 책의 편집자인 마세도와 촘스키의 대화를 정리한 1장과 촘스키의 교육관을 밝힌 2장에서 끝난다. 3장부터 5장까지는 마치 현실의 정치와 언론을 신랄하게 비판한 사회과학 서적처럼 읽혀진다. 그러나 1장과 2장에 녹녹히 배인 촘스키의 교육관을 정확히 이해했다면, 3~5장이 이 책에 덧붙여진 이유를 충분히 짐작할 수 있으리라. 정부와 언론과 의회 그리고 지식인까지 한 덩어리가 되어 국민을 속이고 있는 현실을 간파하라는 것이다. 이런 속임수를 뚫어보는 힘을 길러주는 곳이 바로 교육의 현장, 즉 학교가 되어야 한다는 촘스키의 간접적인 절규라 할 수 있다.

  이 책은 다섯 장으로 구성되어 있다. 도날도 마세도의 서문도 읽을 만하다. 1장과 2장은 교육에 대한 촘스키의 고뇌를 절실하게 보여준다. 정부와 기업 그리고 학교가 손잡고 젊은 세대를 세뇌하는 "길들이기 교육"에 대한 촘스키의 신랄한 비판이 우리 교육의 현실을 다시 한 번 생각하게 만든다. 3장은 니카라과 반군과 엘살바도르 반군을 두고 미국 정부가 보여주는 상반된 태도를 적나라하게 폭로한다. 또한 미국의 지성을 대표한다는 《뉴욕 타임스》가 정부 편에 서서 진실을 외면하는 것을 넘어서 심지어 왜곡까지 일삼는 증거를 제시해준다. 4장은 신자유주의와 시장경제의 우월성에 대한 주장이 현실에서는 전혀 다른 결과로 나타나고 있음을 조목조목 반박한다. 특히 이 부분은 《그들에게 국민은 없다》(모색)에서 이미 소개된 내용이기도 하다. 따라서 이 부분을 제외할 생각도 해보았지만, 내용을 검토해본 결과 많은 부분이 추가되었을 뿐 아니라 주석까지 보충되어 덧붙이기로 했다. 마지막 장에서는 지배계급의 첨병 노릇을 하는 존 실버 보스턴 대학 총장과 촘스키의 논쟁을 녹취한 글이 소개된다. 이 책에서는 이 논쟁이 벌어진 시점을 명기하고 있지 않지만, 역자가 조사한 바에 따르면 1986년 보스턴 지방 텔레비전 방송에서 있었던 토론이다. 거짓말과 진실의 대결을 생생하게 느껴볼 수 있을 것이다.

생극에서

강 주 헌

차례

옮긴이의 글 | 5

서문 | 13

1. 길들이기 교육을 넘어서 | 31
2. 민주주의와 교육 | 59
3. 조작된 역사 | 87
4. 신자유주의 질서 안의 시장 민주주의 | 185
5. 거짓을 가르치는 교육의 가면을 벗긴다 | 229

원주 | 249

서문

도날도 마세도

> 민주주의는 실패했다. 너무도 많은 사람들에게 두려움을 안겨주기 때문이다. 부와 행복이 지나치게 집중되어 있어, 지적이고 건강하고 자유로운 사람들로 가득한 세상을 꿈꾸지만 그런 세상은 불가능하다. (중략) 얽히고 설킨 모든 모순이 해소될 때, 그런 세상은 다시 태어날 수 있을 것이다. 그러나 그런 세상이 자본, 이자, 재산, 황금에서 태어나는 것은 아니다.
>
> — W. E. B. 뒤 브와[1]

이른바 개방·자유사회에서 학교는 엄청난 모순의 압력에 직면하고 있다. 학교는 민주주의의 장점을 가르쳐야 한다는 책임을 짊어진 동시에, 다른 한편에서는 현대 민주주의의 태생적 위선에 동조하고 있기 때문이다. 노암 촘스키에 따르면, '민주주의'란 개념은 일종의

---

* 도날도 마세도(Donaldo Macedo)—이 책을 실제 엮어낸 마세도는 크레올 언어, 비판적 글 읽기, 이중언어 사용자, 다문화주의 분야에서 풍부한 식견을 보여주는 글을 발표하고 있다. 저서로 《비판적 글 읽기》(공저), 《권력 읽기》, 《이데올로기에서 비롯되는 문제들》(공저) 등이 있다.

통치방식으로, 기업계에 기반을 둔 소수집단이 민간사회를 지배함으로써 국가를 관리하는 반면 국민은 묵묵히 관찰하는 제도이다. 민주주의를 이렇게 이해할 때, 민주주의는 미국에서처럼 소수집단이 결정한 사안을 국민이 비준하는 제도가 된다. 따라서 공공정책의 결정에 국민이 참여하는 것은 심각한 위협으로 간주된다.[2]

따라서 1960년대와 70년대, 미국이 베트남 전쟁에 참여한 범죄적 행위에 항거하고 시민권 보장과 환경보호를 주장하며 일어났던 민중운동은 지배계급에게 실질적인 위협을 안겨주었다. 당시 미국의 지배계층은 이른바 3자위원회를 결성해서, 정부의 비윤리적 행위에 의문을 제기하는 운동에 민중의 민주적 참여를 억제할 방법을 모색하려 했다. 그렇게 함으로써, 3자위원회는 민주주의의 가치를 가르치는 책임을 짊어진 민주적 공간이라는 학교의 자부심을 완전히 퇴색시키고 말았다. 지미 카터 전 대통령을 포함해서 국제적인 명사와 자유주의자로 구성된 3자위원회는 학교를 "젊은이의 교화(敎化)를 책임지는 기관"이라 정의함으로써 "민주적" 학교라는 모순의 덫을 해소시켜주었다.[3] 촘스키가 3자위원회를 맹렬히 비난하는 이유가 바로 여기에 있다. 학교를 교화 기관, 즉 "순종을 강요하고 독립적 사고의 가능성을 저해하기 위한 기관"으로 전락시켰고, 따라서 "학교는 통제와 억압 시스템 내에서 운영되는 하나의 제도적 역할에 그칠 수밖에 없다"는 것이다.[4]

서구 자본주의의 문화적 헤게모니를 유지하기 위한 방법을 찾던 3자위원회의 목표에 부응해서, 문화연구를 표방하는 연구소들(대부분이 보수적 재단과 국책연구소에게 자금지원을 받았다)이 우후죽순처럼 생겨났다. 그들의 임무는 "지나친 민주주의"를 억압하고, 1960년대의 "사회적 재앙"을 피하기 위해서 "역학관계를 변화시키고 제도를 민주화하려는 사람들"을 신랄하게 비난하는 것이었다.[5] 따라서 정부의 비윤리적(때로는 범죄적) 행위에 이의를 제기하는 민주주의의 실험에 맞받아서 공격하고, "재정적 손실만이 아니라 고등학생의 학력 저하, 마약문제 그리고 길거리의 유혹은 그렇다손 치더라도 아버지와 신앙과 꿈을 상실한 청소년 세대를 위한 대대적인 사회개혁 프로그램"을 정면에서 비난할 필요가 있었다.[1]

지배계급은 학교의 비민주적 역할에 대해 한마디의 사과도 하지 않는 반면에, 교사와 교수 그리고 전문가로 구성된 문화의 중간 관리자들은 어쭙잖은 보상을 받으면서 학교가 여전히 민주주의의 가치를 가르치는 민주적 공간이라는 신화를 선전하는 역할을 떠맡고 있다. 문화의 중간 관리자로서, 교사는 "통제와 억압 시스템 내에서 운영되는 하나의 제도"라는 학교의 역할을 합법화해주려 "신학적 진리", 즉 의심의 여지가 없는 진리를 지탱해주고 있는 셈이다.

이런 현상을 증명해주는 단적인 증거로 내가 즐겨 인용하는 사례를 여기에 다시 소개해보자. 보스턴 라틴 스쿨의 12살 소년, 데이비드 스프리츨러는 "충성의 맹세"(미국인이 국기 앞에서 하는 서약-옮긴이)를 거부했다는 이유로 징계를 받아야 할 처지였다. "모두를 위한 자유와 정의가 보장되지 않는 한, 충성의 맹세는 애국심을 고취시키려는 위선적인 선언"에 불과하다는 생각에서 충성의 맹세를 거부했던 것이다. 스프리츨러에 따르면, 충성의 맹세는 "억압받는 자와 억압하는 자를 하나로 묶으려는 시도이다. 한쪽에는 멋진 자동차를 굴리고 멋진 집에서 살며 돈에 대해서는 걱정이 없는 사람들이 있지만, 다른 한쪽에는 못된 이웃과 살면서 나쁜 학교에 다녀야 하는 가난한 사람들이 있다. 충성의 맹세는 모두가 평등하다고 말하지만, 어떻게 된 일인지 현실은 전혀 그렇지 못하다. 모두를 위한 정의는 없다!"[2]

미국시민자유연맹이 1943년의 판례, 즉 충성의 맹세를 거부하고 의자에서 일어나지 않아도 되는 학생의 권리를 확인해준 연방대법원의 '웨스트 버지니아 주 교육청 대 바레트' 사건을 인용한 편지를 학교 당국에 보냄으로써, 스프리츨러는 징계를 면할 수 있었다.

"길들이기 교육을 넘어서"로 제목이 붙여진 이 책의 첫 장에서 확인할 수 있듯이, 나는 촘스키에게 이런 질문을 던졌다. 12살 소년조차 충성의 맹세에서 위선의 흔적을 꿰뚫어 볼 수 있는데, 더 많은 교육을 받았다는 선생들은 그렇지 못한 이유가 뭐겠냐고. 촘스키에 따르면, "데이비드 스프리츨러에게 있었던 일은 교화를 목적으로 하고 순종을 강요하는 학교에서는 언제든 예상되는 것이었다. 학교가 창의적인 사색가를 길러내는 것보다는, 통제와 억압 시스템 내에서 제도적 역할로 만족했다는 것은 역사적 교훈이다. 따라서 당신이 일단 교육을 받게 되면, 당신은 권력구조를 지탱하도록 사회화된다는 뜻이다. 그렇게 사회화된 대가로 당신은 무한한 보상을 받게 된다." 에드워드 사이드가 정확히 지적하고 있듯이, 이런 점에서 교사는 "권력층에 노동을 제공하면서 커다란 이득을 취하는 전문가 집단"과 다를 바 없다.[8] 국가에서 봉급을 받는 유급 공무원인 교사, 그런 교사에게 지배계급의 의도대로 학생들을 도덕적, 사회적, 정치적, 경제적 복제품으로 만들려는 음모에 가담하라고 요구하는 것은 당연지사가 아니겠는가.

우리는 민주적 교육을 시행하고 있는가? 민주적 교육은커녕, 가르침이라는 지적 영역의 가치를 폄하시키면서 교사를 교묘하게 길들이는 식민 교육의 전형이라 할 수 있다. 식민 교육의 주된 목표는 교사와 학생을 일종의 기계로 만들어 복잡한 절차와 기법으로 뒤엉킨 미로 속을 아무런 생각 없이 걷도록 만드는 데 있다. 따라서 미국의 교육은 창조적 생각과 비판적 사고를 고취하는 시스템이 결코 아니다. 오히려 민주적 학교라고 떠벌리는 곳이 기껏해야 도구밖에 될 수 없는 기술을 가르쳐주는 공장으로 전락해서, 세상을 비판적으로 읽고 현상 뒤에 감추어진 관련 동기를 파악하게 해주는 창조적 사고의 발전을 가로막고 있다. 대체로 이처럼 도구주의적으로 접근된 교육은 객관식으로 치러지는 무의미하고 몰지각한 연습문제 그리고 우리 주변을 에워싸고 있는 종잡을 수 없는 정신분석학적 개념들을 흉내내어 무슨 뜻인지 알 수 없는 고매한 글을 써대는 교사들로 특징지워진다.[9] 교육부가 규격화된 테스트를 통해서 커리큘럼에 대한 감독권을 거듭 주장하고 있기 때문에, 이처럼 얼빠진 교육법은 더욱 힘을 얻어가는 반면에 자아와 공공생활의 관계 그리고 광범위한 시민의 요구에 부응하는 사회적 책임에 중점을 두는 교육은 뒷전으로 밀려나고 있다.[10] 이 과정에서 교사는 기계적인 학습과 암기를 강조할 수밖에 없으며, 그 결과로 교육의 최우선 역할이라 할 수 있는 사회 및 정치 질서에 대한 비판적 분석은 희생되어야 한다. 말하자면, 교사는 학생들에게 사회 구조와 정치 구조를 분석해서 그들의 현실을 냉철하게 파악해야 한다고 요구할 틈이 없는 셈이다. 또한 학생들에게도 현실 구조를 파악해서 진정으로 그들을 위한 진실이 무엇인지 생각할 여유를 주지 않는다. 오로지 학생은 기계적으로 암기해서 나중에 국가에서 시행하는 규격화된 시험문제에 쏟아내야 하는 지식을 단순히 전달 받고 있을 뿐이다(과연 이런 것을 학습이라고 할 수 있을까?). 따라서 독창적이고 비판적인 사고를 향상시키기는커녕, 학생의 정신은 점점 무디어져갈 뿐이다. 시인 존 애쉬버리는 〈시란 무엇인가?〉에서 "학교에선 / 모든 생각이 지워져버렸다 / 남은 것이라곤 텅빈 벌판과도 같았다"라고 이런 현상을 정확히 꼬집어냈다.[11] 기업의 압력으로 우리 사회는 교육을 시장의 요구에 맞출 수밖에 없고, 그래서 학생들은 "고분고분한 노동자, 방관적인 소비자 그리고 수동적인 시민"이 되도록 교육받게 된다.[12] 이런 현상은 필연적으로 학생들의 비판의식을 마비시키는 교육 구조를 만들어내고, 결국 교육은 자기보전을 위해서 사회 질서에 길들여지기 마련이다.[13] 말하자면, "의식세계를 길들여서 빈 그릇으로 만들어버리려는 음모가 개입된 교육 구조로 왜곡될 수밖에 없다. 따라서 지배를 위한 문화 행위로서의 교육은 '뭔가를 아는 사람'인 교육자가 '아무것도 모르는 사람'인 학습자에게 기존 지식을 맹목적으로 전달하는 상황으로 전락하고 말았다."[14]

기업문화의 학교에 대한 지배력이 강화될수록, 교사의 역할은 "공인된 진실", 즉 "정치·경제·이데올로기의 시스템에서 모든 것을 분석하고 실행하고 결정하며 운영하는 소수집단"에 의해서 미리 결정된 "공인된 진실"을 전달하는 역할로 축소된다. 이런 역할(입이 있어도 말을 못하는 역할)을 완수하기 위해서, 교사는 학생들의 사회적 현실과 전혀 관계없는 지식, 또한 형평성·책임의식·민주주의라는 대의와 동떨어진 지식, 다시 말해서 소수집단에 의해서 미리 결정된 지식으로 채워져야 하는 빈 그릇으로 학생을 대해야만 한다. 학생을 바보로 만드는 것이나 다름없는 이런 식의 길들이기 교육에서 학생을 위한 교육적 공간을 기대하기란 불가능하다. 이런 처참한 현실을 적시한 촘스키는 이 책에서 학생을 "청중의 위치를 떠나서, 우리가 건설적으로 참여하기를 기대하는 공통의 관심사에 한 자리를 차지하는 존재"로 키울 수 있어야 한다고 주장한다. 그러나 학생들은 그들을 바보로 만들려는 음모에 가담한 정도에 따라서 보상을 받고, "앵무새처럼 주입된 지식만을 주절대고, 비판적 사고를 포기하고, 사회 질서에 순응하고, 성스런 질서 유지를 위해 필요한 이데올로기로 가득한 내용만을 받아들이는 착한 학생"이 되어간다.[15]

이런 길들이기 교육에서 착한 학생이란 충성의 맹세에 기록된 화석

화된 슬로건을 성실하게 암송하는 학생이다. 착한 학생은 톰 팩스턴의 〈넌 오늘 학교에서 뭘 배웠니?〉라는 노래의 가사처럼 엄청난 거짓말까지도 아무런 생각 없이 기계적으로 받아들이는 학생이다.

> 내 어린 아들아, 넌 오늘 학교에서 뭘 배웠니?
> 내 어린 아들아, 넌 오늘 학교에서 뭘 배웠니?
> 난 배웠어요. 위싱턴은 거짓말을 한 번도 하지 않았다는 걸.
> 난 배웠어요. 모두가 자유롭다는 걸.
> 그게 내가 오늘 학교에서 배운 거예요.
> 그게 내가 학교에서 배운 거예요.
> 난 배웠어요. 경찰이 내 친구라는 걸.
> 난 배웠어요. 정의가 결국엔 승리한다는 걸.
> 난 배웠어요. 살인자는 그 죗값으로 죽어야 한다는 걸.
> 우리가 간혹 실수를 하더라도 말이에요.
> 난 배웠어요. 우리 정부가 강해야만 한다는 걸.
> 우리 정부는 항상 옳고 절대 틀리지 않다는 걸.
> 우리 지도자들이 가장 훌륭한 사람이라는 걸.
> 그래서 우리는 그들을 계속해서 선택해야 한다는 걸.
> 난 배웠어요. 전쟁이 그렇게 나쁜 것은 아니라는 걸.
> 난 배웠어요. 우리가 치른 위대한 전쟁들에 대해서.
> 우리가 독일과 프랑스에서 싸웠다는 걸.
> 언젠가 내게도 그런 기회가 오겠죠.
> 그게 내가 오늘 학교에서 배운 거예요.
> 그게 내가 학교에서 배운 거예요.[16]

다행히 모든 학생이 큰 거짓말로 일관된 교육을 무비판적으로 받아들이고 있지는 않다. 제임스 로웬의 말을 그대로 인용하면, 교사들이 그들에게 전달하는 거짓말을 영민하게 파고드는 학생들이 있다. 예를 들어, 역사 선생이 "과거는 소박한 도덕극(道德劇)"이라고 기술한 교과서를 근거로 학생들에게 그런 의식을 심어주려 한다고 해보자. 역사 선생은 당연히 "착한 시민이 되어야 한다. (중략) 너희에게는 자랑스런 전통이 있다. 너희는 그런 전통을 지키도록 노력해야 한다. 자, 미국이 얼마나 위대한 나라가 되었는지 보거라!"라고 말할 것이다.[17] 로웬에 따르면, 이런 거짓된 낙관주의는 "유색인종의 학생, 노동자 계급의 자녀, 역사에서 여성의 희박한 존재를 깨달은 소녀, 즉 사회·경제적으로 성공하지 못한 집단에 속한 사람들에게 커다란 부담이 될 수 있다."[18] 그들은 소외계급이 되어, 학생들을 거짓말로 포장한 삶에 순응시킬 목적으로 현실을 왜곡한 이데올로기 체제가 가르치는 지식을 곧이곧대로 받아들이길 거부한다. 이런 이유로, 피지배계급의 학생들은 대다수가 낙제라는 극단적 수단으로 교조적 교육정책에 저항한다. 또한 이런 부류의 많은 학생들이 핑크 플로이드의 노래 〈벽 안에 또 하나의 장벽〉을 즐겨 부르는 것도 바로 이 때문이다. "우리는 교육을 원치 않아요 / 우리는 생각을 통제받고 싶지 않아요……"[19] 따라서 내가 주장했듯이, 학교가 개방·민주사회에서 현재의 문화·경제적 헤게모니를 유지하려 한다면 거짓된 신화의 선전에 의존할 수밖에 없다. 바바라 플로리스에 따르면, 신화는 "어떤 의문도 제기되지 않기 때문에 유지되는 것이다. 신화는 복잡한 현실을 단순화시키기 때문에 설득력 있는 것이다. 신화는 진실을 감추기 때문에 비현실적인 것이다."[20] 따라서 촘스키가 강력히 제안하는 대로 진실을 가르치는 교육은 현재와 같은 교조적 체제에 실질적인 위협이 될 수밖에 없다. 현재와 같은 교조적 체제를 지켜주는 대가로 봉급을 받는 교사들로서는 미국이 충성의 맹세를 조직적으로 위배해왔다고 학생들에게 가르칠 하등의 이유가 없다. 노예제의 합법화, 여성 참정권의 거부, 종족말살과 다름없었던 원주민 학살 그리고 피부색이 다르고 성(性)이 다르다는 이유로 행해졌던 차별정책들, 그런 것들이 충성의 맹세에서 외쳤던 인간의 존엄과 존중을 위배한 것이 아니고 무엇이란 말인가!

이런 교사들이 하워드 진의 《미국 민중의 역사》를 가르칠 이유가 없다. 옛날에 매사추세츠 주의회가 인디언의 목에 현상금을 규정한 법안을 공포했다는 사실을 학생들이 이 책에서 배울 수도 있기 때문이다. "인디언 남자 머리 가죽 하나당 40파운드를 받았다. 인디언 여자 그리고 당연히 죽어야 할 12세 이하의 인디언 남자 아이 머리 가죽에는 20파운드의 현상금이 걸렸다"라고 이 책에는 명백히 기록되어 있기 때문이다.[21] 또한 이런 교사들이 노예제도를 반대한 아브라함 링컨조차도 평등, 생명, 자유 그리고 행복 추구권을 명시한 미국의 독립선언문을 진실로 지지하지 않았다는 사실을 학생들에게 가르칠 이유가 없다. 실제 링컨은 "나는 백인과 흑인의 사회·정치적인 평등을 어떤 식으로든 실현하려 노력하지 않았으며, 지금도 마찬가지라는 점을 분명히 지적해둔다. (중략) 다른 사람들과 마찬가지로 나 역시도 백인에게 부여된 우월적 지위를 찬성하는 사람이다"고 말했다.[22]

물론 위에서 언급한 사실들은 미국의 초기 역사에 묻힌 과거의 사건일 뿐이라고 주장할 사람도 있을 것이다. 그러나 우리가 민주주의라는 이름으로 다른 집단이나 종족을 향해 저질렀던 위험천만한 야만성을 기록한 역사의 기억으로부터 우리가 많은 것을 배웠다고 생각하는가? 내 생각은 그렇지 않다. 베트남의 마을들을 파괴하면서 성인

남자는 물론이고 여자와 어린아이까지 학살했던 만행을 미국이 "평화 작전"이라 칭했던 것은 우연의 일치도 아니었고, 용어상의 단순한 실수도 아니었다. 또한 파나마 침공을 "공정한 대의를 위한 작전"이라 명명한 것도 우연의 일치는 아니었다. 파나마 침공은 명백한 침략이었다. 단지 미국 정부가 꼭두각시로 만들어낸 살인광, 마누엘 노리에가를 체포하기 위해서 수천의 무고한 희생양을 죽음으로 몰아넣었던 것이다. 그런데 마누엘 노리에가가 어떤 인물이었던가? 우리의 "민주적" 취향에서 벗어나 독불장군처럼 행동하기 전까지는 "우군"으로 평가 받던 유급 CIA 요원이었다. 게다가 침략이란 수단을 통해 한 국가의 수반을 체포한 행위는 명백한 국제법 위반이다. 우리가 걸프전을 치렀던 이유가 무엇인가? 바로 그 국제법을 보호하겠다는 명목이 아니었던가!

우리가 최근 역사를 기억에서 지워버린다면, 미국이 걸프전의 당위성으로 내세웠던 안보원리와 국제법은 그런대로 도덕적 근거를 가질 수 있다. 좀더 정확히 이야기해보자. 사담 후세인의 쿠웨이트 침공은 야만적이고 잔혹하고 용서받을 수 없는 짓이었다. 그러나 미국이 그레나다와 파나마를 침공한 것이나 터키가 북키프러스를 침공한 것도 그에 못지않게 야만적인 행위였다. 물론 미국이 칠레, 엘살바도르, 과테말라 등의 우익과 암살단을 지원한 것은 언급할 가치도 없다.

이처럼 미국과 미국의 우방들은 야만적인 침략행위와 국제법을 상습적으로 위반해왔다. 그런데 클린턴을 비롯한 서방 지도자들이 나토의 코소보 공습을 "인도주의에 입각한 개입"이라고 지식인과 자유 시민을 쉽게 설득했던 현상을 어떻게 설명할 수 있겠는가? 그들은 코소보 공습을 알바니아인의 인종 청소를 중단시키기 위한 것이라 했지만 실제로는 정반대의 결과를 낳고 말았다. 즉, 나토의 코소보 공습은

"코소보에서 인종 청소와 살육을 더욱 부채질했을 뿐이다. 알바니아인에 대한 살인, 강간, 학대가 급격히 증가된 직접적인 원인이 되었다. 결코 놀라운 일은 아니었다."

성격이 달라 보이는 역사적 사건들을 서로 연계시킬 수 없는 사람들에게 현실을 옳바로 이해시키기란 힘들다. 다시 말해서, "우리가 인도주의에 입각해서 코소보 사태에 개입한 것이 정당하다면, 똑같은 논리로 나토는 다른 나라들, 가령 콜롬비아나 나토의 회원국인 터키까지도 공습해야 마땅하다"는 사실을, 이념적으로 길들여진 사람에게 어떻게 납득시킬 수 있겠는가! 촘스키가 분명히 지적하고 있듯이, "국방성의 추정에 따르면, 콜롬비아에서 현재 정부와 준군사기구에 의해서 저질러지는 연간 정치적 학살 수준은 나토 폭격 이전의 코소보와 비슷한 수준이며, 난민의 수가 1백만을 훌쩍 넘어선 수준이다." 그러나 클린턴 행정부는 콜롬비아 정부의 시민 학살을 중단시키기 위해 공습을 감행하기는커녕, 오히려 마약과의 전쟁을 효율적으로 치르라는 명목으로 군사력을 강화하도록 16억 달러를 지원하겠다고 나섰다. 촘스키의 표현대로, "클린턴 행정부는 콜롬비아의 세자르 가비리아 대통령에게 유난히 관대했다." 재임기간 중에 콜롬비아를 "폭력천국"으로 전락시킨 그 인물에게!

터키의 경우도 별다를 것은 없다. 1백만의 쿠르드족이 미제 전투기를 동원한 터키 공군의 공습을 피해서 고향을 버리고 쿠르드족의 공식 수도인 디야바키르로 피신해야 했다. 또한 미국이 인도네시아를 지원하고 동티모르의 학살에 개입했다는 사실은 자료로 입증되었지만, "인도주의에 입각한 개입"이라는 원칙을 동일하게 적용하고 있다. 이런 사건들의 연관성을 부인하지 않았더라면, 사회적 건망증이라도 없었더라면, 우리는 다니엘 패트릭 모이니헌 유엔 대사의 역할을 편한 마음으로 인용할 수 있었을 것이다. 회고록《위험한 장소》에서, 모이니헌은 인도네시아의 동티모르 침공을 언급하면서 유엔 대사로서 자신의 역할을 이렇게 설명했다. "미국은 사태가 미국의 의도대로 진행되기를 바랐다. 유엔이 어떤 조치를 취하더라도 유엔의 무능력이 증명되는 방향으로 사태가 진행되기를 국무성은 바랐던 것이다. 그 임무가 내게 주어졌다. 나는 그 임무를 성공적으로 완수해냈다."[23] 덧붙여서 모이니헌은 2달 동안 약 6만의 시민이 학살되었으며, "그 수는 2차대전 동안 소련군에 의한 사상자 수와 엇비슷했다"고 말했다.[24] 그럼에도 미국은 이런 역사적 사건들과의 관련성을 부인함으로써 국제법과 국경선을 준수해야 한다는 고결한 도덕적 기준을 줄기차게 주장하지만, 한편으로는 그 국제법과 국경선을 제멋대로 무시하고 있다. 그런데 우리는 왜 이런 확연한 모순을 꿰뚫어 보지 못하는 것일까? 그것은 세상을 비판적이고 논리적으로 판단하게 해주는 정보를 차단함으로써 우리의 지식을 왜곡시키는 이데올로기의 조작 때문이다. 지식의 왜곡은 올바른 의식을 마비시킨다. 올바른 의식 없이 분명한 정치적 견해를 어떻게 발전시켜 나갈 수 있겠는가. 프레이 베토가 웅변적으로 주장했듯이, 현실을 올바로 이해하기 위해서는 삶을 순수한 생물학적 과정으로 파악하는 시각에서, 역사적인 총체적 과정으로 생각하는 혁신적인 전환이 필요하다.[25] 베토는 이런 생각을 "정보의 빨랫줄"이란 개념으로 설명했다. 달리 말하면, 빨랫줄을 따라서 정보가 유입될 수는 있지만 정보 조각들의 관련성까지 포착해낼 수는 없다는 뜻이다. 따라서 인도주의를 내세우며 알바니아인의 인종청소를 중단시키겠다며 코소보 사태에 개입한 나토의 결정을 서구 열강들이 온갖 미사여구를 동원해 지지하면서도 르완다, 콜롬비아, 터키 등의 국가에서 자행된 학살에는 눈을 감아준 것이 결코 놀라운 현상은 아니다. 그러므로 정치적 현상을 올바르게 분석하자면, 유입된 정보 속에서 파편처럼 흩어져 있는 조각들을 분류할 수 있어야 한다.[26] 유입된 정보를 정리해서 그 관련성을 찾음으로써 현상과 그런 현상이 일어난 이유를 포괄적으로 이해하는 정치적 혜안이 발달될 때, 현실의 올바른 이해(지배 이데올로기가 학교 교육에서 없애러 애쓰는 것)도 가능해진다.

이제 우리는 지식의 전달(때로는 강제적인 주입)이라는 길들이기 모델을 통해 교육받은 사람들이 정보를 취합해서 그 관련성을 포착하지 못하는 이유, 예를 들어 코소보 사태에 대한 나토의 "인도주의적 개입"에 감춰진 진실과 실제 현실을 구분하지 못하는 이유를 충분히 이해할 수 있다. 교사들이 이른바 전문가로 자칭하는 대부분의 사람들처럼 지배 이데올로기를 맹목적으로 수용하는 정치적 지식인으로 전락한 데 그 원인의 일부가 있다. 말하자면 교사들 자체가 생각의 조립 공장에서 길들이기 교육을 받았고, 그렇게 전달된 지식의 눈속임에 현혹되어 세상을 포괄적으로 이해하는 데 필요한 비판 능력을 상실한 기술자 집단이 되어버렸기 때문이다. 요컨대 우리가 공개적으로나 암암리에 지원하는 독재정권 하에서 신음하는 국민들의 인권 유린에 정치 지도자들이 연루된 것도 모른 채, 전세계를 돌아다니며 차별 없는 인권 보호를 부르짖는 그들을 추종하는 것도 이런 식으로 길들여진 사고방식 때문이다. 인권을 이처럼 차별적으로 인정하는 우리의 작태는 콜롬비아, 과테말라, 인도네시아, 아이티, 터키 등의 경우에서 분명히 드러났다.

"현실의 비판적 인식"을 억누르기 위해서 지배 이데올로기가 주도하는 거짓 교육의 중심에는 "갈피를 잡지 못하는 민중—순진한 바보—이 스스로는 결코 해결할 수 없는 현실의 문제를 두고 골치 아파하지 않도록 환상을 심어주면서 모든 것을 극단으로 단순화하는 작업"이 있다. 이런 까닭에, "주체(기존 지식의 주체, 때로는 새롭게 만들어진 객체의 주체)를 알게 될 때, 인지가능한 객체와 우리의 관계가 객체 자체로 축소되지 않는다. 우리는 객체들 간의 복잡한 관계를 이해할 수 있는 수준까지 도달할 수 있어야 한다"고 주장하는 촘스키와 파울로 프레이리와 헨리 지루가 제시하는 비판적 교육법을 중등학교와 대학에서 거부하는 것이다.[27]

미디어와 테크놀로지를 통한 "조작된 동의"—덧없는 객설, 언어의 은유적인 구사, 알맹이라곤 없이 포장만 화려한 생각들—에 점점 지배당하고 있는 시대에, 민중이 자기방어책을 마련하는 데 도움을 줄 수 있는 비판적 교육법을 개발하자는 촘스키의 제안은 그 어느 때보다 긴박하게 들린다. 자기기만이더라도 만족할 수 있는 이야기, 즉 자신이나 자신이 속한 집단에 이로운 이야기",[28] 특히 거짓된 것이더라도 지배계급에게서 보상받을 수 있는 이야기를 꾸며가려는 인간의 속성이 팽배한 시대에, 우리 귀를 간지럽히는 어휘의 의미를 비판적으로 분석해서 세계의 의미를 더욱 논리적으로 이해하는 힘을 기르는 것이 현실을 올바로 이해하기 위한 선결조건이다. 프레이리가 제안하듯이, 정치적 훈련을 통해서만 세상에 대한 비논리적 감정이 극복될 수 있으며, 보다 엄밀한 지적 탐구를 바탕으로 보다 논리적인 이해가 가능해진다.[29]

따라서 현실 세계를 단순히 어휘적 차원에서 읽어내는 수준(즉, "인도주의에 입각한 개입")을 넘어서기 위해서, 우리는 "기억, 믿음, 가치, 의미 등과 같은 심리적 단위들, 즉 세계에서 실제로 일어나고 있는 사건들의 상호관계에 대한 비판적 이해력을 발전시켜야만 한다."[30] 이런 식으로 세계—정확히는 세계를 구성하는 문화적이고 사회적이고 정치적인 행위들—를 읽어낼 때, 우리는 현실을 기술하는 어휘들에 담긴 뜻을 제대로 이해할 수 있다.

프레이리가 말하듯이, 현실을 기술한 어휘를 읽기 전에 세계를 먼저 읽을 줄 알아야 한다. 다시 말해서 어떤 실체의 진정한 의미를 완벽하게 파악하자면, 우리를 세계의 의미장에 접근하게 해주고 어휘의 의미 자질들이 그 의미장과 갖는 상호관계를 파악하게 해주는 문화적이고 정치적인 행위들을 분석할 수 있어야만 한다. 그러나 의미는 매우 가변적이기 때문에, "우리 이야기", 대개는 우리의 "자기파괴적 이야기"를 만들어낸 문화적 특징이 반영된 문화적 모델에 근거해서 분석해야 할 것이다.[31] 가령 코소보 사태에 대한 "인도주의에 입각한 개입"이란 구절을 면밀히 분석해보면, 문화·정치적인 행위가 언어의 은유적인 조작을 구체화할 뿐 아니라 결정짓기도 한다는 사실을 알 수 있다. 게다가 그 언어 조작은 인도주의에 입각한 개입이라는 주장의 이면에 숨겨진 실제의 학살과 공포를 텔레비전 시청자에게 감추기 위해서 애매한 표현을 전략적으로 사용한 메시지와 조작된 화면에 의해서 더욱 용이해진다.[32] 윌리엄 루츠에 따르면, 애매한 표현은 "책임을 회피하거나 전가하는 언어, 실질적인 혹은 의도된 의미가 서로 모순되는 언어이며, 또한 자신의 생각을 감추거나 남의 생각을 방해하는 언어이다. 따라서 애매한 표현은 생각의 폭을 넓혀주기보다는 가로막는 언어가 된다."[33]

번뜩이는 혜안을 보여주는 시론(試論)을 모아놓은 이 책에서, 촘스키는 민주적으로 살기를 열망하는 사람들에게 세상을 비판적인 안목으로 보라고 촉구할 뿐 아니라, 현 사회의 질서 및 무질서를 꿰뚫어 보는 혜안을 우리에게 제시해줌으로써 지배계급이 주장하는 민주주의의 위선적이고 비인간적인 관행을 직시하게 해준다. 말하자면, 세계와 사회의 이면에 감추어진 진실이 무엇인지 가르쳐주고 있다는 뜻이다. 또한 촘스키는 이념적으로 조작되어 혼란스럽게만 보이는 현실의 껍질을 벗겨내는 데 필요한 비판적 언어의 화급성을 독자들에게 촉구하는 동시에, 지루와 프레이리의 주장에 동조하여 희망의 교육, 즉 학생들이 민주주의의 성격과 그 역할을 스스로 깨치도록 유도하는 교육을 주장한다. 요컨대 끊임없는 진리의 탐구에서 방관자적 위치를 벗어나 학생들이 역사의 참여자가 되는 교육이 필요하다는 뜻이다. 또한 촘스키는 교사들에게 일침을 가한다. 지배계급이 그들에게 물질적 혜택을 안겨주더라도, 지배계급의 질서를 재생산하고 합법화하고 유지하는 데 일차적 목적을 둠으로써 스스로를 탈지성화시키는 테크노크라시한 교육과의 관계를 과감히 단절하라는 것이다.

교사는 "인민위원(Commissars)"이라는 위상이 주는 유혹의 덫에서 벗어날 수 있어야 한다. 교사는 진정한 지식인, 즉 "중요한 것, 의미를 갖는 것에 대해서 진실을 말하고, 진실을 지켜나갈 의무를 절감하는 진정한 지식인"이 될 수 있어야 한다. 촘스키와 나눈 대화에서 정확히 지적하였듯이, "서구의 지식인들에게는 이런 의무감이 없다. 공인된 적(敵)이 연루된 경우에는 기본적인 도덕률을 가차없이 적용하지만 말이다." 이런 점에서, 촘스키는 민주적으로 살려는 사람들에게 에드워드 사이드가 정의한 진정한 지식인들의 합창에 동참할 것을 촉구한다.

진정한 지식인은 우리를 타인의 세계에서 보호해주는 배경, 언어, 국적 등이 제공해주는 값싼 확신을 과감히 떨쳐버리고 위험을 떠안는다. 말하자면 대외정책이나 사회정책과 같은 문제들이 제기될 때 인간으로서 우리가 취할 수 있는 단 하나의 행동기준을 찾아내서 지켜나가려 애

쓴다는 뜻이다. 따라서 정당한 이유 없이 우리를 공격한 적의 행위를 비난한다면, 우리 정부가 더 약한 집단을 침략할 때 그 침략행위를 똑같은 논리로 비난할 수 있어야 한다.[34]

따라서 교사가 진정한 지식인이 되려면 비판적 언어로 무장해서, 위선과 사회적 부정 그리고 인류의 불행을 규탄할 수 있어야 한다. 또한 "학교는 지배계급의 이데올로기만이 아니라 저항과 투쟁의 가능성도 포용하고, 민주주의의 지평을 확대하고 비판적 시민으로 성장하도록 학생을 준비시키는 터전으로써 다양한 집단에 의해 보호되어야 할 공간이다"는 대명제를 분명히 인식해야 한다.[35] 이처럼 비판정신과 가능성이란 양면에서, 촘스키는 독자들에게 역사의 참여자가 되어 이 세상을 덜 차별적이고 더 민주적이며, 덜 비인간적이고 더 정의로운 세상으로 만드는 데 동참하자고 촉구한다. 인간다운 세계를 만들어가는 방법에 대한 촘스키의 계몽적 강의는 위대한 교육자, 파울로 프레이리의 주장과 더불어 상승효과를 빚어내며 우리 가슴에 더욱 깊이 새겨진다. 이런 점에서, 인간다운 세계를 열망하는 사람에게 프레이리가 끊임없이 상기시켜주는 가르침을 요약하는 것으로 이 글을 끝내도록 하자. "역사를 가능성으로 생각하는 것은 교육 역시 하나의 가능성으로 인정할 수 있다는 뜻이다. 교육이 모든 것을 해낼 수는 없지만, 적어도 약간의 것은 성취해낼 수 있다는 사실을 인정하는 것이기도 하다. (중략) 교육자로서 우리가 도전해야 할 과제 가운데 하나는, 역사적 관점에서 세계의 변화에 기여할 수 있는 것을 찾아내어, 지금처럼 경직된 자세를 버리고 좀더 정직하고 좀더 인간적인 세계를 만들어가는 것이다."[36]

길들이기 교육을 넘어서

도날도 마세도와의 대담

마세도 몇 년 전, 보스턴 라틴 스쿨의 12살짜리 소년 데이비드 스프리츨러 군의 사건을 보며 저는 커다란 당혹감을 느꼈습니다. 그 소년은 "충성의 맹세"를 거부했다는 이유로 징계를 받아야 할 처지였습니다. "모두를 위한 자유와 정의가 보장되지 않는 한, 충성의 맹세는 애국심을 고취시키려는 위선적인 선언"에 불과하다고 생각했던 것입니다. 제가 선생께 묻고 싶은 것은, 12살의 어린 소년도 충성의 맹세에서 어렵지 않게 위선을 꿰뚫어 보는데 그 선생들은 그렇지 못한 이유가 뭐냐는 것입니다. 그들에게 맡겨진 임무의 성격상 당연히 지식인답게 행동해야 하는 교사들이 어린 학생에게도 그처럼 확실한 것을 보지 못한, 아니 일부러 보지 않으려 하는 행위가 저로서는 믿기지 않습니다.

촘스키 그렇게 이해하기 어려운 현상도 아닙니다. 당신이 방금 지

---

* 이 대담은 1999년 6월에 있었던 것이다.

적한 현상은 우리 학교가 주입식 교육에 얼마나 깊이 물들어 있는가를 단적으로 보여주는 증거입니다. 말하자면, 12살 소년이라면 이해할 수 있는 기본적인 생각조차도 이해하지 못하도록 만드는 교육이 시행되고 있다는 뜻입니다.

마세도 고등교육을 받은 교사와 교장이 그 학생에게 충성의 맹세를 암송하도록 강요함으로써 복종심을 끌어내려 했다는 것, 그 자체가 충성의 맹세에 쓰여진 내용을 포기한 것이 아닐까요? 그저 놀랍기만 합니다.

촘스키 내 생각에는 그다지 놀라울 것도 없습니다. 사실, 데이비드 스프리츨러에게 있었던 일은 교화를 목적으로 하고 순종을 강요하는 제도로서의 학교에서는 언제라도 예상되는 사건입니다. 학교가 창의적인 사색가를 길러내기는커녕, 통제와 억압 시스템 내에서 제도적 역할로 만족했다는 것은 역사적 교훈입니다. 따라서 일단 교육을 받게 되면, 당신은 권력구조를 지탱하도록 사회화되었다는 뜻입니다. 그렇게 사회화된 대가로 당신은 무한한 보상을 받게 되겠지요. 가령 하버드 대학을 예로 들어봅시다. 당신은 하버드에서 수학만을 배우는 것이 아닙니다. 하버드 졸업생으로서 당신에게 기대하는 것까지 배우면서, 하버드 졸업생다운 행동에 대해 어떠한 의문도 제기해서는 안됩니다. 칵테일 파티장에서 하버드 졸업생 티를 내려면 어떤 식으로 옷을 입어야 하고, 어떤 식으로 말을 해야 하는지를 배웁니다.

마세도 또한 특수집단 내에서 인간관계를 맺는 방법도 배울 것이고, 지배계급의 목표와 목적, 관심이 무엇인지도 배우겠죠.

촘스키 그렇습니다. 그런 점에서, 하버드와 MIT는 확연히 다릅니다. 물론 MIT를 더 보수적 교육기관이라 평가하는 사람도 있겠지만, 하버드보다는 훨씬 개방적입니다. 캠브리지에서 흔히 들을 수 있는 농담

하나가 이런 차이를 분명히 증명해줍니다. "하버드는 세계를 지배하는 사람들을 가르치고, MIT는 그런 지배를 가능하게 해주는 사람들을 가르친다!" 이런 농담에서 보듯이, MIT에서는 이데올로기에 크게 연연하지 않는 까닭에 독창적인 사고를 얼마든지 할 수 있습니다. 내 위치를 생각해보면, 내 말의 확실한 증거가 되지 않겠습니까? 나는 이 대학에서 강의하면서도 정치 활동에 전혀 간섭을 받지 않았습니다. 그렇다고, MIT가 정치 활동의 본산이란 뜻은 아닙니다. MIT도 여전히 현 세계와 사회의 진실된 부분을 상당히 외면하는 교육기관의 범주에서 벗어나지 못하고 있습니다. 아마도 MIT가 진리만을 가르친다면, 그렇게 오랫동안 버티지 못하고 문을 닫아야 했을 것입니다.

결국 학교는 진리를 가르칠 수 없기 때문에, 민주주의에 대한 선동적 주장을 학생들 머릿속에 주입시킬 수밖에 없습니다. 학교가 문자 그대로 민주적이라면, 민주주의의 상투적 선전문을 학생들에게 주입시킬 필요가 어디에 있겠습니까? 그저 민주적으로 행동하고 처신하면 그만일 것입니다. 하지만 현실은 그렇지 않습니다. 따라서 민주주의의 이상을 떠들어댈수록, 그 시스템은 덜 민주적이라는 증거입니다!

정책입안자들도 이런 사실을 잘 알고 있습니다. 그래서 때로는 진실을 감추려 하지도 않습니다. 3자위원회는 학교를 "젊은이의 교화(敎化)를 책임진 기관"이라 정의했습니다. 대체로 학교는 사회의 지배계급, 즉 부와 권력을 장악한 사람들의 이익을 대변하도록 만들어진 기관이기 때문에 그런 교화는 필연적입니다. 말하자면, 교육의 장인 학교에 들어서는 순간부터 학생들은 권력집단, 주로 기업집단을 옹호하도록 사회화되는 것입니다. 교육을 통한 사회화 과정에서 학생들이 배우는 것이 무엇이겠습니까? 부와 권력을 장악한 사람들의 이익을 대변하지 않으면, 결코 오래 버틸 수 없다는 쓰라린 교훈을 얻게 됩니다. 시스템을 더럽히는 잡초처럼 취급 받아 배척당하고, 결국 사회에서 소외당합니다. 따라서 학교는 쓸데없는 정보나 생각을 억압하거나 왜곡하는 선전도구로서 최적의 효과를 발휘하면서, 3자위원회의 표현대로 젊은이들을 성공적으로 교화시키고 있습니다.

마세도 학교가 선전도구로 전락했다지만, 지식인들이 그처럼 거짓된 선전과 어떻게 공모할 수 있을까요? 권력집단의 이익을 옹호하는 그런 선전에 말입니다.

촘스키 그들은 아무것도 깨닫지 못하고 있습니다. 학교라는 제도가 그들에게 요구하는 서비스를 제공하고 있을 뿐입니다. 교조적 시스템이 요구하는 것을 기꺼이, 어쩌면 무의식적으로 이행하고 있을 뿐입니다. 목수를 고용해서, 목수가 계약한 내용대로 일을 해내는데 그 일을 어떤 식으로 해냈냐고 물을 수 있겠습니까? 목수는 계약한 내용대로 일을 해내면 그만입니다. 그렇습니다, 지식인도 비슷합니다. 부와 권력을 지닌 사람들, 즉 우리가 학교라고 부르는 기관을 소유한 사람들, 더 나아가서는 사회 전체를 소유한 사람들의 이익에 어긋나지 않도록 현실 세계를 애매하게 표현함으로써 그들이 기대한 효과를 안겨주는 사람들이 바로 지식인입니다.

마세도 지식인이 역사적으로 교조적 체제를 지탱해주는 수치스런 역할을 해왔다는 사실은 분명합니다. 그렇게 불명예스런 작태를 보인 사람들을 지식인이라 생각할 수 있을까요? 진정한 의미에서 말입니다. 선생은 하버드의 교수들을 종종 "인민위원"이라 불렀습니다. 그들이 권력집단과 손을 잡고, "문명화된 가치"를 설파한다지만 실제로는 정반대의 결과, 즉 인류의 빈곤과 인종학살, 대중의 노예화와 대량 착취 등과 같은 현상을 유지하는 데 지대한 역할을 하고 있다는 점에서, 지식인이란 표현보다 훨씬 적절한 표현이라 생각합니다.

촘스키 역사적으로 볼 때, 당신의 지적은 거의 정확합니다. 성서의 시대로 거슬러 올라가면, 나중에 "거짓 예언가"로 불렸던 지식인들이 권력층의 이익을 대변했던 사람들입니다. 물론 그들과 다른 세계관을 가진 사람들, 나중에 "예언가"—정확히 뭐라 번역해야 할지는 모르겠습니다만—라 불렸던 지식인들이 있었습니다. 하지만 그들은 사회에서 소외되었고, 고문당했으며 심지어 추방당하기도 했습니다. 그 당시와 비교해보면, 우리 시대도 크게 달라지지 않았습니다. 반대 의견을 가진 지식인들은 대부분의 사회집단에서 소외당하고 있으며, 엘살바도르와 같은 곳에서는 무참하게 죽임을 당하기도 합니다. 로메로 대주교와 여섯 명의 예수회 지식인들이 그렇게 목숨을 잃었습니다. 미국민이 낸 세금으로 훈련받고 무기를 지원받은 엘살바도르의 엘리트 집단에게 학살당한 것입니다. 엘살바도르의 한 예수회 수도자가 일기장에 뭐라고 써두었습니까? 그의 나라에서는, 바클라브 하벨(체코슬로바키아의 대통령이 되었던 정치범)이었어도 감옥에 있지 못하고 갈기갈기 난도질되어 시체가 길가에 뿌려졌을 것이다! 엘살바도르에서 여섯 명의 예수회 수도자가 무참히 학살당한 6주 후, 유럽에서 으뜸가는 반골로 추앙받던 바클라브 하벨이 미 의회에서 연설하게 되었습니다. 그때 그는 서방의 지지자들을 만족시키기 위해 대가를 치렀습니다. 엘살바도르의 동료 반골들과의 끈끈한 연대감을 표명하기는커녕, 미 의회를 "자유의 수호자"로 추켜세우며 격찬했습니다. 더 이상의 말이 필요없는 불미스런 사건이었습니다.

지식인으로서 얼굴을 들기가 민망할 정도로 치욕스런 사건이었습니다. 예를 들어 설명해볼까요? 이런 사건이 있었다고 상상해봅시다. 미국 출신의 한 흑인 공산주의자가 옛 소비에트 연방에 속한 땅에 간 직후, 여섯 명의 체코 지식인이 러시아에서 훈련받고 무기를 지원받은 공안부대원에게 살해당했는데, 그 혹인 공산주의자가 두마(러시아 국회-옮긴이)에서 두마를 "자유의 수호자"로 찬양했다고 해봅시다. 그럼 미국의 지식인과 정치인은 어떻게 반응했겠습니까? 불을 보듯 뻔하지 않습니까? 그 흑인 공산주의자는 살인 체제를 옹호했다고 거센 비난을 받았을 것입니다. 똑같은 논리로, 미국의 지식인들은 하벨의 터무니없는 찬사에 뜨거운 박수를 보냈던 사실을 깊이 자성해야 할 것입니다.

미국의 대리군에게 학살당한 중앙 아메리카의 지식인들이 쓴 글을 얼마나 많은 미국 지식인들이 읽었을까요? 아니, 브라질의 빈민계층을 위해 싸웠던 돔 헬더 카마라 주교를 알기나 할까요? 우리가 지원하는 라틴 아메리카를 비롯해 야만적인 독재국가에서 정의를 위해 싸우는 지식인들의 이름을 거의가 모르고 있을 것입니다. 이런 현실을 볼 때 우리의 지식인 문화가 어떤 것인지 극명하게 알 수 있지 않겠습니까? 교조적 체제를 불편하게 만드는 실상들, 그런 실상들은 마치 존재하지도 않았던 사건처럼 무시되어버립니다. 아니, 보도 자체가 금지됩니다.

마세도 이처럼 진실을 보지 않는 사회구조는 파울로 프레이리가 말했던 지식인, 즉 특별한 입장이라 주장하면서 "실제 자료가 사용되는 방법에서나, 그들이 누구를 위해서 어떤 집단의 이익을 위해서 가르치고 있는지에 대해서는 조금도 관심을 기울이지 않은 채 과학적 탐구의 중립성이란 이름으로 몸을 도사리는 교육자 집단"의 특징이랄 수 있습니다.[37] 프레이리에 따르면, 이 지식인들은 객관성을 핑계로 "마치 그들 자신은 사회의 참여자가 아닌 것처럼 사회를 연구 대상으로 삼습니다. 또한 이렇게 공정함을 앞세우며, 그들은 이 세상을 오염시키지도 않고 이 세상에서 오염되지도 않으려는 듯 '장갑과 마스크'

를 낀 채로 이 세상에 접근하려 합니다."[88] 좀더 심하게 말하면, 그들은 "장갑과 마스크"만 낀 것이 아니라 눈가리개까지 해서 분명한 것조차도 보지 않으려 합니다.

촘스키 객관성에 대한 그런 포스트모던 식의 비판이나 공격에는 동의할 수가 없군요. 객관성은 결코 우리가 포기해서는 안 되는 것입니다. 오히려 진리를 탐구하자면 더욱 객관적이어야 할 것입니다.

마세도 저도 선생의 생각과 다르지 않습니다. 객관성을 비판했다고 객관성을 포기하자는 뜻은 아니었습니다. 다만 지배 이데올로기에 불편한 항목들, 또한 지배 이데올로기를 위해서 진실을 덮으려는 그들의 공모를 드러낼지도 모를 항목들을 분석 대상에서 제외시키는 핑계로 많은 지식인들이 내세우는 객관성이라는 허울에 의문을 제기한 것입니다.

촘스키 그런 뜻이라면 나도 동의합니다. 지배계급을 위해서 현실을 왜곡하는 수단으로 객관성을 내세우는 작태는 비난 받아 마땅합니다. 사실 이런 경향은 사회과학에서 훨씬 심한 편입니다. 상대적으로 외부 세계가 연구자에게 가하는 제약이 더 약하기 때문입니다. 이해의 깊이는 훨씬 얕고, 다루는 문제는 범위가 불분명한 만큼 복잡합니다. 따라서 당신이 듣고 싶지 않은 것은 그만큼 쉽게 무시해버릴 수 있습니다. 그러나 자연과학은 사회과학과 뚜렷한 차이를 갖습니다. 자연과학에서는 확인된 현상을 당신이 선호하는 이론과 배치된다는 이유로 그렇게 쉽사리 무시해버릴 수 없습니다. 또한 오류를 덮어둔다는 것도 무척이나 어렵습니다. 자연과학에서는 실험을 반복하는 것이 원칙이기 때문에, 오류는 금세 드러나고 맙니다. 따라서 지적인 노력을 요구하는 정신적 학문이라 할 수 있습니다. 게다가 가장 진지하게 제기된 의문조차도 진실을 밝혀줄 것이란 보장도 없습니다.

어쨌거나 본론, 즉 "학교는 중요한 진실을 회피한다"는 문제로 돌아가봅시다. 교사의 책임, 어떤 면에서 정직을 사명으로 생각하는 사람들의 책임은 무엇보다 진실을 말하려 노력하는 자세일 것입니다. 여기에 어떤 이의를 제기할 수는 없을 것입니다. 또한 중요한 사건이나 현상에 대해서 능력껏 진실을 찾아내어, 그 진실을 필요로 하는 사람들에게 정확히 알려주는 것은 도덕적 명령이기도 합니다. 권력자에게 진실을 말하는 것은 문자 그대로 시간 낭비입니다. 그런 노력은 일종의 방종이 될 수도 있습니다. 내 생각에는, 그저 시간 낭비일 뿐입니다. 헨리 키신저나 AT&T의 최고 경영자 혹은 지배계급에서 권력을 행사하는 사람들에게 진실을 말하려 분투하는 것은 쓸데없는 정력 낭비입니다. 게다가 그들은 진실이 무엇인지 이미 알고 있는 사람들입니다. 좀더 부드럽게 말해볼까요? 지배층에서 권력을 행사하는 사람들이 지배층과 결별하고 인간다운 인간, 즉 도덕적인 인간이 된다면, 그들도 다른 사람들과 한 동아리가 될 수 있을 것입니다. 그러나 권력을 휘두르는 사람들에게, 그들이 자신의 역할에만 충실하고 있을 때에는 어떤 말을 해도 소용없습니다. 시간 낭비일 뿐입니다. 권력을 쥔 사람들에게 진실을 말하느니, 사악한 폭력자나 범죄자에게 진실을 말하는 편이 나을 것입니다. 그들은 비록 행동이 난폭하지만 그래도 인간이기 때문입니다. 따라서 권력자에게 진실을 말하는 것이 그렇게 명예로운 소명이랄 수도 없습니다.

　관계를 맺고 있는 대상을 찾아야 합니다. 교육과 관계있는 대상은 학생입니다. 학생들을 단순한 대상이 아니라, 우리가 건설적으로 참여하기를 소망하는 공통의 관심사를 지닌 공동체의 일원으로 생각해야 합니다. 그들에게 일방적으로 말하지 말고, 더불어 말할 수 있어야 합니다. 훌륭한 교사가 갖추어야 할 두번째 덕목이 바로 그것입니다.

아니, 작가나 지식인을 자처하는 사람들이 반드시 갖추어야 할 덕목입니다. 훌륭한 교사라면, 학생의 학습을 돕는 최선의 방법이 스스로 진실을 찾도록 일깨워주는 것이라는 사실을 잘 알고 있을 것입니다. 학생은 전달된 지식을 통해서만 배우는 것이 아닙니다. 기계적으로 암기해서 나중에 쏟아내는 그런 지식으로는 진정한 학습이 성취될 수 없습니다. 진정한 학습은 진실의 발견을 통해서 이루어집니다. 대외적으로 진실이라 발표된 것을 암기한다고 해서 창의적이고 비판적인 사고력이 발전될 수는 없습니다. 따라서 교사의 의무는 학생들이 진실을 발견하도록 도와주는 것이지, 학교에 관한 정책을 입안하고 설계하고 결정하는 부와 권력을 쥔 집단을 당혹스럽게 만들 수 있는 정보를 감추고 통찰력을 억누르는 것이 아닙니다.

진실을 가르치는 것, 그리고 학생들에게 거짓과 진실을 판별할 능력을 키워준다는 것이 무엇을 의미하는지 좀더 자세히 살펴봅시다. 결코 대단한 것이 아닙니다. 상식 이상의 것을 필요로 하는 것이 아닙니다. 우리가 적이라 간주하는 국가들의 선전체제를 비판적 시각에서 분석할 수 있게 해주는 상식 정도만 있으면 충분합니다. 앞에서도 언급했듯이, 미국의 지도급 지식인들은 미국의 세력권 내에 있는 독재국가들, 가령 엘살바도르에서 활약하는 유명한 반골인사들의 이름조차 알지 못합니다. 그러나 옛 소련에서 활약한 반골인사들의 명단은 줄줄이 꿰고 있습니다. 물론 거짓과 진실을 판별하고, 적대국의 진실로부터 국민을 보호한다는 명목으로 왜곡되고 곡해된 정보를 지적하는 데도 문제가 없는 지식인들입니다. 이른바 "불한당 국가"들이 겉으로 내세우는 거짓을 속속들이 폭로해내는 그런 비판적 능력들, 그런 능력들이 정작 우리 정부와 우리 정부가 지원하는 독재국가를 비판해야 할 때는 연기처럼 사라지고 맙니다. 역사적으로 볼 때, 교육받은 계층이 선전도구 역할을 해온 것은 부인할 수 없는 사실입니다. 말하자면 교조적 체제를 비판해야 할 세력이 억압 받고 소외될 때, 지배계급의 선전은 거대한 성공을 거두기 마련입니다. 히틀러와 스탈린이 그 원칙을 완벽하게 증명해주지 않았습니까! 오늘날까지, 폐쇄사회나 개방사회에서 식자층은 지배계급의 논리를 뒷받침해주면서 그에 대한 보상을 누리고 있습니다.

교육받은 계층은 "특수 계급"으로 불리며, 정치·경제·이데올로기 시스템에서 모든 것을 분석하고 실행하고 결정하며 운영하는 소수 집단으로 평가 받아왔습니다. 이 특수 계급은 일반적으로 소수 집단이어서, 월터 리프만이 "우왕좌왕하는 무리"라 불렀던 다수의 국민으로부터 보호를 받아야 합니다. 이 계급에 속한 사람들은 집행하는 역할, 즉 "공동의 이익"이 무엇인지 생각하고 계획하고 분석하는 임무를 떠맡지만, 그들에게 "공동의 이익"은 기업세계의 이익을 뜻할 뿐입니다. 리프만이 역설한 자유민주주의의 신조에 따르면 다수의 국민, 즉 우왕좌왕하는 무리는 그저 "방관자"로서 우리 민주주의의 한 축을 차지할 뿐 "행동하는 참여자"로서 역할을 해내지 못합니다. 우리 민주주의에서, "우왕좌왕하는 무리"에 속한 사람들은 그저 선거라는 제도를 통해서 지도자를 선출하는 과정에 참여할 수 있지만, 선거라는 행위가 끝나면 다수의 대중은 뒤로 물러서서 다시 방관자가 되어야 합니다.

"우왕좌왕하는 무리"가 방관자 이상의 역할을 하려 할 때, 즉 다수의 대중이 민주적 행위의 참여자가 되려 할 때, 그 특수 계급은 그런 현상을 "민주주의의 위기"라 떠들어대며 저항합니다. 1960년대, 즉 역사적으로 소외계층에 머물렀던 사람들이 조직을 결성해서 특수 계급의 정책, 특히 베트남 전쟁과 국내의 사회 정책에 이의를 제기했을 때, 엘리트 계층들 간에 얼마나 큰 반목이 있었습니까!

"우왕좌왕하는 무리"를 통제하는 방법의 하나는 3자위원회의 결정, 즉 학교를 "젊은이의 교화를 책임진 기관"으로 정의한 데 충실히 따르는 것입니다. 민간기업과 국가의 이익 및 가치를 먼저 생각하도록 "우왕좌왕하는 무리"에 속한 사람들을 세뇌시키는 것입니다. 지배계급의 가치관대로 교육받은 사람들과 교조적 체계에 충성심을 증명해 보인 사람들만이 특수 계급의 일원이 될 수 있습니다. 그밖의 "우왕좌왕하는 무리"는 질서를 지키고 골치 아픈 문제에 뒤섞이지 않으면서, 방관자로서 실제 중요한 문제에서는 배제되어 있어야 합니다. 교육받은 특수 계급은 대중을 스스로의 문제조차 올바르게 결정하지 못하는 어리석은 집단이라 생각합니다. 그래서 어리석은 대중이 "엉뚱한 판단"으로 실수를 저지를 기회 자체를 차단하는 정책을 쓰게 됩니다. 가령, 베트남 전쟁이 도덕적으로 잘못되었다고 생각하는 70% 정도의 국민이 전쟁을 반대하는 "엉뚱한 결정"으로 치닫지 않도록 하는 정책이 필요했던 것입니다. 말하자면, 베트남 전쟁이 단지 실수였다는 정부의 공식 발표를 의심 없이 믿도록 만드는 정책이 필요했던 것입니다.

"우왕좌왕하는 무리"를 이처럼 엉뚱한 결정에서 보호하기 위해서, 개방사회의 특수 계급은 선전기법, 좋게 말하면 "홍보"에 더욱 열중하게 됩니다. 반면 독재국가에서는 당신 손에 망치를 쥐어주면서 "우왕좌왕하는 무리"를 지키게 만듭니다. 그 무리가 한 발짝이라도 선을 벗어나면, 당신은 그들의 머리를 향해 망치를 사정없이 휘두릅니다. 물론 민주사회에서는 그처럼 폭력적인 수단으로 국민을 통제할 수 없습니다. 따라서 대중의 마음을 교묘하게 통제할 수 있는 선전기법이 더욱 필요하게 됩니다. 그런데 지배계급에서 대중의 정신을 통제하려는 시도가 어찌 없겠습니까? 이 과정에서 학교는 중대한 역할을 해내고 있습니다.

　마세도 선생의 말씀에서 이런 결론을 내리게 됩니다. 대중의 마음을 통제하려는 수단, 즉 선전기법 대부분이 검열제도에 근거를 두고 있다는 결론입니다. 물론 이런 결론에 저도 동의하기는 하지만, 개방사회의 검열제도는 독재국가에서 실시되고 있는 검열제도와 근본적으로 다르다는 생각입니다. 제가 미국을 관찰한 바로는, 미국의 검열제도는 분명히 다른 형태를 띠고 있습니다. 넓게 보아서 자율적인 검열제도라 할 수 있을 것입니다. 이 과정에서 미디어와 교육이 어떤 역할을 해낼 수 있겠습니까?

　촘스키 당신이 말한 자율적 검열제도는, 순종하는 대중을 만들기 위해 독창적 사고를 억누르는 교화의 한 형태, 즉 사회화 과정을 통해서 아주 초기 단계부터 시작됩니다. 학교도 이런 사회화 과정을 촉진하는 하나의 메커니즘으로 작용합니다. 그들을 포함해서 뭇 사람들에게 직접 영향을 미치는 중요한 문제에 대한 어떤 의문도 품지 못하도록 하는 데, 교육은 목표를 둡니다. 학교에서는 교과 내용만 배우는 것이 아닙니다. 앞에서도 언급했듯이, 수학 선생이 되고 싶어도 수학만을 학교에서 배우는 것이 아닙니다. 적절하게 처신하고 옷을 입는 방법, 기존 집단과 마찰을 빚지 않으면서 어울리는 방법, 질문을 던지는 방법 따위도 배웁니다. 만약 당신이 지나치게 튀는 모습을 보이면서 소속된 집단의 원칙에 대해 번질나게 의문을 제기한다면, 결국 그 집단의 특권을 누리지 못하고 제거되고 말 것입니다. 따라서 성공하려면 교조적 체계에 이익이 되는 방향으로 처신해야 한다는 원칙을 일찌감치 터득해야 합니다. 옳지 않은 것을 보더라도 입을 다물고, 실질적인 권력자의 이익을 보장해주는 이념과 주장을 학생들에게 심어주어야 합니다. 국가와 기업의 밀착 관계, 바로 거기서 기업인들은 개인적 이득을 보장 받으려 합니다. 하지만 학교가 교화를 위한 유일한 기관은 결코 아닙니다. 이런 교화 과정을 강화하는 데 다른 기관들도 동원됩니다. 텔레비전이 대표적인 예입니다. 우리는 아무런 생각없이 텔레비전 프로그램을 보고 있지만, 그 프로그램들은 우리에게 즐거움을 주는 동시에, 우리가 실질적인 문제를 두고 고민하면서 그 문제의 근원을 파헤치는 데 필요한 시간을 빼앗아갑니다. 말하자면 반지성적인 프로그램들이 시청자를 수동적인 소비자로 사회화시키고 있는 셈입니다. 뭔가 불만스런 삶을 채우는 방편으로 더 많은 물건을 사들이도록 자극하는 것입니다. 우리의 감정적 욕구를 착취하면서, 타인의 욕구에는 눈을 돌릴 틈조차 주지 않습니다. 이처럼 대중을 위한 공간이 점점 해체되어갈 때, 학교를 비롯한 대중의 공간들은 대중을 온순한 소비자로 만들어가는 역할에 그치기 마련입니다.

마세도 이런 현상이 개인주의를 부추기는 추세와 관련이 있을까요?

촘스키 그렇지는 않습니다. 이런 현상을 개인주의의 한 형태로 생각지는 않습니다. 선의로 해석할 때, 개인주의는 자신의 행동에 대한 일정한 책임을 요구합니다. 하지만 텔레비전에 방영되는 무절제한 오락물들은 우리를 감정과 충동에 따르도록 부추깁니다. 더 많은 것을 소비하는 온순한 소비자가 되라고 충동질합니다. 이런 점에서, 미디어와 학교 그리고 대중문화는 국민을 두 집단으로 나눕니다. 즉 합리적 판단력을 가지고 사회에서 계획자 및 의사결정자 노릇을 하는 사람들과 그 나머지 사람들입니다. 성공을 원한다면 합리적 판단력으로 특수 계급에 동참해서 라인홀트 나이부어의 표현대로 "그럴듯한 환상"을 만들어내고 "감정을 휘잡는 단순화"로, "우왕좌왕하는 무리"—순진한 숙맥—가 결코 그들끼리는 해결할 수 없는 복잡한 문제로 골치를 썩히지 않도록 해주어야 합니다. 말하자면 대중을 실질적인 문제에서 격리시키고, 그들끼리 연대하지 못하도록 해야 합니다. 조직을 결성하려 하거나 어떤 집단과 연계하려는 시도는 즉시 분쇄해야 합니다. 독재국가처럼, 개방사회에서도 검열제도는 비록 다른 형태를 띠기는 하지만 무척이나 살벌합니다. 교조적 체제를 공격해서 그들에게 당혹감을 안겨주는 물음은 보도에서 통제됩니다. 지배 계급을 거북하게 만드는 정보는 감추어집니다. 이런 결론을 확인하러 멀리까지 갈 것도 없습니다. 미디어를 통해 보도되는 것과 그렇지 않은 것을 정직하게 분석해보면 충분합니다. 또한 어떤 정보가 학교에 허용되고 어떤 정보가 허용되지 않는지 정직하게 살펴보면, 그것으로 충분합니다. 보통사람이라면, 언론이 그들의 기호에 맞추어 어떤 식으로 정보를 자체 검열하고 조작하는지 충분히 꿰뚫어 볼 수 있습니다. 조금만 시간을 투자하면 정보가 어떻게 왜곡되고 어떤 정보를 감추고 있는지도 알아낼 수 있습니다. 결국 우리에게 필요한 것은 진실을 알려는 욕망입니다!

지식인들이 라틴 아메리카에 있는 우리의 속국들에 대한 입장을 그처럼 달리해야 할 이유가 없습니다. 그들도 우리의 적처럼 대해야 마땅합니다. 우리 적들이 저지른 극악한 행위를 분석하고 비난할 때처럼, 똑같은 지성과 상식을 가지고 적용해야 합니다. 학교가 진정으로 일반 대중을 위한 교육의 장이라면 자기방어 논리를 가르쳐야 하겠지만, 그것은 세계와 사회의 진실된 모습을 가르쳐야 한다는 뜻이기도 합니다. 우리가 지금 논의하는 문제들을 해결하는 데 온갖 열정과 성의를 쏟아야 할 것입니다. 그래야 개방된 민주사회에서 자라는 학생들이 전체주의적 사회의 정부에서 일방적으로 쏟아내는 선전술만이 아니라, 민간차원에서 은밀히 진행하는 선전도구에 맞서서도 자기방어 논리를 개발할 수 있을 것입니다. 말하자면 학교, 미디어, 전문 잡지를 포함해서 교육사업을 근본부터 좌지우지하는 그런 선전도구에 맞설 수 있는 능력을 키워주어야 합니다. 교육기관을 마음대로 휘두르는 사람들은 "인민위원"과 다르지 않습니다. 인민위원이란 존재가 누구입니까? 그들에게 물질적 혜택을 안겨주는 지배계급의 질서를 재생산하고 합법화시키고 유지하는 데 혈안이 된 지식인들입니다. 진정한 지식인이라면, 중요한 현상이나 의미있는 현상에서 진실을 찾아내어 진실을 말할 수 있어야 합니다. 서구의 지식인들에게는 이런 의무감이 없습니다. 공인된 적(敵)이 연루된 경우에는 기본적인 도덕률을 가차없이 적용하지만 말입니다.

마세도 결국 선택적 도덕론이로군요. 테오도르 아도르노가 "보기의 냉혹한 거부(a callous refusal to see)"라고 했던 행위에 가담한 이유를 정당화해줄 이론적 근거로, 그 인민위원들은 선택적 도덕론을 앞세웁니다. 저는 개인적으로 두 곳의 독재국가에서 살아본 경험이 있습니다. 안토니오 살라자르의 포르투갈과 프란시스코 프랑코의 스페인이었습니다. 이 전체주의 체제에서 검열제도는 노골적이었습니다. 경찰이 그 역할을 맡아, 문자 그대로의 검열이었습니다. 이곳 미국 민주주의에서 제가 경험한 바에 따르면, 이곳의 검열제도는 훨씬 산만한 느낌입니다. 주로 은밀하게, 말하자면 같은 분야에서 일하는 동료(학생을 포함해서)들에 의해서 자체 검열되고 있습니다.

민주주의를 표방하면서도, 미국—제1세계에서 가장 민주적인 사회이고 가장 먼저 민주적 사회를 이룩했다고 자부하는 국가—의 학교들이 극단적으로 비민주적이란 사실이 우습지 않습니까? 실제로 학교는 지배구조(예를 들어, 교장은 임명직이지 선출직이 아닙니다)에서도 비민주적이지만, 지배 이데올로기를 조장해서 결국에는 독창적이고 비판적인 사고를 억누르는 현장이라는 점에서 비민주적입니다. 이처럼 학교가 비민주적이라면, 학생들의 창의성과 호기심 그리고 욕구를 북돋워주고 비판적 사고력을 자극하기 위해서 교육은 어떤 조치를 취해야 하겠습니까?

촘스키 당신이 방금 언급한 비민주적 교육제도를 극복할 대안들이 과거에는 있었습니다. 나는 개인적으로 민주적 이상에 바탕을 둔 학교에서 교육을 받은 행운아입니다. 존 듀이의 사상이 곳곳에 배어 있고, 진실을 스스로 발견하도록 학생에게 용기와 격려를 아끼지 않는 그런 학교를 다녔습니다. 하지만 요즘의 학교는 민주 교육을 유난스레 강조해서 오히려 의심스러울 지경입니다. 민주적이 아니기 때문에 민주주의의 이상을 가르쳐야 한다고 난리법석을 피우는 것이 아닐까요? 학교가 진실로 민주적이라면, 다시 말해서 학생들에게 실천을 통해서 민주주의를 체험할 기회를 제공하는 학교라면, 구태여 민주주의에 대한 상투적인 구호를 학생들에게 주입시킬 필요조차 없을 것입니다. 이런 점에서 나는 또 한 번 행운아였습니다. 내가 다닌 학교는 우리 민주주의가 너무도 아름다운 것이라는 거짓말을 강요하지 않았으니까요. 듀이가 북아메리카의 자유주의를 대표하는 인물이고 20세기를 대표하는 철학자의 한 분이지만, 그의 영향력이 모든 학교에 골고루 퍼지지는 못했습니다.

어린 시절, 여름 캠프에서 조수 역할을 했던 때가 아직도 기억에 생생합니다. 당신이 앞에서 언급했던 충성의 맹세를 암송하는 것과 비슷한 주입식 교육의 효과가 어떤 것인지 분명히 볼 수 있었습니다. 아이들은 무슨 뜻인지도 몰랐지만 동포애를 고취하는 히브리 노래를 부르면서 감동에 젖었고, 심지어 울음을 터뜨리는 아이들도 있었습니다. 몇몇 아이들은 가사조차 제대로 따라 하지 못했지만, 그렇다고 그들의 격한 감정이 줄어드는 것은 아니었습니다. 진정한 민주 교육은 애국심을 심어주거나, 민주주의의 이상을 기계적으로 암기하도록 하는 것이 아닙니다. 그런 교육에서 학생들이 무엇을 배우겠습니까? 학생들이 스스로 민주주의의 본질과 그 역할을 발견하도록 유도할 때, 진정한 학습이 있는 것입니다.

올바른 민주주의가 무엇인지 깨닫는 최선의 방법은 민주주의를 실천해보는 것입니다. 아쉽게도 학교는 그 역할을 제대로 해내지 못하고 있습니다. 학교와 사회가 얼마나 민주적인가를 측정하는 척도는 이론과 현실의 근접성에 있을 것입니다. 하지만 학교에서나 사회에서나 이론과 현실 사이에는 커다란 괴리가 있습니다. 이론적으로, 민주 사회에 소속된 개인은 누구라도 그들의 삶에 관련된 결정에 참여할 수 있어야 하며, 세금이 어떤 식으로 걷히고 어떤 식으로 사용되어야 하는지, 그 사회가 어떤 대외정책을 추구해야 하는지 등의 문제를 결정할 수 있어야 합니다. 이처럼 누구라도 그들의 삶과 직결된 의사결정에 참여할 수 있다고 말하는 이론과, 정부에 모든 힘이 집중되어 개인이나 집단은 그들의 문제에 적극적으로 관여할 수 없는 현실 사이에는 분명한 괴리가 있습니다. 가령 우리가 대외정책을 입안하는 데 어떤 영향력을 행사할 수 있습니까?

코소보와 이라크의 공습을 예로 들어볼까요? 3월 24일 공습이 있기 전까지도 코소보의 상황이 최악이었던 것은 사실입니다. 그런데 3월 24일 공습이 시작되면서 며칠이 되지 않아, 수천의 피난민이 코소보를 탈출했습니다. 게다가 강간과 대량학살, 고문이 기하급수적으로 증가했습니다. 알바니아인을 보호해야 한다는 인도주의로 포장해서 감행된 공습에 따른 필연적인 결과였고, 예측된 결과이기도 했습니다. 비록 최악의 상황이었지만 공습 후에는 재앙으로 변할 것이란 예측, 코소보의 상황이 이미 극악한 상황이었지만 나토의 "인도주의에 입각한 개입"이 있은 후에는 재앙으로 치달을 것이란 예측은 그다지 어려운 것도 아니었습니다. 나토는 세계인권선언을 구실로 내세워, 알바니아인을 향한 인종청소를 중단시키겠다며 "인도주의에 입각한 개입"의 권리를 주장했습니다. 그러나 나토의 공습은 코소보에서의 인종청소와 학살을 더욱 부추겼을 뿐입니다. 알바니아인을 향한 살인, 강간, 고문이 급격히 증가했습니다. 결코 놀라운 결과는 아니었습니다. 실제로 공습 직후, 나토 사령관 웨슬리 클라크 장군은 공습에 따른 그런 결과를 충분히 예측하고 있었다고 언론에 토로했습니다.

우리가 인도주의에 입각해서 코소보 사태에 개입한 것이 정당했다면, 똑같은 논리로 나토는 다른 나라들, 가령 콜롬비아나 나토의 회원국인 터키까지도 공습했어야 마땅합니다. 국방성의 추정에 따르면, 콜롬비아에서 현재 정부와 준군사기구에 의해서 저질러지는 연간 정치적 학살 수준은 나토의 폭격 이전의 코소보와 비슷한 수준이며, 잔혹 행위를 피해서 고향을 버린 난민의 수가 1백만을 훌쩍 넘어섰습니다. 콜롬비아는 미국에게 군사지원을 가장 많이 받은 서반구의 국가이지만, 1990년대 내내 잔혹 행위는 증가하기만 했습니다. 게다가 그 지원이 이제는 "마약과의 전쟁"이란 핑계로 계속되고 있지만, 의식있는 관측자들은 그런 핑계를 한목소리로 비난하고 있지 않습니까? 클린턴 행정부는 콜롬비아의 케사르 가비리아 대통령에게 유난히 관대했습니다. 인권기구들의 발표에 따르면 재임기간중에 콜롬비아를 "폭력 천국"으로 전락시켰던 그 인물에게 말입니다.

터키 경우를 볼까요? 1990년대 터키의 쿠르드족에 대한 탄압은 나토의 코소보 공습 이전의 수준을 훨씬 넘어서고 있었습니다. 1990년대 중반에는 극에 달했습니다. 한 보도에 따르면, 터키군이 시골 마을들을 황폐화시키는 바람에 1990년부터 1994년까지 1백만 이상의 쿠르드족이 고향을 버리고 쿠르드족의 공식 수도인 디야바키르로 피신해야 했습니다. 또한 1994년에는 두 개의 기록이 세워졌습니다. 조나단 랜달이 현장에서 보도한 바와 같이 1994년은 터키군이 쿠르드족의 마을에 최악의 억압을 시도한 해인 동시에, "터키가 미국에서 무기를 가장 많이 수입한 국가이면서 세계 최대의 무기 구매자로 기록된 해"이기도 합니다. 터키군이 미제 폭격기로 쿠르드족 마을을 공습했다는 인권단체의 폭로에, 클린턴 행정부는 무기 인도를 중단하는 법망을 빠져나갈 방법을 찾아냈습니다. 인도네시아를 비롯한 여러 국가에 써먹었던 수법대로 말입니다. 여하튼 우리가 나토의 코소보 공습을 세계인권선언에 따라 정당화시킨다면, 나토가 워싱턴에 폭탄세례를 퍼붓더라도 그 정당성을 인정받고도 남을 것입니다.

이번에는 라오스를 예로 들어볼까요? 오랫동안 라오스 북부의 자르 평원에서는 수천 명의 인명이 살해당했습니다. 대부분이 어린이와 가난한 농부였습니다. 아마도 역사상 민간인을 목표로 자행한 가장 대규모 폭격, 따라서 당연히 가장 잔혹한 폭격이었을 것입니다. 가난한 농부들을 향한 워싱턴의 광기 어린 공습은 그 지역의 분쟁들과 전혀 상관없는 무모한 도발이었습니다. 최악의 시기는 1968년, 즉 워싱턴이 여론과 기업계의 압력에 못이겨 북베트남에 대한 줄기찬 공습을 끝내고 어쩔 수 없이 협상을 시작해야 했을 때부터 시작되었습니다. 당시 헨리 키신저와 리처드 닉슨은 폭격기를 라오스와 캄보디아로 이동시키기로 결정했습니다. "딱정벌레"는 그야말로 죽음의 사자였습니다. 지뢰보다 훨씬 치명적인 조그만 인간 살상무기인 "딱정벌레"는 트럭이나 건물 등에는 아무런 피해도 끼치지 않으면서 인간만을 살상하도록 설계된 악랄한 무기였습니다. 살인무기 제조회사인

'하니웰'의 발표에 따르면 자르 평원에는 불발률이 20~30%에 달하는 수천만 개의 "딱정벌레"가 뿌려졌습니다. 품질관리가 엉망이 아니었다면, 이런 불량률은 무고한 민간인을 서서히 죽여가겠다는 정책을 폭로해주는 증거가 아닐 수 없습니다. 어쨌든 "딱정벌레"는 테크놀로지의 산물, 즉 가난한 가족이 안전한 피난처라 생각했던 동굴까지도 침투해 들어가는 첨단 미사일과 더불어 테크놀로지가 만들어낸 산물입니다.

"딱정벌레"에 의한 사상자 수가 요즘에도 수백을 넘어서, 전국적으로 계산하면 2만에 달하는 것으로 추정됩니다. 특히 《월스트리스 저널》의 아시아 특파원 베리 웨인이 아시아 판에서 보도한 바에 따르면, 사상자의 절반 이상이 사망자입니다. 따라서 호의적으로 추정하더라도, 지난 해에만 "딱정벌레"에게 당한 사상자 수가 나토가 공습하기 이전의 코소보 수준과 엇비슷합니다. 게다가, 그곳에서 자행되는 잔혹 행위를 조금이라도 줄여볼 생각으로 1977년부터 활동을 벌이고 있는 메노파(16세기에 창시된 기독교의 한 종파) 중앙위원회의 보고에 따르면 대다수의 사망자가 어린아이라는 사실에 그저 놀랍기만 합니다.

그럼에도 미국 언론은 알바니아인을 향한 인종청소를 종식시키기 위해 나토가 코소보 사태에 개입한 것이라며 나토를 적극적으로 옹호해주고 있습니다. 나토의 폭격이 인종청소를 가속화시켰을 뿐 아니라 다른 잔혹 행위까지 촉발하는 원인이었는데도 말입니다. 하지만 미국에 직접적인 책임이 있는 라오스의 경우에도 미국은 아무런 조치를 취하지 않았습니다. 언론과 지식인들도 입을 다물었습니다. 라오스와의 전쟁이 "비밀 전쟁", 즉 공공연히 알려진 전쟁이지만 보도가 통제된 전쟁이라는 규범을 지켜준 것입니다. 1969년 3월 이후에 있었던 캄보디아의 경우도 마찬가지였습니다. 당시 자체검열의 수준은 대단했습니다. 지금도 마찬가지입니다. 아주 단적인 증거를 발견할 수 있습니다. 국제사법재판소가 슬로보단 밀로셰비치를 반인권범죄자로 고발했을 때 미국 언론은 떠들썩했지만, 라오스 대학살을 주도한 주범의 하나인 키신저는 자유롭게 세상을 돌아다니면서 "전문가" 행세를 버젓이 하고 있습니다. 코소보 공습에 대한 그의 "사견"을 들으려고 언론이 법석을 떨 정도로 말입니다.

이라크의 경우도 잔혹하기는 마찬가지였습니다. 비난받아 마땅한 생물학전으로 얼마나 많은 이라크 시민이 목숨을 잃어야 했습니까! 마들렌 울브라이트 국무성 장관은 1996년 텔레비전에 출연해서 5년 동안 이라크에서 무려 50만 명의 어린아이가 목숨을 잃었다는 사실을 어떻게 생각하느냐는 질문을 받았을 때, 놀랍게도 "그 정도의 희생은 당연한 것이라 생각합니다"라고 대답했습니다. 최근의 추정 자료에 따르면, 지금도 매달 4천 명의 어린이가 죽어가고 있습니다. 물론 위정자들의 눈에 그 정도의 희생은 당연한 것이겠죠.

걸프전을 면밀히 분석해봐도 똑같은 결론에 이르게 됩니다. 즉 미국의 "인도주의에 입각한 개입"이나, 전세계의 민주주의를 "수호"하기 위한 간섭에서 똑같은 원칙이 적용되고 있다는 것입니다. 언론을 비롯해 교육받은 계급은 과거에 조지 부시 대통령이 천명했던 노선을 충실하게 되풀이하고 있습니다. "미국은 침략자들, 즉 법질서를 파괴하고 무력을 과시하는 세력과 언제 어디에서나 맞설 것이다"고 부시는 대외에 천명했지만, 바로 수개월 전에 "침략자들, 즉 법질서를 파괴하고 무력을 과시하는 세력과 맞선다"는 미국의 원칙을 위배하면서 파나마를 침공하지 않았습니까! 당시 부시는 니카라과에 대한 "불법적인 무력사용"으로 국제사법재판소에서 유죄 판결을 받은 유일한 국가원수이기도 했습니다. 그런 부시가 그처럼 고결한 원칙을 천명했다는 자체가 코미디였습니다. 미국은 걸프전에서, 아니 어떤 나라에서도 그 고결한 원칙을 지키지 않았습니다. 사담 후세인이 상식 밖으로 거세게 저항하는 것도 그의 야만적인 호전성 때문은 아닙니다. 마누엘 노리에가의 선례에서 보았듯이, 후세인도 감정싸움을 벌이고 있는 것입니다. 노리에가와 마찬가지로, 후세인도 한때는 부시 대통령과 친구지간이었던 악당이었습니다. 사담 후세인은 살인강도입니다. 걸프전이 발발하기 전, 우리 우방으로 무역 파트너의 혜택을 누리던 시기에도 살인강도였습니다. 물론 쿠웨이트 침공은 부인할 수 없는 잔혹 행위이지만, 미국의 지원을 받던 시기에 저질렀던 잔혹 행위에 비하면 아무것도 아닙니다. 미국을 중심으로 한 연합군이 자행한 수많은 범죄행위들도 비슷한 범주에 속합니다.

예를 들어, 인도네시아가 동티모르를 침략해서 거의 종족말살에 가까운 만행을 저지르며 합병한 사건을 생각해봅시다. 이때 인도네시아는 동티모르 인구의 4분의 1(70만 명)을 학살했습니다. 인구 비례로 볼 때, 같은 기간 동안 폴 포트가 저질렀던 학살극을 능가하는 대살육이었습니다. 하지만 미국을 비롯한 연합군은 그 학살을 지원했습니다. 호주의 외무장관은 "세계는 불공정한 곳이다. 무력에 의한 점령은 얼마든지 있을 수 있다"고 말하면서 동티모르의 침략과 합병을 소극적으로나마 인정해주었습니다. 그러나 이라크가 쿠웨이트를 침공했을 때, 호주 정부는 "큰 나라가 작은 이웃 나라를 침략해서 먹어치우는 짓을 용납해서는 안된다"며 이라크를 얼마나 비난했습니까! 미국이 걸프전을 감행한 실제 이유는 다른 것이 아니었습니다. 중동의 막대한 에너지원에 대한 지배권을 계속 유지하면서, 그것에서 거둬들이는 엄청난 이득으로 미국을 비롯한 연합국의 경제를 지탱하려는 것이었습니다.

마세도 미국의 교육받은 계급이 극소수를 제외하면 역사적 사건들을 서로 연계시키지 못해서 세계를 포괄적으로 이해하지 못하고 있는 현실이 안타깝습니다. 비록 의도하지 않았던 발언인지는 모르지만 댄 퀘일 부통령은 걸프전을 "침략군의 고무적인 승리"라고 정의했습니다. 부시 대통령도 보스턴 채널5의 뉴스 앵커 나탈리 자곱슨과의 인터뷰 중에 비슷한 덫에 걸려들었습니다. 걸프전을 언급하면서, 부시는 엉겁결에 "우리는 침략을 완벽하게 끝냈다!"고 말했습니다. 물론 "우리는 임무를 완벽하게 끝냈다!"라고 말하려 했던 것이겠지요. 부시와 퀘일의 말실수는 큰 거짓말의 본색을 그대로 드러내주는 것이 아니겠습니까? 어떤 제약도 없이 우리의 문명을 헨리 키신저와 같은 인민위원들에게 완전히 맡겨버린다면, 결국에는 "원시주의와 야만성이 되살아날 것"이라 주장했던 호세 오르테가 이 가세트(1883~1955, 스페인의 철학자로, 그의 근본사상은 니체 등의 계통을 잇는 '생(生)의 철학'에 근원을 두면서 생과 이성과의 통합을 겨냥하는 독자적 생의 철학을 구상했다. 이러한 입장에서 현대의 문제와 문화일반을 논평하여 스페인을 넘어서 유럽 사상계에 크게 영향을 끼쳤다.—옮긴이)의 경고를 두 정치인의 발언에서도 정확히 엿볼 수 있는 것이 아닐까요?

선생께서 사례로 제시한 코소보, 터키, 콜롬비아, 라오스에서의 야만성은 문명의 야만성을 그대로 보여주는 것입니다. 우리 문명이 이룩한 첨단기술이 야만적으로 사용된 사례는 헤아릴 수 없이 많습니다. 2차대전 당시 포로수용소에서 유대인을 독가스로 살해한 것이나, 라오스와 캄보디아의 공습이 뚜렷한 증거입니다. 또한 이라크를 전근대적 수준으로 몰락시킨 것을 두고 으스대는 모습도 결코 계몽된 문명이랄 수 없을 것입니다. 여자와 어린아이를 포함해서 무고한 시민을 수만명씩이나 죽음으로 몰아넣었지만, 전쟁의 원흉인 사담 후세인은 여전히 권력을 누리고 있잖습니까!

촘스키 미국의 군사행동이 사담 후세인을 권좌에서 축출하기는커녕 군사력 강화를 부추기면서 기존의 국제사찰마저 위태롭게 만들 것이라는 것은 충분히 예상했던 것입니다. 또한 사담은 미국의 우방이자 무역 파트너였을 때 최악의 범죄를 저질렀고, 쿠웨이트에서 쫓겨난 직후에는 그에게 반기를 들었던 이라크인들, 즉 시아파 교도와 쿠르드족에게 차례로 철퇴를 휘둘렀지만 미국은 조용히 지켜보기만 하면서 노획한 이라크 무기에 시아파나 쿠르드족이 접근하는 것조차 허락하지 않았습니다. 공식적인 발표가 빗발치고는 있지만, 실제 일어나고 있는 현상을 정확히 전해주는 발표는 거의 없습니다. 게다가 공식적인 발표는 진실을 밝혀줄 구조를 만들어내지도 않을 것입니다. 민주 세계를 목표로 하는 교육이라면, 겉으로는 다르게 보이는 사건들에서 관련성을 찾아내어 거짓과 위선의 가면을 벗겨줄 비판적 도구를 학생들에게 안겨줄 수 있어야 할 것입니다. 다시 말하면, 학교는 민주주의에 대한 신화를 학생들에게 주입시키기보다는 민주주의를 몸으로 체험하도록 해주는 현장이 되어야 합니다.

마세도 하지만 학교가 민주주의의 신화를 학생들에게 주입하는 행위를 멈추지는 않을 것 같습니다. 그런 신화를 선전함으로써, 지배 이데올로기는 진정한 민주적 문화를 감추고 현재의 문화·경제적인 헤게모니를 유지하려 할 것이 뻔하기 때문입니다. 이런 점에서 학교가 학생들에게 민주주의를 체험하도록 해주는 현장이 되어야 한다는 선생의 의견에 전적으로 동감합니다. 하지만 그렇게 하려면 선생께서 누차 지적했듯이, 학교는 신화 속에 감추어진 이념적 내용을 드러낼 수 있는 비판적 도구를 학생들에게 제공하는 데 앞장서야 할 것입니다. 그래야만 데이비드 스프리츨러의 선생과 교장이, 충성의 맹세에 담긴 원칙 자체를 무시하면서까지 진실되게 살려는 스프리츨러를 징계하려 했던 이유를 학생들이 좀더 정확히 이해할 수 있을 것입니다. 지배계급은 진실되게 살려는 사람들을 왜 두려워할까요? 그것은 그들이 지배계급의 이데올로기를 실질적으로 위협하는 존재이기 때문입니다. 그래서 그들을 뿌리째 뽑아버리거나, 적어도 그들에게 중립을 강요하는 것입니다. 따라서 계급이 없다고 주장하는 우리 사회의 위선과 계급 차별을 지적했던 데이비드 스프리츨러의 입을 막으려고 교사와 교장이 징계라는 수단을 휘두른 것이 결코 놀라운 현상은 아닙니다.

촘스키 우리가 계급 없는 사회에서 살고 있다는 신화는 허무맹랑한 코미디이지만, 불행히도 대부분의 사람이 그렇게 믿고 있습니다. 주립 학교에서 교편을 잡고 있는 내 딸은 이렇게 말하더군요. 대부분의 학생이 스스로 중산층이라 생각하면서도 어떤 계급 의식도 보여주지 않는다고요.

마세도 학문적 담론에서도 계급 의식의 결여를 지적하고 있습니다. 선생께서는 언론에서 사용하는 노동자 계급(working class)이나 중산층(middle class, 가령 "중산층을 위한 세금 혜택" 등의 표현에서)이란 표현은 꺼리지 않지만, 상류 계급(upper class)이나 통치 계급(ruling class)이란 표현은 전혀 사용하지 않으십니다.

촘스키 나는 앞으로도 통치 계급이란 용어는 결코 사용하지 않을 것입니다. 그 용어는 단연코 없어져야 합니다. 내 딸의 학생들처럼 노동자 계급에 속한 학생들은 스스로를 노동자 계급이라 생각하지 않습니다. 이것 역시 주입식 교육이 빚어낸 결과입니다.

마세도 엘리트 계급은 인텔리겐치아의 지원을 받아, 미국이 계급 없는 사회라는 신화를 영속화시켜줄 메커니즘을 만들어내기도 했습니다. 교육의 실패를 주제로 한 모든 토론에서, 결코 언급되지 않는 한 가지 변수가 바로 계급이란 단어입니다. 계급이 교육의 성공을 결정하는 요소인데도 말입니다. 낙제생의 대다수가 저소득 계층의 자녀들입니다. 그러나 교육자들은 연구서에서나 발표에서 계급이란 용어 사용을 애써 피합니다. 대신 그들은 "경제적으로 소외된 학생", "불리한 조건에 있는 학생", "위험한 환경에 있는 학생" 등 온갖 미사여구를 만들어내면서 계급차별적 현실을 외면하려 합니다. 만약 선생께서 교육의 성공을 결정하는 요소가 계급이라고 제기한다면, 시민 전쟁을 조장하는 논문이라고 호된 비난을 받아야 할 것입니다. 1988년의 대통령 선거를 기억해보십시오. 그때 조지 부시는 "이 나라가 자유주의자에 의해 분열되도록 내버려둘 수 없습니다! (중략) 자유주의에 물든 통치자는 유럽식의 민주주의에나 어울리는 것입니다! 미국에는 그런 통치자가 어울리지 않습니다. 우리가 계급으로 분열되어서는 안 됩니다. (중략) 우리가 살고 있는 곳은 꿈의 땅, 기회의 땅, 페어플레이의 땅입니다. 따라서 미국을 계급으로 분열시키려는 시도는 실패하고 말 것입니다. 우리 시민은 미국이 아주 특별한 나라라는 사실을 잘 알고 있기 때문입니다. 누구에게나 기회가 주어지며, 누구나 그 기회를 살려 아메리칸 드림을 이룰 수 있기 때문입니다"라고 주장하면서 민주당 후보를 매섭게 공격하지 않았습니까?

촘스키 그렇습니다. 당신이 부자라면 미국은 아주 특별한 나라입니다. 한 가지 예만 들어볼까요? 기업에 줄기차게 부여하는 엄청난 보조금과 광범위한 감세정책으로 부자는 더욱 부자가 되어가지만, 세금정책은 시대의 흐름에 오히려 역행하고 있습니다. 계급 전쟁에 대한 부시의 주장은 옳습니다. 그러나 가난한 사람을 더욱 가난의 구렁텅이로 몰아넣으려고 꾸며낸 계급 전쟁입니다. 모든 지표가 그렇게 말해주고 있습니다. "가족의 가치"를 촉진하기 위한 프로그램을 시행하고 있지만, 어린아이 빈곤은 여전히 높고 영양부족은 더욱 심각해지고 있습니다. 사회보장제도를 공격하는 것은 가난한 사람, 도움을 필요로 하는 사람, 복지혜택이 필요한 어머니에겐 크나큰 충격입니다. 결국 부유한 어머니에게는 손끝 하나 건드리지 않고, 엄청난 이전지급(사회보장제도에 따라 생활 보조비 등 정부를 통해 이루어지는 소득 재분배—옮긴이)으로 기업을 보조하겠다는 뜻입니다. 물론 우리는 사회보장제도가 마련된 나라입니다. 그러나 그 제도는 부자들을 위한 사회보장제도일 뿐입니다. 부자들을 위한 사회보장제도를 굳건히 지켜가기 위해서라도 투철한 직업의식을 가진 기업 계급이 살아야 한다는 뜻일 것입니다. 그리고 나머지 국민들은 계급 없는 사회에서 살고 있다고 확신해야 합니다. 불행히도, 학교는 이런 헛된 신화를 면면히 이어가는 데 언제나 중요한 역할을 해왔습니다.

민주주의와 교육

"민주주의와 교육", 이 주제는 내가 언젠가 꼭 다루고 싶었던 주제였다. 민주주의와 교육이라는 말을 언급할 때마다, 지난 세기를 수놓았던 위대한 사상가, 존 듀이의 삶과 업적과 사상이 내 머리에 떠오른다. 존 듀이는 이 문제를 생각하는 데 거의 평생을 바쳤던 철학자이기에, 나는 그에게 특별한 관심을 가지지 않을 수 없다. 그의 사상은 내 성장기—사실 여기에서 자세히 언급할 수 없지만, 여러 이유 때문에 내가 두 살 때부터—에 엄청난 영향을 주었다. 나중에 회의론에 빠지기는 했지만, 듀이는 초등교육의 개혁이 사회 변혁의 원동력이 될 것이라는 생각을 꾸준히 품고 있었던 듯하다. 듀이는 그런 개혁이 보다 정의롭고 자유로운 사회, 즉 그의 표현대로 "생산의 궁극적인 목표가 상품의 생산이 아니라, 평등한 조건에서 서로가 연대하는 자유로운

---

* 이 글은 1994년 10월 19일 시카고 로욜라 대학에서 있었던 강연을 정리한 것이다.

인간의 생산"인 사회를 만들어갈 수 있을 것이라 생각했다. 듀이의 저서와 사상을 관통하고 있는 이 기본적인 강령은 근대사회 지식인의 삶을 지배하는 두 흐름과 배치된다. 하나는 강력한 힘을 발휘한 것—듀이는 1920년대와 1930년대에 이 제도에 대해서 글을 쓰기도 했다—으로 동유럽의 계획경제, 즉 레닌과 트로츠키가 창안했고 스탈린이 더욱 흉물스런 괴물로 둔갑시켜버린 제도와 관계가 있는 것이며, 다른 하나는 미국과 서유럽에 건설된 자본주의 산업사회로 개인의 힘이 실질적으로 지배하는 제도와 밀접한 관계를 갖는다. 이 두 제도는 이데올로기나 근본에서나 유사하다. 과거에는 두 제도 모두가 기본적인 강령에서 권위적이기 이를 데 없었고, 그중 하나는 지금도 마찬가지이다. 또한 둘 모두 또 하나의 전통, 즉 18세기 유럽을 풍미한 계몽운동의 가치에 뿌리를 둔 좌익 자유론자와 극한적으로 대립관계에 있었다. 좌익 자유론자에는 존 듀이를 비롯한 진보적 자유주의자, 버트란드 러셀과 같은 독행적 사회주의자, 주로 반(反)볼셰비키였던 본류의 마르크스주의자, 그리고 자유의지적 사회주의자 운동과 무정부주의 운동을 이끌었던 사람들이 포함된다. 물론 대다수의 노동운동가와 민중운동가들은 새삼스레 언급할 필요도 없을 것이다.

 존 듀이가 포함되는 이런 독행적 좌익세력은 고전자유주의에 뿌리를 둔다. 적어도 내 생각에 독행적 좌익은 고전자유주의의 직계이며, 국가 자본주의와 국가 사회주의라는 절대론적 경향과 완전히 대립되는 세력이다. 또한 조지 오웰이었다면 틀림없이 흥미있는 소설 소재로 생각했을 것이고 진정한 보수주의자를 무덤에서 벌떡 일어나게 만들지도 모를 용어, 즉 현재 미국에서 보수주의자로 불리는 극단적 형태와도 뚜렷이 구분되는 세력이다.

 좋게 표현해서 이런 구분이 통례적인 것이 아니라는 점을 강조할 필요는 없지만, 나는 이런 구분이 적어도 한 가지 장점, 즉 정확하다는 장점을 갖는다고 믿는다. 이제 그 이유를 설명해보자.

먼저 존 듀이의 핵심 사상 중 하나, 즉 "생산의 궁극적인 목표가 상품의 생산이 아니라, 평등한 조건에서 서로가 연대하는 자유로운 인간의 생산"이란 문제를 생각해보자. 물론 여기에는 듀이의 평생 관심사였던 교육도 당연히 포함된다. 버트란드 러셀의 말을 빌리면, 교육의 목표는 "지배가 아니라 사물에 대한 가치 감각을 길러주는 것이고, 자유로운 공동체의 지혜로운 시민을 양성하는 데 도움을 주는 것이며, 자유와 개인의 창의성을 시민의식과 결합시키도록 가르치는 것이다. 말하자면 정원사가 어린 나무를 돌보듯이, 깨끗한 물과 공기와 빛이 주어질 때 아름다운 형상으로 커가는 자연 속의 한 생명체처럼 어린아이를 돌보아야 한다는 뜻이다." 사실 듀이와 러셀은 많은 점에서 서로 의견을 달리 하지만, 적어도 러셀이 "인간 중심적 정신"이라 칭했던 부분에서는 의견을 같이 한다. 그 정신은 계몽정신에 뿌리를 둔 것으로, 교육이 물로 잔을 채우는 행위와 같은 것이 아니라 꽃이 나름대로 커가도록 옆에서 돕는 것과 같다는 생각이다. 결국 그들은 18세기의 정신을 되살려낸 것이었다. 달리 말하면, 인간이 정상적이고 창의적으로 꽃피워 나가는 환경을 제공할 수 있어야 한다는 것이다.

또한 듀이와 러셀은 계몽시대와 고전자유주의의 이런 핵심 사상에서 혁명적 성격을 찾아내어, 금세기 초에 쓰인 그들의 저서에 그 사상을 올곧게 담아냈다. 이 사상이 교육에 접목된다면, 지식의 축적이나 지배에 가치를 두지 않는 자유로운 인간을 길러낼 수 있을 것이라고! 평등한 조건에서의 자유로운 연대, 공유, 협동 또한 평등한 조건에서 참여하고 민주적으로 결정된 공동의 목표를 성취할 수 있을 것이라고! 아담 스미스가 "타인에겐 어떤 양보도 없이 우리가 독식해야 한다는 주인들의 비도덕적인 좌우명"이라 불렀던 것에는 경멸의 독설만을 던졌다. 그러나 오늘날 우리는 이런 비도덕적 좌우명을 처신의 원칙으로 삼으라고 교육받고 있으며, 지난 수십년 동안 이른바 보수주의자들의 집요한 공세에 전통적 가치관은 끊임없이 공격받으며 서서히 침몰해가고 있는 처지이다.

따라서 계몽시대부터 러셀과 듀이를 비롯한 20세기의 위대한 철학자들의 시대까지 꾸준히 맥을 이어온 인간 중심적 정신과 오늘날을 지배하는 정신 사이의 가치관 충돌이 얼마나 첨예하고 비극적인가를 곰곰이 생각해볼 여지가 있다. 물론 오늘날을 지배하는 세계관은 아담 스미스가 "비도덕적 좌우명"이라 비난했고, 벌써 1세기 전부터 의식있는 노동자 계급의 언론에서 "자신을 제외한 모두를 망각한 채 부를 축적하는 새로운 시대 정신"—아담 스미스의 "비도덕적 좌우명"과 똑같은 것—이라 이름 붙여주며 비난했던 정신이다. 따라서 일체감, 완전한 평등의 성취, 창의적 노동을 위한 기본적인 인권 등을 강조했던 아담 스미스와 같은 자본주의 이전 시대의 사상가에서, 오늘날 때로는 몰염치하게도 아담 스미스의 이름까지 거론하면서 "새로운 시대 정신"을 찬양하는 사람들에 이르기까지 가치관의 변화 과정을 추적하고, 그 가치관들을 비교해보는 것도 나름대로 보람있는 작업일 것이다. 예를 들어, 노벨 경제학상을 수상한 제임스 부케넌은 "이상적인 상황에서 모두가 추구하는 것은 노예제도가 인정된 세계에서 주인이 되는 것이다"고 말했다. 만약 아담 스미스였다면 그저 병적인 것으로 보아 넘겼을 것을 우리 모두가 열심히 추구하고 있는 셈이다.

내가 알기에 아담 스미스의 사상을 가장 잘 정리한 책《아담 스미스와 근대 자본주의에 그가 남긴 유산》은 로욜라 대학의 패트리샤 워웨인 교수가 쓴 책이다. 그 책을 찾아 읽어보기 바란다.

"새로운 시대 정신"과 그 가치관을 가장 실감나게 설명한 글의 하나는, 우리가 동유럽 사람들을 지원하면서 부딪히는 어려움에 대한 언론의 논평이다. 현재 우리는 동유럽 사람들을 새롭게 돌아보아야 할 병자라 생각하며 동유럽으로 세력을 확장하고 있다. 과거 라틴 아메리카와 필리핀 등에 아낌없이 주었던 사랑의 손길을 그들에게 나눠주는 셈이다. 공포에 시달리던 그 나라들에서 우리가 얻어낸 결과는 언제나 분명하고 확실하지만, 그곳에서 우리가 누구였고 무엇을 했는지에 대한 교훈은 전혀 얻지 못하고 있다. 이쯤이면 그 이유를 당연히 생각해봐야 하지 않겠는가! 어쨌든 우리는 과거에 아이티, 브라질, 과테말라, 필리핀, 아메리카 원주민, 아프리카 노예 등을 해방시켰듯이, 공산주의에서 갓 해방된 사람들을 지원하는 정책을 시행하고 있다. 《뉴욕 타임스》는 이런 다양한 문제들을 특집으로 다룬 기사를 현재 연재하고 있는 중이며, 현 세계를 지배하는 가치관에 대해 상당히 흥미로운 시각을 제시해준다. 스티븐 킨저가 동독에 대해 쓴 기사를 예로 들어보자. 이 기사는 동독의 공산주의 체제에 맞서 민중 운동을 이끌었던 한 신부의 말을 인용하는 것으로 시작하면서, 현재 그 나라에서 일어나고 있는 상황에 대해 심각한 우려를 드러낸다. 신부의 증언을 그대로 인용하면, "야만스런 경쟁의식과 돈을 향한 탐욕이 우리의 공동체 의식을 파괴하고 있다. 거의 모두가 두려움, 우울증 혹은 불안감을 절감하고 있다." 우리가 시대에 뒤떨어진 사람들에게 가르친 새로운 시대 정신이 안겨준 필연적 산물인 셈이다.

우리가 정말로 성공한 사례라며 대외 홍보용으로 자랑하는 폴란드에 대한 제인 펠레스의 글도 빼놓을 수 없다. 이 기사에는 '자본주의의 길로 질주하는 사람들과 머뭇대는 사람들'이라는 표제가 붙어 있다. 제목에서 시사하듯이, 핵심을 향해 차근차근 접근하는 사람이 있는 반면 여전히 뒷골목에서 서성대는 사람이 있다는 내용이다. 펠레스는 극단적인 대조를 보이는 두 사람을 사례로 제시한다. 훌륭한 학생은 벌써 조그만 공장의 주인이 되어, 현대 자본주의 국가로 탈바꿈한 폴란드에서 성공한 전형적인 인물로 손꼽힌다. 이 공장은 섬세하게 디자인한 결혼예복을 제작해서, 그 대부분을 독일 부자들과 폴란드의 극소수 갑부들에게 판매하고 있다. 지난 7월 세계은행의 발표에 따르면, 자본주의 개혁이 시작된 이후로 빈곤층이 갑절 이상 증가하고, 전반적으로 수입이 30% 정도 하락한 나라에서 확인된 모습이다. 그러나 일자리를 잃고 굶주림에 허덕이는 대다수 국민이 멋들어지게 꾸민 결혼 예복을 진열장에서 보면서, 새로운 시대 정신을 고맙게 생각하는 것이다. 이런 실정이니, 폴란드를 자본주의 개혁이 모범적으로 성공을 거둔 국가의 사례로 찬양하지 않을 수 있겠는가!

훌륭한 학생의 주장대로, "폴란드 국민은 이제 스스로 싸워서 쟁취해야 남에게 의존해서는 안 된다는 현실을 배워야만 한다!" 이런 주장을 뒷받침이라도 하듯, 펠레스는 아직도 "나는 광부다. 누가 나보다 낫겠는가"라는 슬로건에 세뇌되어 있는 사람들에게 미국의 가치를 심어줄 목적으로 그녀가 운영하는 교육과정을 소개한다. 폴란드 국민은 옛 구호의 허망함을 잊어야 한다. 독일 부자들을 위해서 결혼 예복을 만드는 사람처럼, 꽤 많은 사람들이 이미 멋진 삶을 살고 있다. 이처럼 미국의 가치가 성공을 거둔 사례도 있지만, 그 반대편에는 자본주의로 가는 길에서 여전히 머뭇대면서 쓰러지는 실패한 사례도 적지 않다. 펠레스는 40세의 탄광 노동자를 예로 제시한다. 그 노동자는 "나무판으로 나누어진 거실에 앉아, 공산주의 치하에서 노동한 대가로 거두어들인 텔레비전, 안락한 소파, 반짝이는 현대식 부엌을 감동 어린 눈길로 바라보고 있다." 그러면서 그가 아직도 "자신을 제외한 모두를 망각한 채 부를 축적하라는 새로운 시대 정신"에 동참하지 못하고 "직업도 없이 집에서 빈둥대면서 사회복지기금에 연명해 살아야 하는 이유"를 생각한다. 물론 "나는 광부다. 누가 나보다 낫겠는가"라는 슬로건도 잊은 지 오래다. 《뉴욕 타임스》의 연재는 이런 식으로 계속된다. 우리에겐 너무도 당연히 여겨지는 현상을 읽어가면서 곰곰이 생각해보는 것도 흥미로운 일이다.

동유럽에서 현재 일어나고 있는 현상은 제3세계에서 오랫동안 겪었던 경험의 요약판이며, 앞으로도 계속될 기나긴 이야기의 한 부분일 뿐이다. 사실 이런 현상은 우리가 겪었던 역사이기도 하며, 우리 이전엔 영국의 역사였다. 예일 대학의 저명한 노동사학자 데이비드 몽고메리는 최근 발간한 책에서, 현재의 미국은 노동자의 항거를 딛고 세워졌다고 주장한다. 나는 이런 주장에 전적으로 공감한다. 노동자의 항거는 활기에 넘쳤고 거리낌이 없었다. 특히 노동자 계급의 목소리와 19세기 초부터 1950년대까지 미국에서 전성기를 구가하던 지방 언론의 목소리는 솔직하기 이를 데 없었다. 그러나 1950년대 들어 지방 언론은 기업의 힘에 의해 소리없이 죽어가기 시작했고, 그로부터 10년 후에는 영국의 지방 언론도 본연의 자세를 상실해버렸다. 이런 문제에 대한 최초의 본격적인 연구는 1924년에 발표한 노먼 웨어의 책으로, 지금도 우리에게 많은 것을 시사해주는 소중한 책이다. 이 책은 시카고에서 처음 발간되었고, 최근 들어 한 지역 출판인인 아이반 디에 의해 재출간되었다. 사회의 변천과정을 본질적인 측면에서 다루고 있어, 누구에게나 필독을 권하고 싶은 책이다.

주로 노동계 언론을 분석 대상으로 삼아, 웨어는 기업 세력이 옹호한 가치관이 보통사람들에게 어떤 식으로 세뇌되었는가를 보여준다. 보통사람들은 인간다운 감정을 버리고, 그 감정을 새로운 시대 정신으로 채워야 한다고 배워야 했다. 웨어는 19세기 중반 노동계를 대표한 언론, 우연히도 여성 노동자들이 운영한 언론을 분석하기도 한다. 그들의 주장에는 상당 기간 일관된 흐름이 확인된다. 그들이 "격하(格下)"라 불렀던 현상들이었다. 즉 인간다운 존엄성과 독립성의 상실, 자긍심의 상실, 인간으로서 노동자의 몰락, 문화적 수준과 문화적 성취감의 급격한 추락 (중략) 결국 노동자는 "임금 받는 노예"로 전락하고 말았다. 게다가 그들은 자신의 위치가 남북전쟁까지 치르면서 근절시키려 했던 상품 같은 노예와 크게 다르지 않다고 생각했다. 또한 로웰에서 특히 팩토리 걸(factory girl, 여직공이라 번역해야겠지만 당시 남성 직공과 구분되어 그렇게 불렸다는 점에서 원음대로 썼다—옮긴이)이라 불렸던 여성들 그리고 일반 직공을 비롯한 노동자들이 즐기던 고전 문학과 당대 문학의 독서, 이른바 "고급 문화"의 급격한 몰락은 비극적인 현상이었으며, 오늘날의 문제와도 그렇게 다르지 않았다. 그래도 그들은 문학에 관심을 가졌고 서고(書庫)가 있었기 때문에, 때때로 사람을 고용해서 그들이 일하는 동안 문학 서적을 큰 소리로 낭독하게 하기도 했다. 그러나 그런 모든 것이 사라져야 했다.

   노동계 언론을 분석해보면 논리는 대략 이렇게 요약된다. 물건을 팔자면 사람을 붙잡아야 한다. 하지만 당신 노동을 팔고자 할 때에는 당신 자신을 파는 것이다. 결국 자유인으로서 권리를 포기하고, "노동자를 억압하며 노예처럼 부리려는 그들의 권리에 감히 의문을 제기하는 사람들에겐 가차없이 철퇴를 휘둘러대는 부유한 독재자들"이 운영하는 거대 기업의 수족이 되어가는 것이다. 따라서 민주주의 땅에서 군주시대의 원칙을 그대로 지키면서 자유와 권리, 문명, 건강, 도덕, 지성의 수준을 상업적 봉건시대로 격하시키려는 민간 세계의 "폭군"들이 강요하는 기계의 신분에서 벗어나, "공장에서 일하는 사람들이 당연히 공장의 주인이 되어야 한다!"고 주장한다.

　놀랍게도, 마르크스가 어느 정도 영향을 미치기 훨씬 전에 그런 주장이 있었다. 1840년대 미국의 노동자들이 그들의 경험에 비추어 그런 주장을 했던 것이다. 또한 노동계 언론은 언론과 대학과 지식인 계급, 즉 새로운 시대 정신으로 대변되는 독재적 횡포를 합리화시키면서 그처럼 비열하고 추잡한 가치관을 심어줄 핑곗거리를 찾는 궤변론자들을 "매직(賣職)한 성직자"라 부르며 세찬 비난을 퍼부었다. 약 1세기 전, 19세기 말 미국노동총연맹(American Federation of Labor, AFL)을 초창기에 이끌었던 헨리 D. 로이드는 노동운동의 목표가 "시장의 사악함과 맹목적 믿음"을 극복하고 민주주의를 수호함으로써 노동자에 의한 산업의 지배라는 기본 노선을 확실하게 천명했다.

　가령 빌헬름 폰 훔볼트와 같은 사람들, 즉 고전자유주의의 입안자들에게 이런 정신은 너무도 명백한 것이었다. 특히 훔볼트는 존 스튜어트 밀에게 많은 영향을 주었으며, 그와 동시대를 풍미했던 아담 스미스와 마찬가지로 타인과 연대해서 자유롭게 행해진 창의적인 작업이 인간의 삶에서 핵심적인 가치를 갖는 것이라 생각했다(촘스키는 훔볼트(1767~1835)를 아담 스미스(1723~1790)와 동시대의 인물로 보았지만, 시대상으로는 아담 스미스가 40년 앞선다. 따라서 여기에서 촘스키가 동시대를 일부러 강조한 것은 스미스를 고전자유주의와 맥을 같이 하는 고전경제학의 창시자인 점에 주목한 듯하다—옮긴이). 훔볼트의 주장을 정리하면 대략 이렇다. 가령 어떤 사람이 주문에 따라 물건을 생산한다면, 우리는 그 솜씨를 칭찬할 수 있겠지만 그 사람의 직업에는 경멸을 보내게 된다. 말하자면, 자신의 욕망과 충동에 따라 행동하는 진실된 인간이 아니라는 멸시다. "매직한 성직자"에게 주어진 임무가 바로 이런 가치관을 뒤흔들어서, 노동 시장에서 자아를 파는 사람들의 의

식에서 그런 가치관을 일소시키는 것이었다. 비슷한 이유로, 아담 스미스도 "어떤 문명사회에서나 노동 시장이 분할되어 인간을 어리석고 무지한 존재로 타락시키는 것을 방지하기 위해서 정부가 개입해야만 한다"고 경고했다. 물론 조건들이 진정으로 자유로울 때 시장은 완전한 평등을 향하기 마련이라는 대명제를 바탕으로, 스미스는 시장을 약간 옹호하는 듯한 뉘앙스를 띠었다. 그러나 매직한 성직자들은 바로 이점을 그들의 도덕적 근거로 삼았지만, 결국 완전히 다른 목소리를 내야 하는 그들에게 고전자유주의자들의 정신은 완전히 잊혀지고 말았다.

듀이와 러셀은 이 전통, 계몽시대와 고전자유주의에 뿌리를 둔 고귀한 전통을 계승한 20세기의 위대한 철학자들이다. 물론 19세기 초부터 남녀 노동자들이 보여준 투쟁과 조직과 저항의 역사도 결코 무시해서는 안 된다. 정부를 등에 업은 민간기업들이 세력을 확장하며 새로운 독재자로 군림하려 했을 때, 그들은 자유와 정의를 쟁취하는 동시에 한때 누렸던 권리를 지켜나가고자 혼신의 힘을 다했다.

기본적인 쟁점이 토마스 제퍼슨에 의해 아주 명쾌하게 규정된 때가 1816년경이었다. 산업혁명이 옛 식민지에 완전히 뿌리내리기 전이었지만 서서히 그 마각을 드러내고 있던 때였다. 제퍼슨은 미국에서 벌어지고 있는 현상을 꾸준히 지켜본 끝에, 민주주의 실험이 심각한 위험에 봉착하고 있음을 확인할 수 있었다. 그는 독재 세력이 새로운 형태로 태동하는 것에 놀라움을 금치 못했다. 그가 지도자로 참여했던 독립전쟁으로 전복시켰던 독재 세력보다 더욱 전횡적인 모습일 것이 뻔했다. 말년에 제퍼슨은 "귀족주의자"와 "민주주의자"를 이렇게 구분해 보였다. 귀족주의자는 "국민을 두려워하고 불신하는 사람들로, 모든 힘을 국민에게서 빼앗아 더 높은 계급에게 몰아주려는 사람들"

이었다. 한편 민주주의자는 "국민과 모든 것을 함께 하면서 국민을 신뢰하고, 공공의 이익을 정직하고 안전하게 떠맡아줄 존재로서 국민을 소중히 생각하는 사람들"이었다. 그 시대의 귀족주의자들은 갓 태동하기 시작한 자본주의 국가를 옹호하는 집단이었다. 하지만 제퍼슨은 민주주의와 자본주의가 결코 양립할 수 없다는 사실을 분명히 깨닫고, 당시 미국에 얼굴을 내밀기 시작한 자본주의를 거세게 비난했다. 하기야 요즘의 자본주의, 다시 말해서 영국과 미국을 비롯한 거의 모든 나라에서 과거에 그랬던 것처럼 정부가 강력한 권력을 휘두르며 방향을 정해서 보조금을 지원하는 자본주의가 진정한 민주주의와 어떻게 모순되지 않을 수 있겠는가!

기업계가 민주적 절차를 무시하고 법률가를 동원해서 새로운 세력으로 힘을 점점 확대해나가면서, 이 근본적인 모순은 한층 깊어지고 말았다. 제퍼슨이 자유를 파괴하는 원인이 될 것이라 경고하며 "은행제도와 돈많은 법인"이라 불렀던 것에 법률가들은 다른 모습을 덧씌워주었다. 즉, 아담 스미스나 토마스 제퍼슨과 같은 자본주의 이전 시대의 사상가들이 염려한 최악의 악몽을 넘어서 법률가들은 권력과 권리를 한손에 지닌 "영원불멸한 인격체"를 만들어냈다. 불과 반 세기 전에, 아담 스미스가 이미 경고했던 것이 그대로 실현되고 있었다.

제퍼슨에 의한 귀족주의자와 민주주의자의 구분은 그로부터 반 세기 후, 무정부주의적 사상가이며 행동가였던 바쿠닌에 의해 더욱 세련되게 다듬어졌다. 두 세력의 분리는 사회과학의 미래 예측이 실제로 실현된 몇 안 되는 경우의 하나였다. 이런 이유만으로도, 이 현상은 사회과학과 인문학의 커리큘럼에 포함시켜 진지하게 다루어볼 가치가 있다. 다시 19세기로 돌아가자. 바쿠닌은 19세기에 태동하기 시작한 인텔리겐치아들이 영원히 평행선을 그을 두 노선 중 하나를 택하게 될 것이라 예측했다. 한 노선은 국가 권력을 쟁취하기 위해 민중 투쟁을 이용하는 집단으로, 바쿠닌의 용어를 빌면 "붉은 관료주의"가 되어 역사상 가장 잔혹하고 사악한 체제를 인민에게 강요하게 될 것이라고 말했다. 나머지 하나는 진정한 힘이 다른 곳에 있다는 믿음으로, 노동계 언론의 표현을 빌면 "매직한 성직자"가 되어 국가 지원을 받는 민간기업 뒤에 몸을 감춘 진짜 주인의 수족이 될 것이라 예측했다. 바쿠닌의 표현대로라면, 국가 자본 민주주의에서 "민중을 민중의 지팡이로 때려대는" 궤변론자가 되는 것이다. 두 노선은 놀라울 정도로 닮은 모습으로 지금까지 줄기차게 달려왔다. 사람들이 두 노선을 사이에 두고 급작스레 변신하는 것이 결코 놀라운 일은 아니다. 그런 변신이 우스꽝스런 변덕처럼 보이지만, 실제로는 공통된 이데올로기이다. 요즘 동유럽에서도 그 증거가 분명히 확인된다. 이른바 노멘클라투라 자본주의자라 불리는 집단, 즉 과거 공산주의 치하에서 지배계급에 속했던 집단이지만 시장 경제를 열렬히 옹호하면서, 조국은 전형적인 제3세계의 모습으로 추락해가지만 정작 자신은 부자가 되어가는 집단을 보라. 이런 변신은 결코 어려운 것이 아니다. 둘은 기본적으로 동일한 이데올로기를 지니고 있기 때문이다. 스탈린주의를 적극 지지하던 궤변론자가 "미국의 전도사"로 변신한 것은 현대사에서 기삿거리도 아니다. 가치관의 변화가 필요한 것도 아니다. 그저 권력이 있는 곳을 찾아 몸을 돌리면 그만이다.

민주주의에 대한 두려움이 깊게 뿌리박혀 있다. 알렉산더 해밀턴은 민중을 "거대한 야수"라 표현하면서 민주주의에 대한 공포심을 노골적으로 드러냈다. 게다가 지배 엘리트를 그 야수에서 지켜줘야 한다는 것이다. 이런 생각이 교육받은 집단에 점점 깊이 뿌리박혀가면서, 제퍼슨의 염려와 바쿠닌의 예측은 꾸준히 실체를 드러냈다. 이런 생각이 20세기까지 이어졌다는 뚜렷한 증거는 우드로 윌슨의 국무장관 로버트 랜싱의 발언에서 찾아지며, 마침내는 윌슨에게 러시아 공포증을 안겨주었다. 그 때문에 거의 10여년 동안 노동운동과 독창적 사고력은 거의 전멸상태에 빠지고 말았다. 랜싱은 "무지하고 무능력한 대중"에게 이 땅을 좌지우지할 지배력을 허락하는 것은 어불성설이라 경고했다. 그런 허락은 볼셰비키의 의도대로 움직이는 것이라 믿었던 것이다. 절대적으로 잘못된 히스테리적 반응이었지만, 이런 반응은 기득권을 위협받는다고 착각한 사람들의 기준에 따른 당연한 것이었다.

그 시대의 진보적 지식인, 특히 주로 1920년대에 민주주의에 대한 시론으로 필명을 날렸던 월터 리프만을 위시한 지식인들도 똑같은 우려를 드러냈다. 리프만은 미국 언론계의 대부였으며, 오랫동안 공공 문제에 대한 최고의 전문가로 대접받은 인물이었다. 그는 "책임있는 사람이 우왕좌왕하는 무리—해밀턴의 거대한 야수—의 소동에서 고통을 겪지 않도록 대중은 제자리에 있어야만 한다"고 충고했다. 리프만의 주장에 따르면, 민주 사회에서 무지하지만 간섭하기를 좋아하는 국외자들은 단 하나의 역할을 갖는다. 그 역할은 "행위의 참여자가 아니라, 행위를 관심있게 지켜보는 방관자"가 되는 것이다. 따라서 그들은 지도계급에 있는 사람들에게 정기적으로, 즉 선거라는 제도를 통해서 힘을 몰아주고, 그 역할을 끝낸 뒤에는 본연의 일상생활로 되돌아가야만 한다. 실제로 거의 같은 시기에 학계의 본류에서 주장하는 이론도 비슷한 색채를 띠고 있었다.

1934년 미국정치학회의 회장 축사에서 윌리엄 셰퍼드는 "지성과 힘을 겸비한 귀족주의자"에게 정부 운영을 맡기는 것이 당연하며, "무지하고 무식하며 반사회적인 인자"들에게 선거 관리를 맡겨서는 안 된다고 주장했다. 전적으로 과거를 잘못 이해한 데서 비롯된 주장이었다. 한편 현대정치학의 기초를 세운 학자 가운데 해럴드 라스웰은 1934년, 아니 1933년에 발간된 《사회과학 백과사전》에서, 윌슨 시대의 자유주의자들이 놀랍도록 멋들어지게 만들어낸 선전술 덕분에 대중을 일정한 선 안에 머물도록 할 수 있었다고 썼다.

윌슨이 1차대전에 사용했던 선전술은 아돌프 히틀러를 포함한 상대편에게도 인상을 남길 만큼 대대적인 성공작이었다. 그러나 무엇보다 중요한 것은 미국의 기업계에 미친 영향이었다. 홍보산업이 폭발적으로 성장하는 계기가 되었던 것이다. 홍보산업의 역할이 무엇이었겠는가? 1933년 《사회과학 백과사전》을 쓰면서 라스웰이 자신의 저술 자체가 선전이라 솔직히 말했듯이, 그래도 정직한 시기가 있었던 법률가들은 "홍보는 여론 조작이 목표"라고 고백하지 않았던가! 그렇다, 요즘에는 선전이란 용어를 거의 사용하지 않는다. 우리가 한층 교활해졌다는 증거이기도 하다.

정치학자로서 라스웰은 현대화된 선전술에 따라 한층 교묘해진 새로운 기법의 대중조작을 옹호했다. 이런 대중조작을 통해서, 능력과 지성을 겸비한 사람, 즉 본연의 통치자가 질서를 위태롭게 만들지도 모를 거대한 야수의 위협을 이겨낼 수 있다는 것이다. 그런데 왜 거대한 야수가 질서를 위태롭게 만든다고 생각할까? 라스웰의 주장에 따르면, "대중은 무지하고 어리석은 존재이기 때문이다." 따라서 "인간은 자신의 이익에 관한 한 최고의 판관이라는 민주적 독선"에 굴복해서는 안된다는 논리다. 어떤 문제에서나 최고의 판관은 엘리트 계급이기 때문에, 공공의 이익을 위해서 자신의 의지를 남에게 강요할 수 있는 수단을 그들에게 위임할 수 있어야 한다는 논리인 셈이다. 최고의 판관을 제퍼슨 식으로 표현하면 귀족주의자가 된다.

리프만과 라스웰은 거대한 야수에게 최소한 방관자 역할을 부여했다는 점에서, 그런대로 자유주의적이고 진보적인 색채를 띤다. 그 반동의 끝자락에는 당시 새삼스레 등장한 용어로 보수주의자란 엉뚱한 이름이 붙여진 사람들이 포진해 있다. 가령 레이건 식으로 국가통제를 우선시한 반동주의자들은 대중, 즉 야수에게 방관자 역할마저 인정하지 않으려 했다. 그랬기 때문에 미국시민을 제외한 누구에게도 비밀이 아니었던, 특히 희생자들에게는 공공연한 사실로 비추어진 테러공작을 은밀하게 자행한 것이 아니겠는가! 물론 테러공작을 은밀하게 진행한 목적은 미국인들에게 감추기 위한 것이며, 강력한 힘을 바탕으로 다른 나라의 내정까지 간섭하는 국가로서 서민의 불만을 억누르고 부자들을 위한 복지국가의 역할을 제대로 해내기 위해서 전대미문의 검열과 선전선동 등의 온갖 수단을 동원했던 것이다. 최근 들어 기업선전의 폭발적 증가, 대학을 향한 우익재단의 공세, 또 최근 눈에 띄는 도발적 현상들은 똑같은 불안감을 다른 식으로 표현한 것이다. 이런 불안감은 자유주의를 표방하는 엘리트 계급이, 1960년대 정확히 말하면 여성, 젊은층, 노년층, 노동자 등 예전에는 사회에서 소외되어 무관심하던 계층이 공공의 장으로 뛰어들려 했던 시기에, 본격적으로 싹트기 시작한 "민주주의의 위기"에서 촉발되었다. 언제나 올바른 판단을 내린다고 생각한 귀족주의자가 보기에, 그런 계층은 공공의 장에 있을 권리가 없는데도 말이다.

존 듀이는 계몽시대의 고전자유주의 전통을 고스란히 계승한 철학자 중 하나였다. 지혜로운 사람들의 통치, 제퍼슨이 정의한 귀족주의자들의 억압을 반대했다. 그들이 보수의 편이든 자유주의자의 편이든 간에, 어차피 그들의 세계관은 편협하기 이를 데 없는 것이란 생각 때문이었다. 듀이는 "정치란 대기업이 사회에 던져놓은 그림자"라는 사실을 확실히 알고 있었다. 따라서 근본적인 변혁이 없는 한, "그림자가 옅어질 수는 있겠지만 본질 자체가 변할 수는 없다." 개혁에는 한계가 있을 수밖에 없다는 뜻이다. 따라서 민주주의의 완성을 위해서는 그림자의 근원을 제거해야만 한다. 왜냐하면 그 근원이 정치의 장을 지배하고 있고, 개인의 힘에 뿌리를 둔 제도 자체가 민주주의와 자유를 위협하기 때문이다. 듀이는 반민주세력에 대한 정의를 분명히 내렸다. 그대로 인용하면, "오늘날(1920년대) 권력은 생산, 교환, 선전, 운송, 커뮤니케이션의 수단을 장악하는 사람에게 있다. 그 수단을 장악한 사람이 곧 이 나라의 운명을 지배하는 것이다." 여기에서 민주주의는 끼어들 여지가 없다. "은행, 토지, 산업의 지배를 통해서 개인적인 이득을 꾀하는 기업은 언론을 중심으로 한 선전도구를 지배함으로써 더욱 강해진다." 현재의 권력시스템도 바로 이것이다. 바로 기업이 억압과 통제의 근원인 것이다. 이 근원이 근절되지 않는 한, 우리는 민주주의와 자유를 진지하게 논의할 수 없다. 기회가 닿을 때마다 듀이가 언급했던 유형의 교육에 따른 자유로운 인간의 생산은 이런 전제적 괴물을 퇴치하는 수단의 하나가 될 것이다.

듀이의 주장에 따르면, 자유로운 민주사회에서 노동자는 사용자가 임대한 도구가 아니라 "자신의 운명에 대한 주인"이 되어야만 한다. 듀이는 기본적인 문제에서 고전자유주의의 창시자들과 생각을 같이 한다. 또한 노동자 계급이 폭력과 선전에 결국 굴복할 때까지 초기 산업혁명 때부터 노동운동의 자양분이 되어주었던 민주적이고 자유주의적인 정서를 감싸주었다. 따라서 듀이는 교육의 장에서 어린아이들에게 자유롭고 지성적으로 일하도록 가르치지 않고 "대가를 조건으로 일하도록 가르치는 것"은 비도덕적이고 비열한 짓이라 주장했다. 그럴 경우 자유롭게 참여하지 못하기 때문에 자유롭게 활동할 수 없다는 논리였다. 고전자유주의와 노동운동이 주장한 논리도 바로 이런 것이었다. 따라서 듀이의 주장에 따르면, 산업도 봉건적 잔재를 버리고 민주적 사회 질서로 변해야만 한다. 말하자면, 고전자유주의와 계몽시대에 뿌리를 둔 전통 무정부주의자들의 목표인 노동자들에 의한 지배와 자유로운 연대에 기초한 민주 사회가 되어야 했다.

지난 몇 년 동안 민간기업의 집요한 공세로 교조적 체제가 더욱 편협해짐에 따라, 자유주의적 가치와 원칙은 이제 별스럽고 극단적인 주장처럼 들린다. 현재 서구사회를 지배하는 전체주의적 사상의 용어를 빌면, 반미적 구호처럼 들리기도 한다. 세상이 이렇게 변했더라도, 듀이의 사상은 애플파이만큼이나 미국적인 것이란 사실을 기억해야만 한다. 듀이의 사상은 미국의 전통, 그 전통의 본류에 뿌리를 두고 있다. 위험천만한 외국의 이데올로기에 전혀 물들지 않은 본연의 사상이다. 또한 지금은 왜곡되고 잊혀졌지만, 언제라도 찬양받아 마땅한 가치있는 전통이다. 그러나 제도적인 차원과 이데올로기의 차원 모두에서 본연의 민주주의가 퇴색하면서 듀이의 사상마저 잊혀지고 있는 것이다.

물론 교육의 문제는 부분적으로 학교를 비롯한 공식적인 정보체계의 문제이다. 교육의 목표가 듀이의 주장대로 자유와 민주주의를 위한 교육이든, 지배계급의 소망대로 순종과 복종과 소외화를 촉진하는 교육이든 간에, 교육이 공식적인 체계를 통해 이뤄지는 것은 사실이다. 시카고 대학의 사회학자로서 교육이 어린아이의 삶에 미치는 효과를 오랫동안 연구한 끝에, 학생의 성취도를 결정하는 데 학교에 관련된 변수보다 가정이란 배경이 갖는 영향력이 훨씬 크다고 결론내렸다. 따라서 사회정책과 지배문화가 이런 요인들, 가정의 영향력 등을 어떻게 만들어가고 있는지 면밀히 검토해볼 필요가 있다.

이런 문제는 무척이나 흥미로운 주제이다. 실제로 1년 전, 유니세프가 미국의 저명한 경제학자 실비아 앤 휴랫을 책임자로 발간한 《부유한 사회에서 버림받은 아이들》에서도 이 문제를 본격적으로 다루고 있다. 실비아는 1970년대 말부터 1990년대 초까지 거의 15년 동안 부유한 나라를 대상으로 이 주제를 연구해왔다. 특히 제3세계를 대상으로 한 것이 아니라 부국(富國)을 대상으로 했다는 점에서 더욱 흥미롭다. 연구 결과, 그녀는 영미권과 유럽 및 일본 사이에 커다란 차이가 있는 것을 발견했다. 레이거니즘과 대처리즘을 바탕으로 한 영미권 모델은 아이들과 가족에게 재앙인 반면에, 유럽 및 일본 모델은 처음부터 상대적으로 높은 수준에서 시작하기도 하지만 교육을 통해서 아이들의 상황을 놀랍도록 개선시켜준다. 유럽과 일본의 전반적 경제수준이 영미권에 비해서 상대적으로 열악한데도 말이다. 사실 미국은 부(富)를 비롯한 여러 이점에서 다른 국가들과 비교되지 않을 정도로 월등하다. 또한 영국이 특히 대처의 통치 이후 심각한 쇠락의 길을 걸었지만, 여전히 미국의 고객이자 원유 수출국으로서 경제적 이점을 지닌 국가임에는 틀림없다. 그러나 영국의 정통 보수주의자 로이드 이언 길모어가 지적하듯이, 대처리즘의 경제 실패를 더욱 부추긴 것은 아이러니컬하게도 바로 그런 경제적 이점이었다.

휴랫은 영미권 교육 모델이 어린이와 가족에게 그야말로 재앙이 되는 것은 "자유시장에 대한 이데올로기적 선호"의 부산물이라고 결론지었다. 내 생각에, 그녀의 결론은 절반밖에 맞지 않다. 레이건의 보수주의는 자유시장을 억압했다. 가난한 사람에게는 자유시장의 필요성을 역설했지만, 부자를 위한 공공 보조금과 보호정책은 과거의 국가통제주의자들이 무색할 정도였다. 이런 이데올로기를 무엇이라 이름 짓든 간에, 그처럼 불법적이고 폭력적이며 반동적인 국가통제주의에 보수주의라는 이름을 붙여 아름다운 보수주의를 더럽히는 것은 결코 용납할 수 없는 일이다. 그래, 당신이 좋을 대로 이름을 붙여라! 하지만 레이거니즘은 결코 보수주의가 아니며, 자유시장도 아니다. 그래도 가난한 사람에게 역설한 자유시장이 가정과 어린이에게 재앙의 원인이었다는 휴랫의 지적은 옳다. 휴랫이 "이 땅—영미권—에 만연한 반(反)아동정서"라 이름 붙인 현상의 폐해에 대해서는 의심할 여지가 없다. 특히 미국과 영국에서는 최악이다. 시장 논리에 따라서 "무관심으로 가득한 영미식 모델"은 육아를 대부분 민간에 이관함으로써, 대부분의 부모가 육아 자체를 포기하고 있는 실정이다. 레이건식 보수주의와 대처식 아류가 추구한 정책과 목표는 어린이와 가정에 끔찍한 재앙을 안겨주었다.

계속해서, 휴랫은 "정부가 포괄적으로 지원하는 유럽식 모델"의 사회정책은 가정과 어린이의 지원 시스템을 약화시키기보다는 강화시켰다고 지적한다. 당연한 결과가 아니겠는가! 그러나 내가 아는 한, 1993년에 발표된 이 보고서는 미국의 현상을 비판적으로 분석했기 때문인지 어디에서도 검토되지 않고 있다. 《뉴욕 타임스》도 지난 일요일판 북리뷰에서 이 주제를 전폭적으로 다루었지만, 정작 이 보고서에 대해서는 언급하지 않았다. 지능지수가 우려할 수준으로 떨어지고 SAT(대학입학 학력 평가시험) 점수의 하락을 지적하고, 그 원인을 수박 겉핥기식으로 섭렵했을 뿐이었다. 즉 뉴욕시에서 《뉴욕 타임스》가 추구하고 지지해왔던 사회정책이 약 40%의 어린이를 빈곤 이하로 떨어뜨린 것이다. 그 많은 아이들이 영양부족과 질병 등에 시달리고 있는 것이다. 그러나 무관심으로 가득한 영미식 교육모델이 주장하는 것처럼, 이런 현상들은 지능지수의 하락과 무관하다. 북리뷰의 검토자는 나쁜 유전인자를 문제로 삼는다. 어찌 된 일인지, 사람들에게 나쁜 유전인자가 심어지고 있다며, 그 이유에 대해서는 이러저러한 추측이 난무한다고 말한다. 예를 들어, 흑인 어머니가 자식을 제대로 양육하지 않기 때문이란 주장이 거론된다. 인간이 살기에 적절하지 못한 기후인 아프리카에서 흑인이 진화되었다는 이유일 것이다. 그래서 흑인이 원인일지도 모른다는 가설이 가능하다. 북리뷰의 검토자는 이런 주장이 진지하고 빈틈없는 연구의 결과이지만 민주사회는 위험을 무릅쓰더라도 그런 사실을 묵살할 것이라고 덧붙인다. 이처럼 잘 훈련된 인민위원들은 명백하고 확실한 사회정책에서 비롯된 결과들, 즉 누구도 부인할 수 없는 책임에서 교묘히 피신하는 법을 너무도 잘 알고 있다. 하지만 야무진 머리를 가진 사람이라면 그 원인이 어디에 있는지 금세 알 수 있다. 게다가 저명한 경제학자가 유니세프 보고서의 형식을 빌어, 당분간 이 나라에서는 빛을 찾아볼 수 없을 것이란 경고를 던지지 않았는가!

이런 현상은 결코 비밀이 아니다. 교육위원회와 미 의학협회가 합동으로 조사한 보고서에 따르면, "같은 연령대의 부모 세대에 비할 때, 현재의 아이들만큼 건강하지 못하고, 보살핌도 받지 못하고, 사회에 준비되지 않은 적이 없었다!" 산업사회가 가져온 커다란 변화가 아닐 수 없다. 유독 영미권 사회에서만, 지난 15년 동안 보수주의와 가족의 가치라는 허울 아래에서 반아동 정서와 반가족 정서가 군림했던 까닭이다. 바야흐로 선전의 승리였다.

이런 재앙을 상징적으로 드러내주는 사건이 있다. 휴랫이 1년 전 유니세프의 보고서를 제출했을 때, 146개국이 아동의 권리에 관한 국제협약을 비준했지만 단 한 나라, 미국은 비준하지 않았던 것이다. 그런 태도가 인권에 관한 국제협약들을 바라보는 미국의 기본 시각이다. 그러나 공정한 시각에서 본다면, 레이건식 보수주의가 반아동 및 반가족

정서에 관대하다고 말할 수밖에 없다. 세계보건기구는 적잖은 유아를 죽음에 몰아넣은 유아용 유동식을 공격적으로 마케팅한 '네슬레'를 고발했다. 118개국이 고발에 찬성한 반면, 단 한 나라가 반대표를 던졌다. 그 나라가 어디이겠는가? 여러분의 추측에 맡긴다. 그러나 가난한 사람에게 강요하는 자유시장 정책과 부자들의 원조 거부로 매년 수백만 명의 어린아이들이 죽어가는 까닭에 세계보건기구에서 "조용한 학살"이라 이름 붙인 현상과 비교할 때, '네슬레'의 경우는 조족지혈일 뿐이다. 거듭 말하지만, 미국은 부유한 나라들 중에서 어린아이들이 최악으로 열등한 환경에 빠져 있는 나라 가운데 하나이다.

이 재앙을 상징적으로 드러내주는 또 하나의 사건은 '홀마크'에서 발행하는 인사장에 쓰여 있는 글귀이다. 가령, "학교에서 멋진 하루를!"이란 글귀가 있다. '홀마크'의 광고법은 대략 이렇다. 이 글귀가 쓰여 있는 인사장을 아침마다 시리얼 상자 아래에서 본다면, 아이들이 상쾌한 기분으로 학교에 갈 수 있을 것이라고! "너와 좀더 오래 있고 싶구나!"라는 글귀의 인사장도 있다. 아이가 혼자 잠자리에 들 때, 베개 밑에 넣어둘 만한 것이다. 그밖에도 여러 가지 글귀가 있지만, 내 생각에 어린이와 가정에 재앙을 안겨준 가장 큰 원인 중 하나는 임금 하락이다. 지난 몇 해 동안, 특히 레이건과 대처 시대에는 소수를 부자로 만들고 다수를 빈곤하게 만드는 국가 기업정책이 획책되었고, 의도한 대로 성공을 거두었다. 다시 말하면, 국민은 살아남기 위해서 더 오랜 시간을 일해야 한다는 뜻이다. 대다수의 부모들이 주당 50시간을 죽도록 일했지만, 겨우 필수품이나 구입할 정도의 수입을 거두어들일 뿐이다. 그동안, 우연히도 기업의 이윤은 폭발적으로 증가하고 있다. 《포춘》의 표현에 따르면, 500대 기업에서 매출은 제자리 걸음을 하고 있지만 이윤은 "현기증"이 날 정도로 매분기 신기록을 세우고 있는 중이다.

또 하나의 요인은 불안정한 직장이다. 그러나 경제학자들은 "노동시장의 유연성"이라 칭하며 학문적 관점에서는 더없이 좋은 것처럼 말한다. 그러나 인간중심적 시각에서는 결코 건전한 사고방식이라 생각할 수 없으며 오히려 썩을 대로 썩은 이론인 듯하다. 유연성은 더 나은 대우로 초과 시간을 일한다는 뜻이지, 내일이라도 일자리를 잃을지도 모른다는 불안감이 아니다. 계약도 없고 권리도 없는 것, 그것을 유연성이라 주장한다. 시장의 경직성을 철폐해야 하는 이유를 경제학자들은 멋들어지게 설명한다. 부모 모두가 초과시간을 일하고 대다수 노동자의 임금이 하락할 때, 그 결과를 예측하기란 그다지 어려운 일이 아니다. 통계자료에서 분명히 나타난다. 휴랫의 유니세프 보고서에서도 확인할 수 있다. 아니, 그런 것을 읽지 않더라도 어떤 일이 일어날지 충분히 예측할 수 있다. 어쨌든 휴랫의 보고서에 따르면, 접촉 시간, 즉 부모가 자녀와 함께 지내는 실제 시간은 영미권 사회에서 지난 20년 동안, 특히 최근 들어 급격히 하락하는 그래프를 보여준다. 1주일에 겨우 10~12시간이다. 이른바 "고품질의 시간", 즉 오직 자녀와 더불어 정을 나누는 시간이 줄어들고 있다. 그 결과가 무엇이겠는가? 결국 가족의 정체성과 가치를 소멸시키지 않겠는가! 아이들은 텔레비전에 더욱 의존하지 않겠는가! "열쇠를 목에 걸고 다니는 아이들"이 혼자서 무엇을 하겠는가? 결국 아동 알콜중독과 마약중독 그리고 아동에 의한 아동의 폭력 범죄가 늘어날 것이다. 또한 건강, 교육, 민주사회에의 참여 능력에도 막대한 영향을 미치고, 심지어는 생존 자체까지 위협 받을지도 모른다. 물론 SAT와 지능지수의 하락은 당연한 것이다. 나쁜 유전자? 진짜 나쁜 유전자는 이런 것들이다.

이런 현상들은 결코 자연의 법칙에 따른 것이 아니다. 어떤 특별한 목적, 즉 '포춘' 500대 기업을 살찌우는 대신 그밖의 존재는 모두 가난하게 만들려는 목적을 띤 사회정책에 따른 필연적 결과이다. 미국에 비해 조건은 열악하지만 반가족·반아동 정서를 배제한 정책에 충실한 유럽에서는 정반대의 현상이 확인되기 때문이다. 다시 말해서, 어린이와 가정의 수준이 훨씬 나아졌기 때문이다.

영미권 사회는 그렇지 못하다는 사실을 큰 목소리로 지적할 수 있어야 한다. 그렇다, 우리는 크고 강한 나라이다. 우리에게는 막강한 영향력도 있다. 우리 영향력 안에 있는 나라들은 가정과 어린이를 위한 정책을 실행하려 노력한 결과로 어떤 결실을 거두었는지 똑바로 보아야 한다. 우리 귀를 번쩍 열게 만들 만한 놀라운 사례들을 확인할 수 있다.

우리가 거의 마음대로 조절하는 지역은 아마도 카리브 연안과 중앙아메리카일 것이다. 그런 정책을 시도해서 놀라운 성공을 거둔 두 나라가 있다. 쿠바와 니카라과이다. 그런데 이 두 나라가 미국의 주된 공격 목표였다는 것은 주지의 사실이며, 그 공격은 성공을 거두었다. 니카라과의 경우, 미국의 테러가 있기 전까지는 높은 건강수준을 유지하고 문맹과 아동의 영양부진을 퇴치하는 데 괄목할 만한 성공을 거두고 있었다. 그런데 미국의 테러가 시작되면서, 그 모든 것이 역전되어 이제는 아이티 수준으로 떨어지고 말았다. 물론 쿠바의 경우에는 테러 전쟁이 존 F. 케네디에 의해서 촉발되어 지리할 정도로 오랫동안 계속되었다. 공산주의와는 아무 관계도 없는 도발 전쟁이었다. 쿠바 주변에서 러시아군은 눈을 씻고 찾아봐도 없었다. 러시아가 쿠바의 고약한 파벌들을 지원했다는 사실만으로 시작된 전쟁이었다. 당시 그들은 국민의 건강 수준을 눈에 띄게 향상시키고 있었다. 특히 아동과 영양 부족에 깊은 관심을 가졌다. 그래서 우리가 테러 전쟁을 일으켰던 것이다. 최근에 공개된 케네디 시절의 CIA 자료를 분석해보면, 우리가 얼마나 잘못했는지 명백히 드러난다. 그러나 쿠바를 향한 탄압은 지금까지 계속되고 있다. 바로 이틀 전에도 세찬 공격이 있었고, 게다가 그들에게 실질적인 고통을 안겨주려고 경제 봉쇄조치까지 취했다. 과거에는 그런 제재를 러시아 때문이라고 핑계댔지만, 그 제재가 실시된 이후 실제로 일어난 일을 확인하면 그 핑계가 완전히 거짓이었다는 것이 확인된다. 더구나 러시아가 사라진 후에 일어난 일은 그 거짓을 결정적으로 뒷받침해준다. "매직한 성직자"들은 뭔가 새로운 핑곗거리를 찾아야 했다. 그래서 러시아가 사라진 이후 미국은 쿠바를 더욱 모질게 몰아붙였지만, 그 성직자들은 모른 척할 수밖에 없었다. 그런 공세의 이유가, 쿠바가 공산주의와 러시아 제국의 전초기지이기 때문이라 한다면 앞뒤가 맞지 않는다. 그 정도야 얼마든지 처리할 능력이 우리에게는 있지 않은가!

　러시아가 무대에서 사라지면서 쿠바를 더욱 강하게 압박할 수 있게 되자, 쿠바는 그야말로 사면초가의 가혹한 제재를 받게 되었다. 미국 의회는 민주당 소속의 로버트 토리첼리 의원의 이름으로, 미국에 본사를 둔 기업은 물론이고 미국에서 생산된 부품을 하나라도 사용하는 외국 기업까지도 쿠바와의 거래 중단을 촉구하는 법안을 제출했다. 명백한 국제법 위반이었기 때문에 조지 부시 대통령은 거부권을 행사했다. 그러나 지난 선거에서 클린턴 일당에게 일격을 당하게 되자, 부시는 어쩔 수 없이 그 법안을 받아들여 통과시킬 수밖에 없었다. 그 법안은 곧바로 유엔에 전달되었지만, 유엔 회원국들은 한결같은 목소리로 미국의 조치에 비난을 퍼부었다. 최종 투표에서, 미국은 꼭두각시에 불과한 이스라엘과 루마니아에게서 찬성표를 얻어낼 수 있었지만 나머지 회원국은 강경한 반대 의지를 나타냈다. 결국 미국의 주장은 어떤 회원국의 지지도 얻지 못한 셈이었다. 영국을 비롯한 우방들이 지적하듯이, 그 법안은 명백한 국제법 위반이었다. 그러나 그런 것은 중요하지 않았다. 중요한 것은, 반가족·반아동 정서를 고착화시키고 사회를 양극화시키려는 우리의 의도를 관철하는 것이다. 따라서 우리 통제에 있는 외국 국가가 다른 길을 가려 할 때, 우리는 그 나라를 지도할 수밖에 없다는 논리이다.

이런 현상은 지금도 계속되고 있다. 당신이 마음만 먹는다면, 이 현상을 타파하기 위해서 이곳에서 뭔가를 해낼 수 있다. 이곳 시카고에는 '평화를 위한 목자들'과 '시카고·쿠바 연대'라는 단체가 있다. 두 단체 이외에도, 경제봉쇄를 철폐하고 인도주의적 차원에서 의료품, 의학서적, 유아용 분유 등을 지원하고자 노력하는 또 하나의 모임이 있다. '시카고·쿠바 연대'에 소속된 그들의 명단은 언제라도 찾아볼 수 있다. 이 땅을 지배하는 것도 부족해서 해외로 수출까지 하려는 반가족·반아동 정서에 일격을 가하고 싶은 사람이라면, 언제 어디서라도 뭔가를 해낼 수 있다.

쿠바의 목을 죄려고 민주당이 제안해서 통과시킨 법안은 이 달, 즉 10월에 발간된 미국 유수의 두 의학저널 《신경학》과 《플로리다 의학 저널》에서 재론되었다. 단순히 결과만을 검토한 것이지만, 두 저널은 분명한 사실을 지적하고 있다. 클린턴·토리첼리 법안에 의해 봉쇄당한 무역량의 90%가 식량, 의약품 등과 같은 인도주의 차원의 지원품이었다는 사실이다. 예를 들어, 식수여과장치를 수출하려던 스웨덴의 한 회사는 부품 하나가 미국에서 만들어졌다는 이유로 저지당하고 말았다. 이처럼 우리는 쿠바를 철저하게 격리시키고 있다. 하지만 그 때문에 수많은 아이들이 죽어간다는 사실을 명심해야 한다. 의학저널에서 발표한 결과에 따르면, 유아의 사망률과 아동의 영양 부족이 심각한 수준까지 치솟았다. 또한 희귀한 정신질환이 쿠바 전역을 휩쓸고 있지만, 그 원인을 정확히 밝혀내지 못하고 있다. 2차대전 때 일본의 포로수용소에서 발견된 이후 자취를 감추었던 질병으로, 영양 부족의 영향인 듯하다. 따라서 우리는 소기의 목적을 달성한 셈이다. 반가족·반아동 정서가 뉴욕의 아이들만 목표로 한 것이 아니라, 점점 널리 퍼져가고 있다.

새삼 강조하지만, 유럽은 다르다. 거기에는 여러 이유가 있다. 다른 점의 하나는 강력한 노동운동이다. 이것이 미국과 유럽을 근본적으로 다르게 만드는 원인 중 하나이다. 즉, 미국은 거의 절대적 수준에서 기업이 운영하는 국가라는 뜻이다. 그 결과로, 비도덕적인 주인들이 강요하는 처세법이 역사상 유례가 없을 정도로 창궐하고 있다. 예상을 훨씬 뛰어넘는다. 이제 대부분의 국민이 언론에서 "반(反)정치"라 칭하는 것, 즉 정부에 대한 이유있는 증오심, 정치적 당파를 향한 경멸, 결국 건전한 민주적 과정이랄 수 있는 것에 가슴을 불태우고 있지만, 기업가들이 떠들어대는 처세법은 여전히 민주주의를 형식적으로나마 끌어가는 수단처럼 여겨진다. 한마디로, 제퍼슨이 정의한 귀족주의자들의 승리이다. 국민을 두려워하고 불신해서 모든 힘을 국민에게서 빼앗아 더 높은 계급에게 안겨주려는 사람들의 승리이다. 이제 세계는 다국적 기업 그리고 그 기업의 이익을 위해 혼신을 다하는 국가와 준국가적 기구의 놀이터가 되었다.

국민 사이에 팽배한 환멸감이 곧 반정치라는 사실도 승리의 전리품이다. 《뉴욕 타임스》의 "희망은 사라지고 분노와 냉소주의가 유권자에게 팽배하다. 정치에 환멸을 느끼는 국민이 늘어나면서, 분위기가 험악해지고 있다"는 기사가 그 증거일 것이다. 지난 일요일판에서 잡지면은 반정치를 특집으로 다루었다. 그러나 기업과 당국에 초점을 맞추기보다는, 의사결정수단을 가진 세력과 정치처럼 사회에 그림자를 드리우는 세력, 그러나 누구나 쉽게 인지할 수 있는 세력에 초점을 맞추었다. 하기야 실제 권력을 지닌 세력은 눈에 보이지 않는 법이다. 《뉴욕 타임스》는 오늘도 이 문제를 다시 다루었지만, 핵심조차 제대로 파악하지 못한 무지랭이의 말을 인용하고 있을 뿐이다. 그 무지랭이는 "의회는 썩었습니다. 하지만 그 이유는 의회가 커다란 거래의 장이기 때문입니다. 그러니 당연히 썩을 수밖에 없지 않겠습니까!"라고 말했다. 이런 기사는 읽지 않는 것이 낫다. 따라서 당신은 반정치인이 될 수밖에 없다. 그 이유야 당연하지 않은가! 당신이 정부를 어떻게 생각하든 간에, 정부는 당신이 참여해서 뭔가를 해낼 수 있는 제도적 시스템의 하나이기 때문이다. 법과 원칙에 따르자면, 당신은 투자회사나 다국적 기업을 향해 어떤 짓도 할 수 없다. 그들이 스스로 바뀔 것이라는 기대는 환상이다. 그래서 당신은 반정치인이 될 수밖에 없다. 결국 그들이 거둔 또 하나의 승리인 셈이다.

정치는 대기업이 사회에 던진 그림자라는 듀이의 사상은 오늘날 거의 흔적조차 찾을 수 없게 되었다. 그림자를 던지는 세력은 이데올로기적 기관들에 의해 상당 부분 감추어져서 이제 우리 의식에서 너무 멀리 떨어져 보이지도 않는다. 그 결과로 우리에게 남은 것은 반정치적 성향이다. 이런 변화는 민주주의에 치명타이지만, 토마스 제퍼슨이나 존 듀이조차 상상할 수 없었던 경지까지 다다른 무소불위의 권력자들에게는 커다란 선물이 된다.

이제 우리는 선택을 해야 한다. 토마스 제퍼슨이 정의한 민주주의자가 될 수도 있고, 귀족주의자가 될 수도 있다. 후자의 길이 훨씬 쉬운 길이다. 제도권이 그에 대한 보상을 약속한 길이기 때문이다. 부와 특권과 권력이 보장된 길이기 때문에, 풍요한 보상을 당신에게 안겨줄 수 있다. 당신이 이 길을 택한다고 욕할 수는 없을 것이다. 한편 전자의 길, 제퍼슨이 정의한 민주주의자의 길은 투쟁, 혹은 패배의 길이다. 하지만 자신을 제외하고 모두를 잊어야 한다는 새로운 시대정신에 영합한 사람은 상상조차 못할 보상이 있는 길이다. 150년 전, 즉 로웰의 팩토리 걸과 로렌스의 직공들, 노동자들의 머릿속에 "새로운 시대정신"을 심어주려는 시도가 있었던 때와 지금의 상황은 조금도 다르지 않다. 오늘날의 세계는 토마스 제퍼슨의 시대에서 너무나 멀리 떨어져 있지만, 세상이 우리에게 제시하는 선택 가능성은 근본에서 조금도 바뀌지 않았다.

3 조작된 역사

히스토리컬 엔지니어링(Historical Engineering)[39]

"히스토리컬 엔지니어링"은 역사의 기록만큼이나 오래된 것이며, 미국이 1차대전에 참전한 때부터 본격적으로 활동한 것으로 여겨진다. 개별의 사건들을 좀더 면밀히 분석해보면, 이 시스템이 어떤 식으로 운영되고 있는가를 알 수 있다. 여기에서는, 1980년대 워싱턴의 테러국 지정 기준을 옹호하면서 "산디니스타(2차대전 이전 니카라과의 해방을 위해서 미 점령군과 맞서 싸웠지만 아나스타시오 소모사에게 지령을 받은 자객에게 암살당한 아우구스토 산디노(1895~1934)의 이름을 본따서 1941년에 결성한 급진 정당으로, 본래 명칭은 산디니스타 국가해방전선이다—옮긴이)를 악마로 만들려는 프로젝트", 즉 정부와 언론의 대대적인 합작으로 시도된 두 사건을 자세히 분석해볼 것이다.

니카라과가 반구 전체로 국가 전복을 확산시키는 암적인 국가라는 증거의 하나는 산디니스타가 1985년 11월 콜롬비아에서 법무성을 테러 공격한 M-19 게릴라에게 무기를 지원했다는 것이다. 1986년 1월 5

일과 6일,《뉴욕 타임스》는 연속으로 이에 대한 기사를 보도했다. 콜롬비아 당국은 니카라과를 비난하고, 반면 니카라과는 그런 지원 사실을 부인하고 있다는 기사였다. 다음날 1월 7일, 콜롬비아는 니카라과의 부인을 공식으로 인정했고, 콜롬비아의 외무장관은 한 회의장에서 "콜롬비아는 니카라과의 외무장관 미구엘 데스코토의 설명을 수용하며 이번 사건을 종결된 것으로 생각한다"고 공식 발표했다. 이 뉴스는《보스턴 글로브》의 81면, 즉 스포츠 면에 게재되었다. 한편《뉴욕 타임스》는 아예 보도조차 하지 않으면서, 오히려 다음날 사설에서 "산디니스타가 11월의 사건을 감행한 테러리스트들에게 무기를 공급했다는 뚜렷한 증거—니카라과는 거듭해서 부인하는 증거—에도 콜롬비아는 끈질긴 인내심을 보여주었다"고 주장했다. 또한 1월 15일《뉴욕 타임스》는 "미국 관리들은 보고코타의 테러에 니카라과가 연루된 것으로 판단한다"고 보도했지만, 니카라과 정부는 그런 비난을 거듭해서 부인했다. 또한《뉴욕 타임스》는 엘리어트 아브람스의 기고문을 통해서 니카라과에 대한 비난을 늦추지 않았지만, 아브람스만이 아니라《뉴욕 타임스》의 편집진도 그런 비난이 쓸데없는 짓이란 것을 잘 알고 있었을 것이다. 이처럼 콜롬비아가 니카라과의 개입을 공식으로 부인하고 그 사건을 종결된 것으로 선언했음에도 불구하고, 니카라과를 향한 비난 공세는 2월 26일에 다시 컬럼 형식으로 게재되었다. 물론《워싱턴 포스트》도 니카라과의 부인을 콜롬비아가 수용했다는 사실을 보도하지 않았다.[40]

3월 18일,《뉴욕 타임스》는 '니카라과의 공포정치'란 제목의 사설에서 니카라과의 좌익 폭정에 대항하는 미국의 우호세력에 1억 달러를 지원하겠다는 레이건의 정책을 따졌다. 레이건의 발표가 거짓과 근거 없는 주장으로 일관된 것이라며 은근한 불쾌감을 감추지 않았다. 그럼에도 불구하고, 논설위원들은 레이건이 "산디니스타의 부인할 수 없는 범죄행위"에 진작부터 관심을 가졌어야 했고, 워싱턴의 테러국 지정 기준을 상향조정하더라도 "미국이 니카라과의 민주화를 촉진시킬 방법이나 산디니스타의 테러 행위를 억제시킬 방법"을 연구했어야 한다고 주장했다. 그 증거로, 그들은 반구에 닥친 실질적인 위험들을 나열했다. 즉 소비에트 블록의 지원으로 카리브해에 해군기지를 건설하고 중앙 아메리카에 대규모 비행장을 건설함으로써 촉발된 해당 지역의 안보에 대한 위협과 니카라과의 독재적인 국내 정세 그리고 엘살바도르 게릴라의 지원 등이 열거되었다. 어쨌거나 "부인할 수 없는 범죄 행위"의 목록은 "내무장관 토마스 보르게가 콜롬비아 보고타의 법무성 건물 테러 중에 사망한 M-19 게릴라들을 위한 미사에 참석했다는 사실은 무엇으로 설명하겠는가? 애도(哀悼) 이상의 뜻이 담긴 참석이 아니겠는가!"라고 끝을 맺는다. 《뉴욕 타임스》의 눈에는 산디니스타가 보고타의 테러에 연루되었다는 확실한 증거로 보였던 것이다. 실제로, 내무장관의 장례미사 참석을 그렇게 해석하는 사람들이 적지 않았다. 《보스턴 글로브》의 해외 특파원 윌리엄 비처도 "니카라과가 지원한 것으로 추정되는 무기"를 사용한 M-19 게릴라들을 위한 추모미사에 보르게 장관이 참석한 것에 주목하면서, 《보스턴 글로브》가 바로 아흐레 전에 니카라과의 연루 소문을 콜롬비아 정부가 공식으로 부인했다고 보도한 사실을 망각한 채, 보르게의 행동은 치명적인 실수가 되어 니카라과에 대한 군사적 압력을 가중시키는 원인이 될 것이라 보도했다.[41]

아리조나의 한 독자, 제임스 해밀턴 박사는 콜롬비아 정부가 공식 부인한 사실을 알고 있었던 까닭에, 《뉴욕 타임스》가 니카라과를 새삼스레 비난하고 나선 근거가 궁금했던지 《뉴욕 타임스》의 편집장인 막스 프랑켈에게 연이어 편지를 보냈다. 또한 외신담당 편집장인 워렌 호그의 오만스런 답장을 받고 난 후에는 그에게도 편지를 보냈다. 아주 간단한 질문에 확실한 대답을 얻으려 몇 번이고 시도한 끝에, 해밀턴 박사는 마침내 7월 중순쯤 호그의 최종적인 답변을 얻어낼 수 있다. 답변의 내용은 대강 이런 식이었다. "토마스 보르게에 대한 선생의 질문에 답해드리겠습니다. 보르게 장관은 체제 저항세력과 전투 중에 사망한 엔리케 슈미트 통신부 장관의 1주기 추념식을 맞아 우리 엘 몰리나 신부가 마나구아에서 집전한 미사에 참석했습니다. 미사가 진행되는 동안, 한 신도가 M-19를 위해 기도하자고 소리치며 M-19 게릴라를 상징하는 깃발을 흔들어댔습니다."⁴²⁾ 이런 답장에 해밀턴은 "이리하여 옛 산디니스타 당원을 위한 추모식이 한 논설위원의 손에 의해서 'M-19 게릴라를 위한 미사'로 둔갑되었다. 《뉴욕 타임스》는 보르게 장관의 행동을 엉뚱하게 해석해서 산디니스타와 M-19의 관련성을 은연중에 암시했던 것이다. 말하자면, 그날 성당에서 한 신도가 엉겁결에 저지른 행동을 근거로 산디니스타를 비난했던 것이다." 이 밖에도 가볍게 보아넘길 수 없는 이야기들이 꽤 많이 있다.⁴³⁾

　《뉴욕 타임스》의 "부인할 수 없는 범죄행위" 목록에 기록된 것들도 마찬가지이다. 니카라과가 미국의 명령을 거부하고 미국의 공격에서 살아남으려는 엄청난 노력에 대한 기득권 세력의 히스테리를 여실히 보여주는 모습일 뿐이다.

　니카라과 반군을 엘살바도르 게릴라와 뚜렷이 대비시키기 위해서는 아주 중요한 것이 필요했다. 즉, 이런 대비는 미국 정부의 선전에서 핵심적인 사안이었기 때문에 언론의 도움이 절대적이었다. 언론은 미국 정부가 반군을 지원하고 그들의 테러에 직접 개입하는 규모와 성격에 대해서는 눈감아주고, 그와는 대조적으로 엘살바도르 게릴라들이 니카라과의 지원을 완강히 부인하더라도 끈질지게 물고 늘어지면 그만이었다. 예를 들어, 1987년 중앙아메리카 평화조약이 서명된 직후 제임스 르모인 기자가 "니카라과가 엘살바도르를 군사적으로 지원하고 있다는 충분한 증거가 있다. 과연 그런 지원이 없을 경우 게릴라들이 얼마나 오랫동안 버틸 수 있을는지 의문스럽다"고 보도하지 않았던가![44] 그러나 르모인 기자는 그런 주장을 뒷받침해줄 만한 어떤 증거도 제시하지 않았다. 또한 미국 정부가 1981년 초 이후로 믿을 만한 증거를 제시하지 못했다는 사실은 지적조차 하지 않았다. 실제로 미국 정부가 증거로 제시한 공개자료들을 검토했던 국제사법재판소는 그 자료들을 일고의 가치가 없는 것으로 기각하지 않았던가![45] 결국 미국의 주장은 선전의 필요성에 따른 것이며, 따라서 진실로 받아들여져야 했다.

거짓 보도를 보호하려는 《뉴욕 타임스》의 노력은 그야말로 눈이 부실 정도이다. 르모인의 기사가 게재되었을 때, 언론의 공정·정확한 보도를 위한 감시위원회(Fairness and Accuracy in Media, FAIR)는 르모인이 주장한 "충분한 증거"를 독자에게 공개하라고 《뉴욕 타임스》에 촉구했다. 감시위원회의 편지는 공개되지 않았지만, 외신담당 편집장인 조셉 렐리벨드는 르모인의 기사가 "부정확했다"는 사실을 개인적인 경로를 통해 감시위원회에 표명했다.[46]

니카라과를 향한 비난이 "부정확했다"고 인정한 1987년 9월 이후 《뉴욕 타임스》는 그런 실수를 만회할 기회가 여러 번 있었지만, 오히려 그런 기회를 역이용해서 아무 짝에도 쓸모없는 비난의 공세를 늦추지 않았다. 르모인 기자는 산디니스타에서 탈당한 변절자 로저 미란다와 연계해서 12월부터 시작된 언론의 대공세에 한몫을 거들면서, 미란다를 인용해서 오르테가 국방장관이 "엘살바도르 반군에 대한 산디니스타의 지원을 간접적으로 확인해주었다"고 보도했다. 이런 보도 역시, 니카라과 반군을 군사적으로 지원하는 레이건 행정부에게는 그런 비난을 할 자격이 없다는 오르테가 장관의 발언을 르모인 식으로 해석한 것일 뿐이다. 보도되지 않았지만 오르테가 장관은 "엘살바도르 게릴라는 나름대로 무기 공급처를 마련한 듯하다. 외부의 지원에 의존하지 않고 그들만의 방식으로 기본적인 무장을 하고 있다. 한마디로, 그들은 무기를 자급자족하고 있는 셈이다"고 말했다. 따라서 엘살바도르 게릴라를 니카라과가 지원하지 않았다는 오르테가 장관의 발언이 르모인과 《뉴욕 타임스》의 조작에 의해서 지원을 "확인해준 것"으로 둔갑해버린 셈이다.[47]

르모인의 《뉴욕 타임스》 동료들도 그 소동에 끼어들었다. 스티븐 엔젤버그는 "산디니스타가 해상으로, 즉 폰세카 만(灣)을 통해 엘살바도르에 무기를 보냈다는 미란다의 주장이 미국 정부의 비난을 확인해주는 듯하다"고 썼다.[48] 그런데 미해군과 해병대가 30킬로미터에 불과한 폰세카 만을 철통같이 지키고 있으며, 폰세카 만에 떠 있는 타이거 섬의 레이더 장치는 그 지역만이 아니라 훨씬 너머에서 움직이는 모든 선박을 포착해서 추적할 수 있지 않은가! 이런 주장은 단순한 추측이 아니다. 엔젤버그가 언급한 기간의 관련자료를 분석한 CIA 책임자인 데이비드 맥마이클이 국제사법재판소에서 증언한 내용이다. 여하튼 이처럼 줄기찬 노력에도 불구하고 니카라과가 엘살바도르 반군을 지원했다는 증거를 찾을 수 없었다. 반면에 니카라과는 CIA에서 반군을 지원하고 있다는 뚜렷한 증거를 어렵지 않게 제시해주었다. 한마디로, 이런 코미디에서 웃음을 터뜨리지 않으려면 대단한 자제심이 필요할 지경이다.

1988년 1월 평화조약이 결국 결렬된 후, 조지 볼스키 기자는 "이웃 나라에 침범하려는 세력에게 자국(自國)의 영토를 지나지 못하도록 촉구한 평화조약의 조항은 (중략) 엘살바도르 반군을 지원하는 것으로 추측되는 니카라과와, 소문에 따르면 미국이 니카라과 반군을 지원하는 데 상당한 역할을 하는 온두라스에 주로 적용된다"고 보도했다.[49] 폭도들에 대한 지원이 평화조약에서 분명히 금지되어 있었음에도 불구하고 간헐적으로 위반했다는 증거를 단적으로 보여주는 보도가 아닐 수 없다.

물론 볼스키는 똑같은 규정이 "소문에 따르면" 니카라과 반군의 조직을 지원하는 데 연루된 엘살바로르에 적용되지 않는 이유, 또한 "니카라과 반군의 근거지로 오랫동안 사용되었고 반군들이 지금까지 작전을 계속하고 있는" 코스타리카에 적용되지 않는 이유를 설명하지 않았다. 실제로 코스타리카에 주둔한 반군 세력에 대한 언급은 지금도 줄기차게 계속되고 있다. 이 사실에 대해 조금이라도 관심이 있다면 언제라도 상세한 기록을 찾아볼 수 있다.[50]

르모인 기자는 "장래에라도 산디니스타가 엘살바도르 게릴라를 지원하고 있다는 증거가 확인되면 평화조약은 결렬될 것"이라 경고했지만, 다른 지역에서 발발하는 유사한 문제에 대해서는 언급조차 하지 않았다. 수개월 후, 르모인 기자는 온두라스의 경우에 대해서 "반군의 지원은 평화조약을 심각히 위배한 듯하다"고 조심스레 언급하는 것으로 그쳤다.[51] 르모인의 착실한 동료, 《뉴욕 타임스》의 군사전문 기자 버나드 트레이너도 "지금까지 산디니스타가 엘살바도르 게릴라에 지원한 무기량이 확실하게 추정된 적이 없다"고 지원 사격을 보냈다. 7년 전, 미국의 지원을 받은 보안군이 "무방비 상태의 시민을 무자비하게 학살"(암살당한 로메로 대주교의 후계자, 리베라 이 다마스 주교의 표현)한 이후 몇 개월 동안 눈물방울만큼의 지원을 제공한 것 이외에 어

떤 뚜렷한 증거도 없다는 사실을 애매하게 둘러대는 《뉴욕 타임스》의 어법을 엿볼 수 있다.[52]

정부의 정책이 이런 식으로 정립되는 셈이다.

그런데 무방비한 시민들에게 학살전쟁에 맞서 그들을 지킬 수단을 제공하는 행위가 엄청난 범죄라는 생각을 매파와 비둘기파 모두가 당연시하고 있다는 점도 흥미롭다. 적어도 그 학살전쟁이 미국의 우방에 의해 획책될 때에는 특히 그렇게 생각해 미국의 지원을 촉구하고, 그 전쟁이 막바지에 이른 순간에는 미국이 직접 개입할 수도 있다고 생각한다. 폴 포트 정권에 희생 당한 무고한 시민들에게 그들을 지킬 무기를 지원했더라면—실제로 그런 지원은 가능했었다—그 지원은 진정으로 인류를 생각한 숭고한 행위였다고 칭찬받았을 것이다. 이처럼 명백한 역사적 사건들과 그 중요성이 거의 인식되지 않고 있다는 사실이 안타까울 따름이다.

1988년 말, 르모인 기자는 《뉴욕 타임스》의 엘살바도르 특파원으로서 4년 임기를 끝내면서, 엘살바도르 게릴라에 대한 지원 현황을 포괄적으로 분석하는 기사를 게재했다.[53] 평화조약의 서명이 있은 직후, 니카라과의 지원이 없으면 얼마나 버틸지 의문스러울 정도로 엘살바도르 게릴라에 대한 니카라과의 지원이 대단하다는 "충분한 증거"를 언급한 기사가 발표되고 15개월이 지난 때였다. 또한 《뉴욕 타임스》의 외신담당 편집장이 "충분한 증거"가 없다고 인정한 지 15개월 그리고 그가 르모인 기자에게 사실적 증거를 제시한 기사를 쓰라고 충고했다고 FAIR에 응답한 지 9개월(주46 참조)이 지난 때였다. 따라서 9개월 동안의 조사 결과를 꼼꼼히 검토해볼 가치가 있다.

그러나 엘살바도르 게릴라의 존재 자체를 좌우했다는 니카라과의 지원에 대한 "충분한 증거"는 온데간데없었다. 르모인은 과거의 실수를 조금도 언급하지 않았다. 그에게 "충분한 증거"를 밝히라는 요구가 있었다는 사실 그리고 살인을 저지른 미국의 괴뢰정부를 보호하고 평화조약을 위태롭게 만들더라도 "산디니스타를 악마로 만들려는 프로젝트"의 완성을 위해 쏟아냈던 터무니없는 주장에 대해서는 일언반구도 없었다.

어쨌거나 그의 기사는 달라졌다. 그 증거가 "전반적으로 정황 증거이기 때문에 해석에 따라 달라질 수 있다"고 보도했다. 결국 그 증거가 "충분한 것"이 아니라, 전혀 신빙성이 없는 "제한된 증거"라는 뜻이었다. 게다가 이 "제한적 증거"란 것도, 선적이 1987년과 그 이후의 보도처럼 엘살바도르 게릴라의 운명을 좌우할 만큼 대대적인 지원이 아니라 소규모로 아주 간헐적으로 이뤄졌던 것이었다. 그동안 이 사건에 대한 미국 정부의 선전을 꿰뚫어 본 사람들에게는 전혀 놀라울 것이 없는 결론이었다. 르모인은 "제한적 선적"이 소비에트 블록, 주로 쿠바에서 환적(換積)된 것이라 주장했지만, 이 주장 역시 뚜렷한 증거가 없는 것이다. 그의 기사를 계속해서 읽어보면, 니카라과 반군 진영에서 엘살바도르 게릴라에게로 무기가 흘러들어갔고, 또한 게릴라들에게 무기를 공급하는 데 온두라스 군이 개입했다는 증거를 곳곳에서 발견할 수 있다. 이런 흔적도, 미국 정부의 발표를 순진하게 읽어가는 것에서 그치지 않고 정부의 선전술을 꿰뚫어 보려 노력한 사람들에게는 그다지 놀라운 사실이 아니다. 실제로 1984년 국무성의 비공식 자료에서도, 산디니스타의 변절자는 산디니스타가 엘살바도르 게릴라에게 무기를 공급한 뚜렷한 증거는 없으며 단지 무기가 멕시코와 과테말라에서 유입된 것으로 추정한다고 증언한 것으로 기록되어 있다.[54] 물론 확인된 것은 아니지만, 다음과 같은 개연성이 있을 수도 있다. 즉 미국의 대리국가인 멕시코와 과테말라에서 1일 3회씩 운영되던 수송편대가 대폭 축소된 1988년 2월부터, 두 나라의 부패한 장교들이 역시 부패한 온두라스 장교들에게 무기를 팔아넘겼고, 다시 온두라스 장교들이 엘살바도르 게릴라에게 무기를 팔았을 수도 있다. 이 문제는 다음에 자세히 다루기로 하자. 르모인의 새로운 기사에 따르면, 엘살바도르 게릴라에게 산디니스타가 제공한 편의라고는 니카라과에 "안전한 피신처"을 마련해준 정도였다. 정확히 말하면 게릴라 본부, 병참, 통신, 그리고 다른 나라를 드나들 때 니카라과의 영토를 지날 수 있게 해준 정도였다. 미국과 미국의 속국 이외에는 거의 모든 나라에서 그 정도의 편의는 상식이었다. 미국의 대리군이 니카라과를 공격했을 때, 코스타리카를 포함해서 그 지역의 모든 국가들도 그런 편의, 아니 그 이상을 제공하지 않았던가!

따라서 꼼꼼한 독자라면, 미국이 오랜 세월 동안 선전해온 주장이 허상(虛像)인 것을 깨달았을 것이다. 항상 그렇듯이, 동일한 원칙의 상반된 적용에 대한 역사적 사례는 웃음거리조차 되지 않는다. 반군에 대한 지원이 미국의 이익에 중요한 것이고 실행가능한 정책인 한, 속임수는 성공적으로 유지되어야 했기 때문에 미국을 대리한 세력은 적법한 게릴라로 소개할 필요가 있었다. 따라서 니카라과를 공격한 반군과 엘살바도르의 토착 게릴라는 둘 모두 생존을 위해 외부의 지원이 필요했지만, 미국의 입장에서는 이 둘을 뚜렷이 구분해야 했다. 1988년 말이 되었을 때, 니카라과 반군은 그 존재 이유를 상실하고 있었다. 첫째는 니카라과 국민의 고통과 불만을 극대화하고 전 국토를 황폐화시키는 목표를 성취하는 데 반군이 더 이상 필요없는 수준에 이르렀기 때문이었고, 둘째로는 대리군들에게 전쟁을 계속 강요하는 것이 불가능한 단계에 이르렀기 때문이었다. 따라서 그때부터 그 이야기는 화젯거리로 시들해지기 시작했다. 물론 과거에 어떤 일이 있었는지에 대한 반성도 없었다. 다만 그 이야기는 역사에서 사라질 운명이었고, 반드시 그렇게 되어야만 했다.

　게임의 법칙? 힘있는 쪽에서 규칙을 정하는 법이다. 정부와 언론이 손을 잡고, 산디니스타가 엘살바도르 게릴라를 지원한다는 주장을 줄기차게 계속한다. 그들 자신도 그런 주장이 근거 없다는 사실을 잘 알고 있지만, 대의(大義)를 위해서는 거짓된 주장도 필요하다고 생각한다. 때때로 의심 많은 사람이 증거가 빈약하다고 반발하고 나서기도 한다. 그러나 미국이 지원하는 반군 세력에 대한 엘살바도르의 지원은 비밀에 붙여지고, 또한 1986년 니카라과를 공격했을 때 엘살바도르 영토를 이용한 것이 명백하더라도 어떤 조사도 이뤄지지 않는다. 그 당시 진실을 말했기에 무시되었던 주장들은 지금도 여전히 목소리를 높이지만 무시되고 만다. 동일한 원칙의 상반된 적용이 미국의 국익에 도움이 되는 한, 그런 원칙은 고수되었다. 중요한 외부 세력의 지원 원칙은 이제 폐기된 신세이지만, 필요하다면 언제라도 부활시킬 수 있다. 그 근거가 소리없이 줄어들었지만 국민의 의식세계에 여전히 뿌리박혀 있기 때문이다.[55] 니카라과를 비롯한 여타 정부들—물론 개인도 가능할 수 있다—이 외세의 지원을 받는 군사정권의 피바람에서 스스로를 지키려는 국민을 지원해야만 한다는 생각에 대해 주류는 논의 자체를 거부한다. 이처럼 금지된 의문을 좀더 면밀히 분석해보면 현재의 지식인 세계를 지배하는 도덕관과 철학에 대한 흥미로운 결과를 얻어낼 수 있지만, 그에 대항하기 위한 힘의 결집은 너무도 요원하기 때문에 생각조차 할 수 없는 실정이다.

　끝으로, 모든 변절자가 산디니스타의 변절자 미란다처럼 융숭한 대접을 즐기지는 못한다는 사실을 지적하고 싶다. 미란다는 원하지 않았던 평화조약을 파기하려는 정부와 언론의 줄기찬 선전 공작에서 절묘하게도 마무리 작업을 해줄 수 있었던 까닭에 융숭한 대접을 받을 수 있었다. 미란다의 경우, 언론 공세는 《워싱턴 포스트》의 1면을 장식한 장문의 두 기사로 시작되었고(1987년 12월 13일), 그후로도 몇 주 동안 계속되었다. 미란다의 증언을 근거로 한 국무성의 선전과 미국이 꼭두각시 국가들에게 전해야 할 구호품 수송을 니카라과가 방해할지도 모른다는 불길한 경고를 언론이 멋들어지게 뒷받침해준 것이다. 니카라과가 미해군의 레이더를 피해서 폰세카 만을 건너 엘살바도르에 군수품을 전할 수 있을 정도로 미해군이 무력하다는 주장, 또한 산디니스타가 그들 자신의 정규군을 약화시키면서까지 타국의 시민들에게 미국의 침입에 대비해서 자위수단을 갖추라고 무기를 제공하려 한다는 보도를 어찌 믿을 수 있겠는가! 그래서 당파를 떠난 한 잡지에서는 이웃 나라를 "짓누르고 테러하려는 위협"이라 비난하지 않았겠는가!⁵⁶⁾

한편, 1985년부터 FND(반군의 주축 세력)의 첩보책임자를 지낸 호라시오 아르세의 변절에는 언론이 어떻게 반응했는지 살펴보자. 테구시갈파에 있는 멕시코 대사관을 임시 피신처로 제공받은 아르세는 1988년 11월 멕시코시티로 이동했고, 그후 정치범 사면 프로그램에 따라 마구아나로 돌아갈 수 있었다. 멕시코시티에 머무는 동안, 아르세는 언론과 인터뷰를 하면서 흥미로운 사실을 곧잘 제공해주었다.

반군의 첩보 책임자였던 까닭에, 그는 펜타곤이 의회의 규정을 무시하면서 반군을 지원했다는 사실을 상세하게 폭로했다. 예를 들어, 17개의 활주로를 지닌 남부의 미 공군기지에서 1986년부터 미군교관의 통솔 아래 군사지도를 받았으며, 교육생들은 세관이나 이민국을 거치지 않고 허큘리스 C-130 수송기 편으로 곧장 공군기지를 찾았다. 교관들은 포트 브래그에서 차출된 전문가들이었다. 온두라스를 거점으로 삼고 있던 반군은, 1982년 폴크랜드-말비나스 전쟁 후에 아르헨티나 출신의 교관과 고문관을 잃었지만, 그들(아르세도 그 중에 포함되어 있었다)이 불법으로 훈련받았던 미군 기지에는 칠레에서 파견된 심리전 전문가가 있었던 까닭에 미국의 세력권 내에 있던 신파시스트 국가들과의 관계를 끈끈이 이어갈 수 있었다.

또한 아르세는 산살바도르에 인접한 일로팡고 공군기지에서 엘살바도르와 미국의 교관들에게 훈련받기도 했다. 온두라스에서는 온두라스 군에게 직접 훈련받았다. 온두라스 군은 1980년부터 기본적인 군사 및 병참훈련을 제공했고, 니카라과의 반군에게 군수품을 공수하기 위한 항공기 조종 훈련을 제공하기도 했다. 온두라스 이민국도 적극적으로 지원에 나서, 반군들이 징집을 위해 난민촌을 무시로 접근할 수 있도록 배려해주었다. 그렇게 징집된 신병들은 한 일본인 장교의 통솔 아래 별도로 훈련받았다. 훈련과 지원을 담당한 교관들은 대부분이 라틴 아메리카 출신이었다. 쿠바, 도미니카, 푸에르토리코, 남미, 때로는 스페인에서 직접 날아온 교관도 있었다. 무기는 주로 이스라엘 제였다. "모두가 알고 있듯이", 그 무기들은 대부분이 1982년 레바논 전쟁에서 노획한 것들이었다. 쿠바인들은 CIA 곳곳에 뿌리박혀 있으며, CIA의 광범위한 부패에 깊숙이 연루되어 있었다. 또한 반군을 지원하는 자금의 일부가 마약 밀거래로 제공되기도 했다.

미국의 힘은 전세계에 뻗어 있다. 따라서 우호세력과 탐욕스런 정권과 결탁해서, 때로는 국제적인 테러단체나 범죄단체와의 오랜 관계를 악용해서 테러와 부패로 교묘히 짜여진 체제를 언제라도 만들어낼 수 있다. 아르세의 증언에 따르면, 테구시갈파에 주재한 미대사관 직원들은 반군에게 중요한 정보를 제공해주었을 뿐 아니라 갖가지 지원을 아끼지 않았다. 아르세는 미대사관에서 CIA의 로버트 맥혼, 그리고 미국국제개발국(AID) 소속 직원을 사칭했지만 실제로는 CIA 직원이었을 알렉산더 준너만을 만나기도 했다. 또한 아르세는 엘렉트로푸라 컴퍼니의 이름으로 등록된 AID 창고를 직접 방문한 적도 있었다. AID가 과거에, 특히 "은밀한 전쟁" 동안 라오스에서 CIA의 테러공작을 위한 전초기지 역할을 했다는 사실은 이미 공공연한 비밀이다.

아르세는 소모사 정권 아래서 친위대 소령을 지냈던 아버지와 니카라과를 탈출했다. 산디니스타가 승리를 거둔 1979년 7월 19일, 바로 그날이었다. 1980년 그는 용병의 자격으로 반군에 징집되었다. 1981년 1월에 있었던 작전은 대단한 성과를 거두었다. 그후로, 그는 승승장구해서 지휘관으로 승진했고 마침내는 전임 첩보책임자 라카르도 라우(아르세는 그가 반군에 의해 살해된 것으로 믿고 있다)의 후임으로 첩보책임자가 되었다. 엘살바도르의 첩보책임자 로베르토 산티바네스가 로메로 대주교의 암살사건, 또한 엘살바도르와 과테말라에서 암살단을 조직해서 훈련시킨 것과 온두라스에서 일어난 정치범 학살사건에 라우를 지목했던 1985년 초, 라우로서는 그야말로 진퇴양난이었다. 아르세의 주장이 사실이라면, 라우는 "도둑 중의 도둑"이었다.

그러나 아르세는 모든 반군이 용병은 아니라고 주장한다. 그들의 지휘관에게 충성을 다하는 사람들도 있지만, 그들도 지역별 기준에 따라서 넉넉한 보수를 받고 있다. 가족이 없었던 아르세는 약 5백 달러 정도의 월급을 받았다.

온두라스 군은 국경 근처에서 실시된 작전에 빠짐없이 참여하면서, 니카라과의 군사시설이나 비군사시설에 대한 정보를 제공해주었다. 특히 이런 정보 제공은 무척이나 중요한 것이었다. 아르세의 증언대로, "우리는 학교, 병원 등 비군사시설을 자주 공격했다. 니카라과 정부가 농부들에게 사회보장책을 제공할 수 없게 만들고, 그런 정책을 무산시키기 위한 작전이었다. (중략) 그런대로 효과가 있었던 아이디어"였기 때문이다. 이런 아이디어를 기본적으로 떠올릴 만큼 미국식 교육은 성공적이었다!

덧붙여서, 아르세는 반군 조직에 만연한 부패상을 고발했다. 엔리케 베르무데스 사령관에서부터 밑바닥 군사까지 철저히 썩어 있었다. 미국이 지원한 무기와 군수품을 팔아넘기는 것은 예사였다. 아르세의 말대로, 그 물건들의 종착역은 엘살바도르 게릴라였을지도 모른다. 또한 온두라스 장교들과 결탁해서, 반군들은 공격용 라이플과 통신장비를 엘살바도르의 파라분도 마르티 국민해방전선(Farabundo Marti Liberation National, FMLN)에 팔아넘기기도 했다. 따라서 FMLN은 결국 니카라과에게 지원을 받은 셈인지도 모른다. 제임스 르모인과《뉴욕 타임스》에게는 이런 평가가 무척이나 반가울 것이다![57]

미란다에 비할 때, 아르세는 언론에 무척이나 의미있는 정보원이었다. 또한 니카라과에서 미란다가 차지한 위치에 비교할 때에도 아르세는 반군 조직에서 훨씬 막중한 역할을 해낸 인물이었다. 게다가 반군은 엄청난 선전 덕분에 니카라과 정부보다 우리에게 훨씬 우호적인 세력이었다. 그러나 아르세의 증언은 산디니스타를 악마로 둔갑시킬 무기가 되지 못했다. 말하자면, 테러집단을 지원할 핑곗거리로 삼을 수 없었던 것이다. 진실을 말하자면 과거의 보도가 전부 거짓이었다고 고백해야 할 판이었다. 따라서 언론사의 편집진들은 그의 증언을 대단한 기삿거리로 삼을 수 없었다.

침묵의 의무[58]

앞에서도 말했듯이, 우리는 "우리가 동의하지 않는 행동이나 정책에 대해서, 우리는 미국인으로서 우리 자신을 채찍질하는 경향이 있다"는 원칙을 공유하고 있다고 생각하지만 현실은 사뭇 다르다.

우리가 자의적으로 결정한 고결한 원칙을 기준으로 적들의 범죄 행위를 따끔히 다스리면서도, 정작 우리에게 책임이 있는 범죄는 "보지 않는" 놀라운 재주가 현실을 지배하고 있다. 서구 세계에서 발간된 문헌을 뒤져보면, 미국의 간섭에 따른 제3세계의 희생자들과 소비에트 연방을 옹호하는 사람들에게 냉소를 퍼부으며 비난하는 글은 넘쳐 흐르지만, 요즘 들어 마치 규범처럼 변해버린 행동, 즉 "자국과 우방의 범죄에 대한 침묵이나 변명"을 비난한 글은 거의 찾아볼 수 없다. 그런 현실을 조금이라도 객관적으로 직시한다면, 강자의 권리 남용을 제한하고 종식시키는 데 커다란 변화를 가져올 수 있을 것이란 아쉬움이 있다. 어쨌든 새롭게 등장한 규범은 미국이 아닌 다른 곳에서도 기준이 되는 잣대로 사용된다. 가령 소비에트 세계에서도, 불평 불만자는 서구 세계의 범죄를 옹호하는 사람이라는 낙인이 찍히고, 우익적 사고를 지닌 인민위원들에게 호된 비난을 받는다. 미국의 패턴과 판에 박은 듯이 똑같은 모습이다.

실제로 수많은 사례가 그동안 제시되었고, 다른 책에서도 많은 사례를 분석해 보였다. 미국의 정치 문화와 언론을 올바로 평가하려면, 미국이 직접 저지른 범죄보다는 미국의 속국(屬國) — 최근 들어서는 엘살바도르와 이스라엘 — 의 범죄 행위에 눈을 돌리는 편이 더 효과적일 수 있다. 특히 이스라엘의 경우가 전형적인 사례이다. 1967년 아랍세계를 향한 힘의 과시가 있었던 이후, 미국 지식인들이 보여주었던 아첨 어린 찬사와 경외감은 지금까지도 식을 줄 모른다. 이스라엘의 범죄 행위를 옹호한 글이 스탈린 시대를 풍자한 글을 넘어서는 지경이다.[59]

충성스런 사람들의 의도대로 움직이지 않는 사람들을 목표로 교묘히 쏟아내는 중상과 비방도 우리 귀를 간지럽히는 낯익은 목소리이다. 거의 어느 곳에서나 그렇듯이, 그 목표는 비판하는 사람을 겁먹게 만들고, 폭력 행사를 용이하게 만들려는 것이다. 또한 오랫동안 구가해온 정치적 안정에 방해가 되지 않도록 장벽을 높게 세우는 것이기도 하다.[60]

이스라엘은 "전략적 요충지"로 인식되는 한 안전할 수 있다. 또한 이스라엘이 점령지역에서 저지른 횡포가 언론에서 심각히 우려할 수준에 이르렀을 때에도《뉴욕 타임스》가 언급했듯이 "인간다움의 상징"으로 존속할 수 있다. 이스라엘은 관료화되어버린 미국의 노동계를 앞세워, 그들의 만행을 정당화시킬 수 있다. 실제로 미국 노동계를 대표하는 한 인사는 이스라엘을 이런 식으로 옹호해주기도 했다. "질서를 유지하기 위해서 때때로 이스라엘은 어쩔 수 없이 불필요한 힘에 의존하였으며 (중략) 간혹 일어나는 불상사들은 폭동을 진압하는 데 익숙지 못한 이스라엘 군과 경찰 그리고 화염병과 돌을 무지막지하게 던져대는 팔레스타인의 젊은이들에 맞서야 하는 이스라엘 병사들의 심리적 좌절감에서 비롯되는 것일 수 있다."[61] 이런 주장과 그 속에 담긴 뜻을 정확히 분석하기 위해서는, 이스라엘이 점령 지역에서 오랫동안 저지른 만행, 요즘 들어 약화되기는 했지만 여전히 야만적인 수준을 벗어나지 못하는 현장을 찍은 몇 장의 사진이 느닷없이 언론에 실린 직후에 노동계 인사의 발언이 인용되었다는 사실을 주목해야 한다. 가령,《뉴욕 타임스》존 키프너 기자의 보도는 전형적인 저널리즘의 표본으로, 이런 점에서 오랜 세월 동안 혁혁한 성과를 보여주었다.

미국 노동총연맹 산업별회의(AFL-CIO)는 무자비한 학대와 비인간적인 모욕을 거의 20년 동안이나 옹호하며, 그 정당성을 변명해주었다. 이런 옹호 아래, 이스라엘의 만행은 극한 수준까지 치달았다. 군인들이 민간인의 집에 침입해서 가구와 가재도구를 박살냈다. 십대의 청소년을 죽도록 매질하고는 집 밖으로 끌어냈다. 이런 대살육이 끝없이 되풀이되었다. 그런 폭력행사에 어떤 징계도 따르지 않았다. 강제추방은 말할 것도 없었고, 국방성의 지휘 아래 조직적으로 이루어지는 테러였다. 세상이 변할 때 선전선동에 능란한 지도층 인사들은 여유롭게 과거를 조작해서 국가 주도의 폭력을 감시의 눈에서 보호하려 하겠지만, 그래도 세상을 똑바로 보려는 사람들의 눈에서 과거의 기록을 영원히 지워버릴 수는 없는 법이다.

그래도 어느 때에나 엘리 비젤과 같은 사람은 있는 법이다. 그는 "유감스런 예외"—이스라엘 당국은 이것마저도 지체 없이 부인하는 신속함을 보여주었다—가 간혹 있을 수 있다는 확신으로 실제의 범죄 행위, 즉 이스라엘의 잔혹한 만행에 대한 여론의 빗발치는 비난 자체를 맹렬히 공격했다. 그는 이스라엘 군인들의 "몽롱한 눈"에 대해 우리에게 말해준다. 점령지역에서 근무를 마치고 돌아오는 재향군인들이 묘사해주던 바로 그 병사들이었다. 재향군인들은 "팔레스타인 거주민을 향한 모욕적이고 폭력적인 행위는 이제 다반사가 되어버렸다. 어느 누구도 말릴 수가 없는 지경까지 치달았다"고 말하지 않았던가. 게다가 그들은 "입에 담기 어려운 수치스런 행위"까지 직접 목격했으며, 군 당국이 그런 사고를 예방하려고 다른 방법을 모색하고 있다고 전해주었다.[62] 어쩌면 비젤도 10살짜리 소년을 체포한 군인들을 기억하고 있을 것이다. 군인들이 소년에게 돌을 던진 친구들의 이름을 대라고 다그쳤지만 소년은 꿀먹은 벙어리처럼 아무 대답도 하지 않았다. 그러자 군인들은 소년의 얼굴을 짓뭉개 스테이크처럼 만들어버렸다. 소년의 어머니가 아들을 지키려 몸을 던지자, 그 여인에게도 사정없이 폭력을 휘둘렀다. 나중에야 밝혀진 사실이지만, 소년은 귀머거리·벙어리였고 정신적으로 뒤떨어진 저능아였다. 하지만 그 폭행에 가담했던 한 병사의 증언대로, 군인들은 그런 것에 조금도 개의치 않았다. 게다가 소대장은 "우리에겐 게임을 즐길 시간이 없어!"라며 소대원들을 쉴새없이 다그쳤다. 어쩌면 비젤은 "이스라엘 병사가 늙은 아랍 여인에게 발길질하는 것은 더 이상 뉴스거리가 아니다"는 메시지를 전하고 싶었던 것일지도 모른다. 실제로 히브리 언론은 〈침묵을 넘어서〉의 작성자, 즉 비젤처럼 이스라엘 군의 잔혹상을 무심히 받아들이는 사람들에 대해 언급하면서, 그런 씁쓰레한 논평을 실었다. 비젤이 침묵을 당연한 것으로 받아들이지 않았더라면, 그의 글은 팔레스타인 사람들의 고통과 이스라엘 군인의 만행을 조금이라도 완화시켜주었을지 모른다.(63) 어쨌든 이런 태도가 오랫동안 준수되었다는 사실, 심지어는 성스런 자세로 대접받았다는 사실은 서구 문화의 진면목을 웅변적으로 보여준다.

　이런 사면권이 주어진 덕분에 이스라엘은 미국의 막대한 지원을 받아가며 정기적으로 군사 작전을 펼치지만, 이스라엘 언론은 비젤의 표현대로 "유감스런 예외"적 사건이 터질 경우에만 가뭄에 콩 나듯이 그런 사실을 보도할 뿐이다. 심각한 식량부족에 시달리는 난민촌에 보급품 공급을 금지시킨 사건, 죽을 지경으로 구타당한 젊은 포로를 안사르 제2수용소 군의관이 치료를 거부한 사건, 실제로 한 청년은 군인들에게 에워싸여 1시간 반 동안이나 꼼짝없이 두들겨 맞았지만 어떤 의료 조치도 받지 못했다. 군인들은 시체처럼 변한 그 청년을 지프에 싣고 병원으로 가던 중 길에 내던져버렸다. 참혹하게도 그 청년은 다시 십여 명의 군인들에게 "야만적으로 짓밟혀야 했다." 또한 민간인의 집에 무작정 쳐들어가 침대 밑에 숨어 있던 일곱 살짜리 소년을 끌어내어, 부모와 가족이 지켜보는 앞에서 무참히 짓밟고, 그 어린 소년이 숨어 있는 곳을 이실직고하지 않았다는 이유로 아버지와 형제에게도 발길질을 서슴지 않았던 만행, 그때 어린아이들은 목이 터져라 울어댔지만 어머니는 꼼짝도 하지 말라는 명령 때문에 그 어린아이들을 달랠 수조차 없었다. 다섯 살 이상의 소년에게는 무자비한 폭력을 휘둘렀고, 때로는 세 살이나 네 살밖에 되지 않은 아이들에게도 "손발이 부러질 때까지" 곤봉을 휘둘러댔으며, 아이들의 눈을 똑바로 겨냥해서 가스총을 쏘아대기도 했다. 이상의 기록은 결코 공포 소설이 아니다. 자발리아 난민촌을 습격해서, 난민들을 짓밟고 피곤에 지치도록 만든 군인들이 들려준 생생한 기록들이다. 12살에서 15살 사이로 보이는 소년을 가시철망으로 둘둘 말아 일부러 상처를 입히려 했던 사건, 다하리야 유치장에 이송된 포로들이 장교의 심문에 아무런 응답도 하지 않자 지휘관이 지켜보는 앞에서 곤봉과 플라스틱 방망이로 무자비하게 구타하고 수갑을 채운 사건(이스라엘의 국회의원 데디 주커는 이와 같은 고문행위를 인용하면서, "이스라엘의 버스는 이제 고문실이 되었다!"고 한탄했다), 여리고 시(市)를 공포의 도가니로 몰아넣으며, 민간인의 집에 무단으로 침입해서 거주민을 무차별적으로 폭행하고 모욕한 사건, 아마리 난민촌을 휩쓸고 다니면서 행패를 부린 사건으로, 이스라엘 군인들은 문짝을 부수고 집안에 침범해 가구를 박살내고 남녀노소를 가리지 않고 폭행을 휘둘렀고, 부상자를 수송하러 달려온 앰뷸런스의 기사에게 폭행을 가하고 급기야는 머리카락을 잡고 끌어내리기도 했다―목격자의 증언에 따르면, 이런 만행을 저지른 군인들은 정예 공수부대원으로 그들의 위압적인 자세에 누구도 반항하지 못했다. 건강한 죄수를 "반신불수의 귀머거리"로 만들어버린 사건, 필경 수용소에 있는 동안 당했던 모진 구타와 고문의 결과였을 것이다. 경찰의 첩자로 의심 받던 변절자의 자동차를 불지른 죄목으로 구속한 아랍 청년을 석방시킬 수밖에 없었던 사건은 진범이 엉뚱한 곳에서 체포되면서 청년의 자백이 고문에 의한 것이란 사실이 백일하에 드러났지만, 극악한 고문 등의 수법으로 끌어낸 거짓 자백이었다는 변호사의 주장이나 법정의 판결은 전혀 보도되지 않았다. 이런 사건들은 일일이 나열할 수 없을 정도로 많다.[64]

눈물을 흘리지 않을 수 없도록 만든 사건들도 있었다. 한 정예군 지휘관, 윌리 쉬라프는 자발리아 인근에 위치한 엘 부르즈 난민촌에서 지낸 처음 일주일을 이렇게 회상했다. 11살 난 소년이 돌을 던지고 있었다. 우리는 소년을 붙잡아 집으로 끌고가, 그 아버지에게 소년을 매질하라고 명령했다. 아버지는 소년의 뺨을 때렸다. 그러자 장교가 "그런 것이 때리는 것이냐! 우리는 매질하라고 했다. 저 녀석을 때리란 말이다!"라고 소리쳤다. 팽팽한 긴장감이 흘렀고, 소년의 아버지는 히스테리컬하게 변해서 아들을 무지막지하게 때려대기 시작했다. 아들을 바닥에 쓰러뜨리고 옆구리를 발로 걷어찼다. 그때서야 군인들은 만족스런 미소를 흘렸다. 비젤이 그의 회고담에서 언급했듯이 이런 잔혹상은 1988년 여름이 되면서 최고조에 달했다. 《예루살렘 포스트》는 유엔 난민구제 사업기관(UNRWA)에 소속된 공공사업단과 의료진을 인용해서, "무차별한 폭력행위가 급속히 증가했다. 대부분의 피해자가 15살에서 30살 사이의 남자였지만, 의료진은 지난 몇 주 동안 5살 이하의 소년 24명과 소녀 5명을 치료해주기도 했다. 심지어 신장이 파열되고 곤봉 자국이 뚜렷한 7살짜리 소년이 병원으로 실려오기도 했다"고 보도했다. 의료진과 공공사업단의 진술에 따르면, 군인들이 어린아이에게 곤봉을 휘둘러대고 손찌검과 발길질을 하는 것은 다반사였다.[65]

법정소송으로 발전되어 대단한 관심(물론 이스라엘에서)을 끌었던 한 사건에서, 지바티 여단 소속의 한 정예부대원 네 명이 체포되어, 8월 22일 자발리아 난민촌에서 구타에 의한 살인을 저질렀다는 죄목으로 기소되었다. 그러나 그 사건도 한 달이 지난 후에야 《하아레츠》에서 처음 보도되었다. 그 사건을 대충 정리하면 이렇다. 아이들이 군인들에게 돌을 던지고 도망쳤다. 그러자 20명의 군인이 한 집에 몰려 들어가, 용의자로 지목된 소년의 아버지(하니 알샤미)를 무지막지하게 구타하기 시작했다. 알샤미는 군인들의 발길질에 채이고 곤봉에 하염없이 얻어맞아야 했다. 군인들은 침대에서 뛰어내리며, 바닥에 쓰러져 있던 알샤미를 사정없이 짓밟았다. 알샤미의 얼굴은 피범벅이 되었다. 군인들은 그의 아내에게도 사정을 두지 않았다. 한 장교가 들어와 피투성이로 변한 알샤미를 보고서, 군 행정처로 옮기라고 명령했다. 병원이 아니었다. 실제로 그런 것이 일상적인 관례이기도 하다. 가족은 알샤미가 죽었다는 소식을 훨씬 뒤에야 들을 수 있었다. 같은 부대에 소속된 두 병사는 "우리가 그들을 구타, 아주 심하게 구타하는 것은 사실이지만, 총에 맞아 죽는 것보다야 뼈가 부러지는 것이 낫지 않은가!"라고 말했다. 그야말로 국방장관의 말을 앵무새처럼 되풀이하는 꼴이었다. 하지만 그들도 "우리는 인간다운 모습을 잃고 말았다"며 얼굴을 붉혔다.[66]

　군인을 살인죄로 체포했다는 사실이 공개된 후, 지바티 여단이 저지른 다른 잔혹상들도 연이어 공개되었다. 엘 부리에즈 난민촌에 거주하던 한 저널리스트의 폭로로, 군인들에게 인간 이하의 모욕을 당하고 병원에 입원까지 해야 했던 실제 경험을 공개해보자. 군인들이 그의 집에 무작정 쳐들어와, 그에게 무릎을 꿇고 두 손을 무릎 사이에 끼우고 당나귀처럼 울어보라고 명령했다. 그는 어쩔 수 없이 그 모욕적인 명령에 따라야 했다. 그 와중에도 군인들은 곤봉과 전선으로 고환, 등, 복부 등을 무차별적으로 구타하면서, "널 봉사 당나귀로 만들어주겠다!"고 소리쳤다. 그는 거의 1시간 반 동안 그렇게 맞을 수밖에 없었다. 그의 안경이 부러진 것은 언급할 필요조차 없었다. 군인들 사이에서도 지바티 여단은 "무법의 여단"이라 불린다. 군인들은 여단장과 그의 "우익성향"을 맹렬히 비난하고 있다. 또한 극우 광신도로 종교적 색채를 짙게 띤 군사학교, 헤스더 예쉬바트가 배출한 졸업생에게도 비난의 화살을 돌린다.[67]

《예루살렘 포스트》가 아무런 논평도 없이 짧막하게 보도했듯이, 재판이 진행되는 동안 법정은 살인죄로 기소된 네 병사를 석방시켰다. 그러나 《예루살렘 포스트》는 아주 끔찍한 기사를 보도했다. 물론 그 기사는 해외판에 실리지 못했다. 한 병사는 재판정에서 "인간 이하의 모욕감을 안겨주고 구타를 상습적으로 저지른 것은 시간을 때우기 위한 것이었다"고 증언했다. 다른 병사는 알샤미의 불룩한 뱃살이 재밌게 보여서 구타의 목표로 삼았다는 섬뜩한 증언을 하기도 했다. 한편 한 장교는 "알샤미의 신음소리가 귀에 거슬렸기 때문에" 죽이고 싶었다고 태연스레 증언했다. 덧붙여서 그 장교는 알샤미를 실컷 두들긴 후에 군부대로 후송해서 군의관에게 치료를 부탁했지만, 군의관은 치료 자체를 거부하며 얼굴에 묻은 피를 닦아주라는 명령으로 끝냈을 뿐이라고 증언했다. 증인으로 출두한 의사의 증언에 따르면, 바로 그 날 수많은 아랍인들이 손이 묶이고 눈이 가린 채로 끌려와 장교들을 비롯한 사병들에게 무자비하게 구타당하고 있었다. 군의관은 알샤미를 즉시 치료하지 않은 까닭을 묻는 말에, "부상당한 아랍인에게 내가 왜 관심을 갖습니까! 그는 아랍인이고 나를 죽이고 싶어하는데요!"라고 대답했다. 군인들은 입을 모아, "폭도를 붙잡으면 다짜고짜 두들겨야 합니다. (중략) 저항하지 않더라도 말입니다. 그런 식으로라도 단념을 시켜야 합니다!"라고 증언했다. 실제로 군인들에게는 "폭도들이 걷지 못하도록 다리를 부러뜨리고, 돌을 던지지 못하도록 손을 부러뜨리라!"는 지시가 있었다. 한 중대장은 "조금이라도 의심 가는 인물이라면 한두 달 정도 꼼짝하지 못하도록 만들어버리라는 확실한 지시"가 있었다고 증언했다. 그의 증언에 따르면 그런 조치는 필요한 것이었다. 왜냐하면 용의자를 유치장에 가두는 것은 팔레스타인 해방기구(PLO) 훈련소에 데려다주는 것이나 마찬가지기 때문이었다. 어쨌든 가자 지구에서 구타는 "일상사"와 다름없었다.

군사법정은 피고들의 진술을 받아들여, "고인(故人)이 군사기지에서 군인들에게 구타당해 사망했다는 주장에 근거가 있지만, 유감스럽게도 고인에게 결정적인 죽음을 안겨준 범인이 누구인지는 확인할 길이 없다"는 판결을 내렸다. 게다가 네 병사가 83일 동안 구류되어 있었다는 사실만으로도 군(軍)의 요구, 피고들의 결백함 그리고 법의 정의에 적절한 균형을 맞춘 것이라 생각한다고 말하며, "그들은 범죄 행위를 저지른 것이 아니라 군인으로서의 의무를 다한 것이다"는 판결을 내렸다. 이런 판결에, 자바 야리브는 "그들이 무장하지 않은 아랍인을, 그것도 그의 집에서 무자비하게 구타한 것은 결코 부인할 수 없는 사실이다. 또한 그들은 자식들이 보는 앞에서 알샤미의 얼굴을 곤봉으로 때리고 군화로 짓밟았다는 사실을 부인하지도 않았다"고 논평했다. 그러나 그런 무자비한 구타가 사망의 직접 원인이 아닐 수 있기 때문에 법적 책임이 없다는 판결이었다. 그렇다면, 시민의 무자비한 폭행을 금지하는 법은 무엇이란 말인가! 아무런 죄도 없는 사람의 몸뚱이에 곤봉을 무작정 휘둘러대도 괜찮다는 말인가! 야만적인 폭행으로 신체에 치명적인 상처를 입힌 야만인들에게 적용할 법이 없단 말

인가!⁽⁶⁸⁾

《하아레츠》의 군출입기자는 법정소송으로 발전하는 "유감스런 예외"적 현상이 점차 줄어들고 있지만, 그 이유는 예외적 사건이 일상적 사건으로 둔갑했기 때문이라 보도했다. 칼란디아 난민촌을 유린한 죄목으로 기소된 공수대원들처럼, 지바티 여단의 병사들도 "그처럼 소동을 벌이는 이유를 전혀 납득하지 못했다." 그들은 다른 여단의 병사들과 전혀 다를 바 없이 행동하면서 그들에게 하달된 명령을 정확하게 실천했을 뿐이었다. 죄수나 아랍인을 그들의 집이나 길거리에서 구타하는 것은 일상적인 일이었다. 따라서 그들을 기소한 자체가 부당한 짓일 수 있다. 법정도 이런 사실을 인정했던 것이다. 히브리어에서 "예외"를 뜻하는 harig는 이제 "잔혹 행위"를 뜻하는 단어로 사용될 지경이다.⁽⁶⁹⁾

잔혹 행위는 정부 당국에서도 거의 당연한 것으로 생각하고 있다. 안사르 제2수용소 메디칼 센터에서 예비역으로 군역을 치렀던 마르쿠스 레빈 박사에게는 "심문의 전후로" 포로들을 검진하는 임무가 주어졌다. 레빈 박사가 포로들을 심문 후에 검진해야 하는 이유를 물었을 때, 담당 의사들은 "특별한 이유는 없습니다. 가끔 팔다리가 부러지는 포로들이 있기 때문입니다. 가령 어제만 해도, 두 다리가 부러진 12살짜리 소년이 들어왔습니다"라고 대답했다. 물론 심문을 받은 후에 두 다리가 부러진 것이었다. 16년을 군에서 보낸 퇴역군인이었던 레빈 박사는 그 대답에 깜짝 놀라 곧바로 수용소 사령관을 찾아가, "나는 마르쿠스 레빈이지 조제프 멩겔레가 아니오. 남미의 독재국가나 다름없는 이곳에서 근무할 마음이 전혀 없소! 내 양심이 허락지를 않소!"라고 말했다. 그러나 대부분의 사람들은 양심의 가책을 느끼지 못했거나, 다른 시각에서 세상을 보려 했다. 한 의사가 "처음에는 선생도 멩겔레가 된 기분일 것입니다. 하지만 며칠만 지나면 금방 익숙해질 것입니다"라고 레빈에게 던졌던 넋두리가 무엇을 의미하겠는가![70]

이스라엘의 작가, 단 알마고르는 2차대전 개전 30주년을 맞은 날 영국에서 보았던 텔레비전 다큐멘터리를 떠올렸다. 그 다큐멘터리에서, 전범으로 교도소에서 복역한 후 석방된 서너 명의 독일군 장교들에게 그들이 저지른 잔혹 행위를 그토록 열심히 필름에 담았던 이유가 뭐냐고 묻는 장면이 있다. 그 질문에 한 장교는 "우리는 역사를 위해서 잔혹 행위를 촬영했던 것은 아닙니다. 주말을 맞아 고향에 돌아갔을 때, 아이들을 즐겁게 해줄 것이 있어야 했습니다. 아이들은 그 필름을 무척이나 좋아했습니다"라고 대답했다. 그랬다, 그 아이들은 전쟁 때문에 미키 마우스 영화를 빼앗긴 세대였다. 알마고르는 알샤미의 불룩한 올챙이배에 흥미를 느끼면서 "구타의 목표"로 삼았다는 지바티 여단 병사들의 증언을 읽었을 때, 문득 그 다큐멘터리가 기억에 떠올랐던 것이다. 계속해서, 알마고르는 한 여단 교육장교와 서안(西岸)지대를 방문했던 때를 써내려간다. 육군 소령인 교육장교는 무고한 시민을 곤봉으로 다스렸다는 무용담, 스컬캡(테두리가 없는 실내용 모자)을 눌러쓴 광신적 극우 청년이 비밀경찰이 표시해둔 집들을 불도저로 밀어버렸고 표시가 안 된 집이었지만 불행히도 표시가 된 두 집 사이에 있었던 집들도 묵사발이 되었으며 불도저를 회전시키는 과정에서 상점 하나를 주저앉게 만들었다는 이야기에 웃음보를 터뜨린 남녀들을 골라서 징집했다는 경험담을 자랑스레 늘어놓았다. 알마고르의 씁쓰레한 이런 기록은 내게도 쓰라린 기억들을 떠올려주었다. 특히 40년 전의 사건은 결코 잊을 수 없다. 히로시마 원폭투하로 신음하는 일본인들을 기록한 끔찍한 다큐멘터리가 우습게도 "전투지역"

이던 보스턴 시내 한복판에서 포르노 영화처럼 상영되었다는 사실이다. 또한 베트남 구정 대공격 직후인 1968년 3월, 《뉴욕 타임스》는 시위대가 시카고 과학박물관의 전시실을 파괴했다는 사실을 신랄하게 비난하는 기사를 게재했다. 하지만 그 전시실에 무엇이 있었던가? 베트남 중앙고원을 축소한 세트에 농부의 오두막을 포함해서 여러 개의 목표를 설정해놓고 기관총으로 모의사격을 해대는 모형 헬리콥터로 어린아이들을 유혹하지 않았던가! 그런데 어찌 반전운동가들이 분노하지 않을 수 있었겠는가![71]

"이런 이야기들을 증거로 제시하면서 해명을 요구하기란 이제 불가능하다. 또한 그 책임자들을 색출하는 것도 무망한 일이다. 하루 건너서 새로운 이야기가 만들어지고 있기 때문이다." 군부가 팔레스타인의 폭동을 진압하려고 무자비한 조치를 취했을 때, 점령지역에서의 잔혹 행위를 꼼꼼하게 기록해왔던 즈비 질라트의 절망 어린 독백이다. 그는 이제 베이타 마을, 1988년 4월 초 유태인 소녀가 살해당하면서 갑작스레 유명해진 마을의 모습을 전해주고 있다. 그 소녀는 미치광이 이스라엘 민병대원에게 살해당했다. 그 민병대원은 마을 사람 둘을 살해한 뒤에 도보 여행자들과 뒤섞여 걷던 중, 우발적으로 그 소녀를 살해한 것이었다. 살해당한 남자의 누이는 오빠를 죽인 살인자에게 커다란 돌을 던졌다는 이유로 임신 3개월의 몸이었지만 유치장에 갇혀야 했고, 출산 예정일을 며칠 앞두고서야 겨우 풀려날 수 있었다. 하지만 세 사람을 살해한 문제의 이스라엘 민병대원은 기소당하지 않았다. 군대변인 라아난 지센 대령의 발표에 따르면, "비극적인 사건임에 틀림없지만, 그 결과로써 이미 죄값을 치렀다"고 믿기 때문이었다. 그런데 베이타 주민들은 재판도 제대로 받지 못한 채 8개월 동안 유치장에 갇혀 있어야 했다. 오직 한 가족만이 군사법정에 참석하도록 허락 받았다. 결국 네 사람이 3년형을 선고받았다. 죄목? 유대인 소녀가 살해당하기 전에, 문제의 살인자에게 돌을 던졌다는 죄목이었다. 《뉴욕 타임스》는 AP통신을 인용하면서 그 판결을 짤막한 단신으로 처리했을 뿐이었다. 그런데 열흘 전 《뉴욕 타임스》는 정착지 근처의 땅에서 풀을 뜯는 양들을 돌보고 있던 아랍인 목동을 살인한 죄로 기소된 유대인 정착민에게 2년 6개월, 즉 법으로 허용된 최소의 형량을 선고했다는 기사를 보도했다. 이런 불이익에서 끝나지 않았다. 베이타 주민들은 고향에서 추방당했고, 집들은 무참히 파괴되었다. 파괴 허용 표시가 되지 않은 집들도 마찬가지였다. 재산을 몰수당한 셈이었다. 마을의 주된 수입원이었던 올리브 기름을 유럽에 수출하는 것도 금지되었다. 그렇다고 이스라엘이 그 기름을 사준 것도 아니었다. 질라트가 그 마을을 재차 방문하기 보름 전, 이스라엘 군인들이 근접 사격한 총을 뒤통수에 맞은 12살짜리 소년이 사망한 사건이 있었다. 집을 나서면서 군인들을 보고 엉겁결에 달아나면서 총격을 당한 것이었다. 목격자의 증언에 따르면, 소년은 피를 흘리면서 거의 5시간 동안이나 길거리에 내버려져 있었다. 그러나 질라트는 "의욕과 의지"를 몽땅 상실했다고 푸념하면서도, 베이타 마을에서 목격한 공포와 잔학상과 굴욕적 장면들을 적나라하게 전해준다. 현장에서 멀리 떨어져 그의 글을 읽는 사람들—물론 세상을 지배하는 극소수의 인간들까지 포함해서—도 온몸에서 감각이 무뎌지는 것을 느끼게 될 것이다.[21]

내가 지금까지 언급한 사례들은 "유감스런 예외"의 아주 작은 부분일 뿐이다. 물론 이 끔찍한 사건들은 "미숙함"과 "좌절감"의 탓일 수 있다. 어쨌든 잔혹 행위는 1988년 중반에 들어 증폭되었지만, 미국 언론은 잠재된 반유대주의는 아니었다 할지라도, 무력한 이스라엘을 부당하게 취급해서는 안 된다는 거센 비판에 부딪혀 취재 활동을 늦춰야 했다. 그러는 동안 이스라엘의 고난을 묵묵히 지켜보아야 하는 사람들의 소리없는 흐느낌이 있었다. 지금도 잔혹 행위는 계속되고 있지만, 언론은 다른 곳을 쳐다볼 뿐이다. 그들의 설움을 달래줄 수 있는 사람들은 여전히 침묵의 맹세를 지키면서 결코 심각한 사태가 벌어지고 있는 것은 아니라며 우리를 안심시켜주거나, 지금까지 관심사도 아니었던 팔레스타인인의 인권을 전향적으로 생각지 않을 경우 이스라엘이 앞으로 직면하게 될 문제의 심각성을 경고해준다.

이스라엘(주로 히브리) 언론에 보도되는 끔찍한 사건들도 겨우 겉으로 드러난 것을 다루고 있을 뿐이다. 이스라엘 외무성의 한 관리는 예비역 복무를 끝내고 돌아온 후, "점령지역 내에서 자행되는 심각한 폭력사태의 거의 대부분이 대중에게 전혀 알려지지 않고 있다"고 말했다. 그의 추정에 따르면, 실전을 방불케 할 정도로 폭력사태가 확대되는 동안 약 10% 정도만 대중에게 알려졌을 뿐이다. 하지만 미국의 납세자들에게는 그런 실상이 전혀 알려지지 않고 있어, 미국 시민들은 자신도 모르는 사이에 폭력으로 점철된 국가 테러에 일익을 담당하고 있는 셈이다.

점령지역 내의 반항적인 국민을 "이동"시키면 문제가 간단히 해결될 수 있을 것이란 제안마저도 납세자들에게는 거의 알려져 있지 않다. 물론 주류 측에서는 실행 가능성이 없다는 이유로 그 제안을 반대하고 있지만, 사실 그런 제안은 옛날부터 있었던 것이며 이제 와서 새로운 대안으로 부상하고 있다. 1988년 중반에 실시한 여론조사에 따르면, 유대계 이스라엘인의 40%가 아랍인의 추방을 찬성하고 있다. 또한 45%는 이스라엘이 지나치게 민주적이라 생각하며 55%는 아랍계 이스라엘인에게 동등한 권리를 인정할 수 없다는 의견을 제시했다

(그동안 대외적으로 선전한 내용과는 달리, 이스라엘의 모든 지역을 자유롭게 이동할 수 있는 권리의 박탈은 언제나 심각한 수준이었다). 시오니스트의 문헌들에서도, 팔레스타인은 이스라엘 땅에 잠시 거주하는 방문객으로 정의되어 있을 뿐이다. 심지어 유대인들이 이스라엘의 재건을 위해 끌어들인 이민자들도 마찬가지로 취급된다. 또한 미국 지식인 사회에서도 이런 정의를 공공연한 사실로 받아들인다. 미국에 강력한 기반을 두고 지나치게 정통성을 강조하는 종교집단이 본질적으로 유대인보다 열등한 종족의 추방을 반대할 가능성은 거의 없다. 1921년부터 1935년까지 랍비장을 지낸 라브 쿠크의 가르침에 따르면, "이스라엘인의 영혼과 비유대인의 영혼의 차이는 상상 이상으로 크다. 비유해서 말하면, 그 차이는 인간의 영혼과 동물의 영혼 사이의 차이보다 크다. 왜냐하면 인간과 동물 사이에는 양적인 차이밖에 없지만, 전자의 차이는 질적인 차이가 있기 때문이다."[73]

일부 북미지역에서 보듯이 이주가 결코 바람직한 해결책이 아니라고 믿는 사람은 크게 잘못 생각하고 있는 것이다. 미국 내에서 사회민주주의 좌파인물로 손꼽히는 명망가들은 오래 전부터 "옛 팔레스타인 땅의 토착민은 이제 소외된 종족이기 때문에 떠나야만 할 사람들을 떠나도록 도와주는 것이 그들의 문제를 안정시킬 수 있을 것"이라 주장해왔다. 그러나 알렉산더 코크번이 지적하듯이, 1988년 공화당이 대통령 후보지명을 위한 전당대회에서 "인접국들에 더 많은 직업과 더 많은 기회를 제공하는 것은 다른 세계를 파괴하는 길이 아니라 젊은이들이 스스로 새로운 세계를 건설하는 데 에너지를 결집시키도록 해주는 길"이라 말하며 이주의 당위성을 점잖게 주장했을 때 어디에서도 환호의 박수는 없었다.[74] 왜 그랬을까? 새로운 세계의 건설이란, 미국이 지지하고 지원하는 군사독재정권에 맞서 그들의 권리를 찾으려는 투쟁이기 때문이지 않겠는가!

정상회담[75]

1987년 12월 워싱턴에서 있었던 레이건-고르바초프 정상회담에 앞서, 뉴스는 조심스레 각색되어 장밋빛 전망만이 대중에게 전달되었다. 군비증가를 반대하는 유엔 총회의 표결에서 미국의 의견이 압도적인 표차로 부결되었다는 사실은 애초부터 배제되었다. 하기야 레이건이 세계평화를 위해 기여했다는 위대한 업적에 모두의 관심이 집중되어 있던 때에, 미국만이 외롭게 무기감축을 반대했다는 사실은 결코 바람직한 소식이 아니었다. 따라서 세계 여론의 향방이 독불장군 같은 독립된 언론에 게재되지 않도록 엄밀한 검열을 실시하지 않을 수 없었을 것이다. 평화를 촉구하는 국내의 시위는 안중에도 두지 않았다. 당시 언론의 취재방향을 검토한 여론감시단체 FAIR는 "중거리 핵전략(INF)협정에서 우익평론가들의 의견만이 뉴스화되었다"는 의견을 내놓았다. 미국에서 가장 큰 평화단체인 SANE/Freeze의 비난처럼, 공화당 소속 마크 햇필드 상원의원이 레이건 행정부의 무모한 핵확산 정책을 신랄하게 비판한 소식도 "국내 언론에서는 전혀 다루어지지 않았다." 물론 INF협정을 반대하는 평화운동단체의 입장에 대한 기자회견도 아예 무시되었다. 그러나 같은 날 기자회견을 열면서 레이건을 "크레믈린의 꼭두각시"라고 비난했던 반(反)유화정책연대(Anti-Appeasement Alliance)의 독설은 "커다란 뉴스거리"가 되었다. 또한 조지 슐츠 국무장관이 평화시위대를 비난하며 "여러분의 판단이 틀린 것을 인정하라!"고 요청했다는 소식 역시 대서특필되었지만, SANE/Freeze의 브리지드 쉬어 사무총장은 "우리 의견에 대해서는 한 줄도 쓰여지지 않았다"고 불만을 터뜨렸다. 텔레비전의 보도도 마찬가지였다. 미국이 스타워즈 계획을 강행함으로써 탄도탄요격미사일 (ABM)조약 자체를 위협하고 있다는 소련측의 비난도 "원론적이고 악의적인 비난"이란 이유로 서둘러 마무리 지으면서, INF협정을 강경 우파의 입장에서 비난한 리차드 펄과 온건파인 척하지만 실제로는 매파인 샘 넌 의원을 등장시켜 정상회담을 요약해서 보도했다. 물론 평소처럼 토론도 있었지만 제한된 범위 내의 것이었다.[76]

정상회담의 공식일정에는 레이건을 평화의 사도로 부각시키고, 인권에 대한 열정을 과시하는 순서가 포함되어 있었다. 따라서 대통령이 이 두 가지 사업에서 놀라운 성취를 이뤄냈다고 선전하는 것이 바로 언론의 역할이었다. 적절한 조치로 레이건을 평화의 사도로 부각시킨 사업은 만족스런 결과를 얻었고, 두번째 목표도 그런대로 달성할 수 있었다. 고르바초프가 텔레비전 카메라 세례를 받으며 워싱턴 공항에서 미국 땅에 첫걸음을 내딛었을 때, CBS 앵커 댄 래더는 "고르바초프는 무기감축에 회담의 초점을 맞추겠지만 레이건은 인권, 아프가니스탄과 니카라과 등 광범위한 쟁점에서 소련을 압박할 것"이라 논평했다.[77] 모두가 댄 래더처럼 지나치지는 않았고 가끔씩 "지나친 자유주의"를 비난하기는 했지만, 레이건이 중앙 아메리카 등에서 보여준 눈부신 인권 기록에 대해서 의문을 제기하는 사람은 거의 없었다. 좌익조차 입을 다물고 있었다. 하지만 니카라과에서 있었던 사건에 대해서는 거의 모두가 소련의 범죄행위로 해석했다.[78]

《뉴욕 타임스》1면 기사에서 필립 타웁만은 모스크바 발 기사로, 고르바초프가 거듭해서 약속하고 있지만 아직도 배워야 할 것이 많다고 지적했다. 말하자면, 미국 시민의 삶에 대한 소련의 전통적인 시각, 즉 "군수산업체가 좌우하는 지배계급이 정부를 조정하고 미국시민 대다수를 착취해서 경제적으로 불평등하고 불공평한 사회를 만들고 있다"는 시각을 분명하게 전해주면서, 이처럼 "이념적으로 경도된 시각"은 미국에 정통한 소련의 학자들이나 분석가들의 견해와 상당히 동떨어진 것이므로 실제 현실을 전혀 알지 못한 해석이라고 보도했다. 그러나 같은 날짜의 《뉴욕 타임스》에서 아담 왈린스키는 '지옥이 이런 모습일까'라는 제목의 기사에서, 경제적 불평등과 불공평 그리고 착취가 없다는 이 사회에서 시카고 빈민가 사람들이 살아가는 모습을 생생하게 전해주고 있다."[79]

1988년 6월 모스크바에서 열린 정상회담도 비슷하게 처리되었다. 간혹 예외적인 경우도 있었지만, 대부분의 논평이 (소련에서의) 인권보장을 요구하는 레이건의 용기를 찬양하면서도, 러시아인들에 관심을 보이고 레닌주의에 호기심을 보인 것에는 비난의 고삐를 늦추지 않았다. 레이건이 러시아 반체제인사들과 만난 일도 대서특필되었다. 《뉴욕 타임스》의 보도에 따르면, 레이건은 "간단한 몇 가지 원칙을 굳게 믿는 사람으로, 인권과 미국식 방법을 세계로 확대시키려는 기본적인 가치관에 따라 행동하는 사람"이다. 《뉴욕 타임스》는 그런 평가에 덧붙여 모스크바의 대학생들 앞에서 행한 연설에서, "레이건은 평소부터 품고 있던 인권에 대한 사랑을 유감없이 펼쳐보였다"고 보도했다. 인권에 대한 사랑? 국내의 가난한 사람들에게서 애써 눈을 돌리고, 과테말라 군부가 자행하는 인종학살적 살인행각과 엘살바도르를 희생양으로 삼은 국가 테러를 열렬히 옹호한 것도 인권을 사랑했기 때문인가![80]

한편 유엔본부 옆에 위치한 처치센터에서 있었던 인권연합의 기자회견은 전혀 다른 식으로 대접받았다. 미국시민자유연맹의 법률담당자, 헌법적 권리보호센터의 대표, 미국 인디언 운동, 재소자 인권연합 등의 인권단체들이 미국 및 미국의 속국들에서 자행되는 인권탄압을

3장 조작된 역사 119

고발했지만 언론은 그 목소리를 철저히 외면해버렸다.[81]

그러나 외국의 일부 언론은 워싱턴의 뜻을 그대로 인용하는 데 반발하는 언론 본연의 자세를 보여주었다. 토론토의《글로브 앤 메일》이 대표적인 경우이다. 레이건이 정상회담에서 소련에 인권을 강의하던 바로 그때,《뉴욕 타임스》가 미국이 온두라스에서 지원하고 조언한 고문전문가들과 아무런 흔적도 남기지 않은 CIA의 비인간적 수법에 대해 "쇼킹한 고발"을 하면서도, 미국에서 훈련받은 살인대대 316부대가 미국 출신의 제임스 카네이 신부를 헬리콥터에서 떨어뜨려 죽이도록 명령했던 비밀회의에 미국요원이 참석했다는 영국 BBC의 6개월 전 보도에 대해서는 일언반구도 없었다고 보도했다.[82] 또한《글로브 앤 메일》은 미국이 온두라스에서 행한 역할과 아르헨티나의 "더러운 전쟁"에서 맡았던 "은밀한 활약은 인간의 존엄성과 자유를 존중한 자랑스런 기록이라 할 수가 없다"고 덧붙이며, 그런 주장을 뒷받침해줄 몇 가지 사례를 제시했다. 결국《뉴욕 타임스》도 캐나다의 언론과 같은 기사를 게재할 수 있었지만, 정반대로 레이건이 소련에서 보여준 인권에 대한 지극한 관심 표명이 위의 사건들과 전혀 모순되지 않는다고 보았던 것이다.

런던의《뉴스 스테이츠맨》도 "미국 대통령이 도덕적 우월성을 주장하는 것은 위선의 극치"라고 논평하면서, 엘살바도르와 과테말라의 국가 테러리스트들과 니카라과의 무모한 시민들을 향한 유혈 테러극을 지원한 미국을 "인권의 호민관"이란 이름으로 빈정댔다. 또한 그 신문은 레이건이 고르바초프에게 영화〈우애 어린 설득〉의 비디오 테이프를 선물한 것까지도 아이러니가 아닐 수 없다고 지적했다. 사실 그 영화는 헐리우드 영화 역사에서 시나리오 저작권 없이 출시된 유일한 영화이다. 레이건이 영화배우 및 관련 예술가 동맹의 회장 직을 맡고 있던 시절, 그 시나리오 작가가 블랙리스트에 올라 있었기 때문이다. 당시는 매카시의 마녀사냥이 한창이던 때로 그 작가는 당연히 "불온분자"로 찍혀 동맹에서 내쫓김을 당했지만, 나중에 "헐리우드에는 블랙리스트와 같은 것이 없었다"고 발뺌하지 않았던가! "서구언론은 레이건의 지휘에 맞춰 일사분란하게 움직였다. 레이건의 말씀은 금과옥조이기 때문일 것이다. 말하자면, 서구 언론은 확실한 처세법을 알고 있는 셈이다"는 《뉴스 스테이츠맨》의 지적은 우리에게 많은 것을 시사해준다. 사실 미국에 대한 그들의 지적은 정확하다. 우리도 눈을 크게 뜨고 좀더 멀리 바라본다면, 그처럼 귀에 거슬리는 지적을 어딘가에서 발견할 수 있을 것이다.[83]

언론과 국제여론[84]

1987년 워싱턴에서 정상회담이 열리던 즈음에 있었던 유엔 총회 표결에 대한 언론의 취재방향과 이 책에서 언급한 언론의 모습에서, 우리는 언론의 대략적인 전략을 엿볼 수 있다. 최근 들어, 미국은 안전보장이사회의 결의안에서 유난스레 거부권을 행사했다. 1967년부터 1981년까지, 미국은 7건의 결의안에 거부권을 행사했다. 예를 들어 레바논 남부를 휩쓸고 있는 이스라엘의 준동을 비난하고, 팔레스타인인의 권리를 보장하며, 예루살렘의 실상에 변화를 주고 점령지역에 정착지를 건설하려는 이스라엘의 계획에 유감을 표명하는 등의 결의안에 예외 없이 거부권을 행사했다. 그때마다, 미국은 외롭게도 유일한 반대국이었다. 레이건 행정부도 유사한 안건에 대해서 13번의 거부권을 행사했으며, 역시 외로운 반대국이어야 했다.[85] 또한 남아프리카, 군비 문제 등의 문제에 대한 유엔 결의안에 대해서도 미국은 유일한 반대국이거나 소수의 반대국 편에 있었다.

이런 투표 결과는 전혀 보도되지 않거나, 한구석에 작게 보도될 뿐이다. 간혹 보도되더라도, 앞에서 언급한 바와 같이 정부의 입장을 옹호하는 식으로 보도되는 것이 대부분이다. 다른 예를 들어보자. 1988년 11월, 유엔 총회는 "팔렌스타인인의 봉기를 진압하는 과정에서 아무런 방어수단도 없는 팔레스타인인을 살해하고 부상 입힌 잔학상에 대해 이스라엘을 규탄하고, 점령지역에서의 폭력을 규탄한 안전보장이사회의 결의안을 무시한 것에 대해 심각한 유감을 표명"하는 결의안을 130 대 2(미국과 이스라엘)로 통과시켰다. 《뉴욕 타임스》는 이 소식을 보도했다. 첫 세 단락에서는 기본적인 사실을 언급했지만, 나머지(열 단락)에서는 미국과 이스라엘의 입장을 대신 변명해주고 앞선 결의안들에서 아랍국들이 보여준 "상대적으로 비열한 작태"를 보도하는 데 급급했다. 결의안을 지지한 국가들도 편파적인 보도라 생각했겠지만 그 불만을 겉으로 드러내지는 못했다.[86]

미국의 따돌림은 적잖은 관심을 불러일으켰다. 1984년 《뉴욕 타임스 매거진》은 유엔 담당 리차드 번스틴 기자의 기사를 제일 크게 다루었다.[87] 리차드 기자는 "유엔의 존재가치를 고민하면서 회의적으로 생각하는 목소리가 많다"고 말하면서, "유엔이 답습적이고 허구적이며 극단적이고 반민주적인 집단, 즉 미국이 어느 쪽으로도 치우침이 없이 공평하게 대해주는 나라들에게서 무시로 공격받는 공간이 되었다"고 덧붙였다. "따라서 유엔이 그동안 제3세계 이데올로기라 불리는 것에 의해서 주도되어왔으며", 미국을 향한 악의가 지나치게 일방적이란 내용으로 마무리지었다. 그러나 번스틴 기자가 주장한 제3세계 이데올로기가 곧 회원국 다수의 견해라는 사실을 간과해서는 안 된다.

아프가니스탄을 침범한 소련에 대한 유엔의 규탄, 아프가니스탄에

행해진 인권탄압에 대한 유엔 보고서, KAL 007이 소련 영공을 넘었다는 이유로 격추시킨 소련의 만행을 규탄한 안전보장이사회의 결의안은 무엇인가! 그럼에도 미국에 대한 악의가 일방적이라 말할 수 있을까? 미해군은 290명을 싣고 이란 영해를 비행하고 있던 이란의 민간 항공기를 격추시키고도 아무런 조치를 취하지 않았다. 베트남과 인도차이나 반도의 나라들을 무차별적으로 공격했던 미국이 아닌가! 그럼에도 미국은 어떤 규탄도 받지 않았고 조사도 받지 않았다. 셜리 하자드의 지적대로, "그 오랜 세월 동안, 베트남 전쟁은 유엔에서 논의조차 되지 않았다."[88]

번스틴은 유엔의 쇠락을 역사적으로 검토하면서, 안전보장이사회와 총회가 그레나다를 침공한 미국은 물론이고 나토 회원국을 비롯한 미국의 동맹국을 싸잡아 규탄했다고 주장한다. "세계에서 가장 뛰어난 지식인"(쓴웃음이 지어질 수밖에 없는 평가)인 진 커트패트릭 유엔 대사의 노력도 인종주의와 식민주의와 파시즘의 거센 물결을 저지해서 미국에 대한 의례적인 공격을 막을 수 없었다고 덧붙인다. 하기야 미국의 입장을 대다수가 꼭두각시처럼 지지하던 옛 시절이 그립기는 했을 것이다. 그 시절을 그리워하며, 번스틴은 다음과 같은 결론을 내린다.

문제는 미국의 정책이 다른 회원국의 정책과 다른 것이 아니라, 세계에서 가장 강력한 민주국가의 견해가 유엔이라는 토론장에서 회원국의 지지를 얻지 못하는 것이다. 그 첫째 가는 이유는 세계를 지배하고 있는 구조 및 정치 문화이다. 즉 미국을 고립시키고 미국을 이데올로기로 무장한 악당 정도로 취급하는 방향으로 흘러가는 세계 정세가 주된 이유이다. 물론 미국이 외교라는 게임에서 능란한 솜씨를 보여주지 못한 것도 여러 원인 중의 하나일 것이다.

요컨대, 문제는 세계가 미국의 뜻에서 벗어나고 있다는 것이다. 또한 그 문제를 해결하는 답은 미국의 정책에 있지 않다. 미국의 정책은 논의 자체가 불필요할 정도로 기본적인 틀에서 나무랄 데가 없다는 생각이기 때문이다.

그러나 1972년 윌리엄 풀브라이트 상원의원은 미국의 정책에 상당한 불만을 터뜨리며 전혀 다른 견해를 피력했다. "미국은 오랫동안 유엔을 마음대로 조정해왔다. 그 때문에, 우리는 유엔을 우리 뜻대로 움직일 수 있는 국제기관이라 생각하는 데 익숙해져버렸다"는 것이다. 또한 이반 루아드도 《유엔의 역사》에서, "공산국가들이 다수를 차지했더라도 똑같이 처신했을 것이다. 서구의 행위는 (중략) 힘의 과시에 다름없었다. 세력 균형에 변화가 오면서 다른 다수가 유엔을 주도하게 되었을 때, 서구의 회원국들이 다수의 국가들보다 더 큰 회한을 갖는 것도 악습이 아닐 수 없다"고 말했다. 그러나 셜리 하자드는 루아드의 책을 검토하면서, 다수의 변화는 서구 회원국에 "적어도 지금까지는 회한이 아니라 분노"를 안겨주고 있다고 지적했다.[89]

하자드는 미국이 트리그비에 리에 유엔 사무총장과 결탁해서, 유엔이 창설될 당시 회원국 정부들이 샌프란시스코에서 서명했던 선언의 정신을 유지하기 위해서 그 정신을 위배한 사안에 대해 공정하게 폭로하면서 올바른 방향으로 시정할 수 있는 대안을 제시할 수 있는 "독립된 국제민간기구"를 유엔에 창설하려는 계획을 어떤 식으로 무산시켰는지 폭로해주었다. 게다가 그녀는 미국이 사무국 직원 선발에도 영향력을 행사하기 위해 FBI에 "마녀사냥권"을 허용하려고 고집했다는 음모까지 거론했다. 그런 음모는 "정치적 지명의 가능성"을 열어 놓음으로써, 결국 유엔의 위상을 절망적 상태로 추락시키는 셈이었다.

《유엔의 자멸극》이란 논문에서, 하자드는 마녀사냥을 자세히 언급하면서, "유엔 사무국의 직원들은 세계 각국에서 선별되었지만, 과반수가 FBI에 의해 적격검사를 받았고 미국무성과 비밀스런 합의에 따라 채용된 것"이란 사실을 폭로했다. 국제연맹 사무국에 대한 무솔리니의 칙령에 버금가는 사건이 아닐 수 없다. 이 비밀스런 합의는 유엔의 역사에서 획기적인 사건이며, 사무국이 초창기에 한 국가의 이익을 위해서 태동되었다는 확실한 증거이기도 하다. 물론 유엔 헌장을 정면으로 위배한 행위임은 말할 것도 없다. 만약 이와 유사한 맹약을 소련에서 저질렀다면 어떻게 되었을까? 하자드는 이런 의문에, "필경 유엔 자체를 해체시키자는 국제 여론이 빗발쳤을 것이다"고 대답한다. 그러나 미국의 경우는 일반적 관례에 따라 조용히 넘어갔다. 유엔이 미국의 보조금을 잃을지도 모른다는 생각에 말없이 굴복했던 것이다. 하자드는 "미국이 이해하는 '만국(萬國)'이란 개념은 미국의 정책이 모두의 이익을 위해서 비판 없이 받아들여져야 하는 일종의 일방적 혜택이다"고 결론짓는다.[90]

하자드의 결론은 지난 세월 동안 유엔에 대한 미국의 여론과 언론이 보여준 태도를 명쾌하게 설명해준다. 유엔이 미국의 양순한 도구였을 때, 저명한 사회학자들은 소련의 거부권 행사에 격렬한 분노를 보이면서 그 원인을 러시아의 문화와 아동교육방법에서 찾으려 했다. 그런데 유엔이 "다수의 폭력"에 떨어지자, 달리 말해서 민주적으로 운영되자, 태도가 돌변해서 유엔의 존재 자체에 대한 회의와 번민을 보이면서 무지몽매한 다수의 문화적 결점을 찾는 데 혈안이 되어 있다.

다른 국제기관에 대해서도 마찬가지이다. 미주기구(美洲機構,

Organization of American States)의 회담에서 라틴 아메리카의 대표들이 노리에가 장군을 파나마에서 축출하려는 레이건 행정부의 무모한 시도에 동참하지 않겠다는 뜻을 분명히 비쳤을 때, 《뉴욕 타임스》의 얼레인 스치올리노 기자는 "세월이 지나면서 미주기구는 라틴 아메리카의 양심으로서의 권위를 상당부분 상실해버렸다"며 통탄을 금치 못했다(1988년 2월 29일). 바꿔 말하면, 미국의 명령에 더 이상 고분고분 따르지 않는다는 뜻이다.

결국 미국이 원하고 행하는 것은 언제나 옳고 정의로운 것이다. 거기에는 어떤 의문도 있을 수 없다. 이런 도덕적 성실성을 다른 나라들이 깨닫지 못한다면, 그것은 전적으로 그들의 잘못이다. 순박함에는 어린아이 같은 참신한 매력이 있지만, 그 매력이 급속히 사라질 때 순박함은 고통과 괴로움을 안겨주는 도구로 돌변한다는 사실을 깨달아야 한다.

세계에서 가장 부유하고 가장 강력한 나라, 즉 미국이 계속해서 채찍을 휘두르고 있기 때문에, 《뉴욕 타임스》는 "미주기구가 역사상 최악의 재정위기를 맞아 올해 중에는 원조 프로그램을 중단할 가능성이 있다"고 보도한다. 1988년 2천만 달러에 달한 부족액의 절반이 미국에서 기여금을 삭감한 때문이다. 또한 1988년 11월 현재 미지급된 4천6백만 달러 중 3분의 2가 미국의 몫이다. 미주기구 사무총장의 말을 빌면, "미주기구의 존재 자체가 위험할 정도로 재정상태가 심각하다." 미주기구의 관리들도 재정위기로 모든 개발 계획을 중단할 처지라고 경고하면서, "반구에서 미주기구의 역할에 대한 날카로운 시각 차이에서 분규가 발생하고 있다"고 덧붙인다. 말하자면, 수혜국이 원하는 개발 계획의 방향에 미국이 반대하고 있다는 뜻이다. 이 때문에, 미주기구의 마약남용통제위원회 책임자는 "마약방지 프로그램도

연말이면 중단될 것"이라 경고했지만, 레이건 행정부는 라틴 아메리카 국가들이 마약의 미국 유입을 통제하는 데 실패했다며 신랄하게 비난할 따름이다. 미국이 기여금을 대폭 삭감한 이유는 간단하다. 행정부 관리들과 의회의 일부 의원들이 "니카라과와 노리에가 장군에 대해 온건한 입장"을 띠는 미주기구를 강력히 비난하고 나섰기 때문이다.[91] 한 의원은 "미국의 납세자들을 위해서 1달러라도 헛되이 쓸 수 없지 않은가!"라고 목청을 높였다. 또한 레이건 행정부의 비열한 전략은 이제 효용성이 떨어진 노리에가를 지체 없이 내팽개침으로써, 반구의 국가들이 미국의 뻔뻔스런 내정간섭에 짜증을 내면서 경멸받아 마땅한 노리에가를 지원하도록 만드는 데 멋들어지게 성공한 것이다.

유엔도 이제는 미국의 노리개 역할을 상실했기 때문에 똑같은 문제에 직면하고 있다. 미국은 현재 유엔의 최대 채무국이다. 즉 1987년 9월 현재로, 4억 1천2백만 달러의 분담금을 체납하고 있다. 두번째 채무국인 브라질이 1천6백만 달러인 것에 비하면 천문학적인 액수이다. 소련마저도 악성 채무를 완납하겠다고 발표하지 않았던가! 소련이 상습적인 채무자였던 시절, 미국은 체납액을 독촉하기 위해서 국제사법재판소에 소송을 제기하는 데 앞장 섰고, 모든 회원국은 분담금을 의무적으로 납입해야 한다는 국제사법재판소의 판결을 적극 지지하지 않았던가! 그런데 이제 와서 기준이 바뀌어버렸다. 체납금의 완납은 더 이상 엄숙한 의무가 아니다. 게다가 유엔이란 존재 덕분에 "연간 4~7억 달러가 미국과 뉴욕 경제에 이바지하고 있다"는 미국 유엔대표부의 고백은 보도되지 않는다.[92]

세계질서를 지키는 기관들은 다른 경우에도 언론에서 정당한 대우를 받지 못한다. 국경분쟁을 해결하려는 노력이 전형적인 예이다. 제안국이 적국, 특히 미국 공격의 희생국일 때 국경분쟁이 언론에 보도되는 경우는 거의 없다. 국경을 감시하자는 니카라과의 제안을 보도한 언론은 전혀 없었다. 정반대의 예를 들어보자. 니카라과 정부군이 반군에 대대적인 공격을 감행해서 온두라스의 반군 거점까지 수 킬로미터를 밀고 들어갔다는 소문이 파다했던 1988년 3월, 산디니스타가 평화로운 온두라스를 무자비하게 공격하고 위협했다는 논평으로 신문이 가득 채워졌다. 그 즉시 니카라과는 유엔에게 온두라스와 니카라과의 국경을 감시할 감찰단의 파견을 요청했다. 소문대로 온두라스에 심각한 두려움을 안겨주었다면, 유엔 감찰단의 파견으로 그런 두려움을 종식시킬 수 있으리란 제안이었다. 그러나 유엔 대변인은 온두라스가 유엔 감찰단을 파견하자는 니카라과의 제안을 거부했다고 발표했다. 니카라과는 국제사법재판소에도 무력 침범의 사실여부를 확인해 달라고 요청했다. 그때 《뉴욕 타임스》는 어떻게 했던가? 그보다 3개월 전 온두라스의 카를로스 로페스 콘트레라스 외무장관이 국경 감시를 제안했을 때 대대적으로 보도했던 《뉴욕 타임스》는 니카과라의 행동에 대해서는 거의 언급하지 않았다.[93]

약속의 파기[94]

내부문서에서 공통적으로 확인되듯이, 미국은 제3세계 정책에서 군사적으로 강해도 정치적으로는 허약하다고 생각하는 듯하다. 그 결과, 문제를 외교적으로나 정치적으로 해결하는 데 반대한다. 이처럼 현실은 머릿속에서 그리는 모습과 일치하지 않기 때문에, 히스토리컬 엔지니어링에서는 상당한 재능이 요구된다.[95] 이 문제는 최근의 중앙아메리카 분쟁에서도 끊임없이 제기된 문제였다.

《뉴욕 타임스》의 셜리 크리스티안 기자가 "어느 모로 보나 모든 당사자들에 최대한의 호의를 보이면서 사태를 이상적으로 처리하려는 우리의 노력"에도 불구하고 감내해야 하는 고통을 절실하게 표현하면서 "골치 아픈 니카라과 문제"라 칭했던 사태를 평화적으로 해결하려는 모든 수단을 미국은 조직적으로 방해했다.[96] 실제로 미국은 국제법에 따라 영토 문제를 해결하려 국제사법재판소나 유엔에 청원한 적이 없으며, 또한 중앙 아메리카 국가들의 합법적인 이익, 게다가 우습기는 하지만 미국의 안보문제까지 만족스럽게 해결하려는 니카라과의 거듭된 노력을 외면하면서, 콘타도라(콜롬비아, 멕시코, 파나마, 베네수엘라 등의 중미 국가들이 1983년 지역평화를 도모하기 위해서 결성한 단체로, 1985년에는 브라질, 아르헨티나, 페루, 우루과이가 후원 그룹을 결성하면서 지역분쟁을 외교적 방법으로 해결하는 데 목적을 둔다―옮긴이) 발의를 원천적으로 봉쇄해버렸다. 1987년 아리아스의 제안을 봉쇄하려는 시도는 결국 두르아테 엘살바도르 대통령의 협조를 끌어내 7월 중에 성공할 수 있었다.

8월 5일의 레이건―라이트 제안은 다음날 중앙 아메리카 대통령들의 예정된 회담에서 예상된 의미있는 합의 자체를 파괴하려는 최후의 몸부림이었다. 그러나 과테말라의 한 외교관이 지적하듯이, 이 몸부림은 무력적 횡포에 "모멸감을 느낀 코스타리카와 과테말라 대표에게 민족주의적 본능을 불러일으킨 믿기지 않는 전술적 실패작"이었을 뿐이다.[97] 8월 7일, 중앙 아메리카 대통령들은 미국 정부에 커다란 실망감을 안겨주며 "콘타도라와 라틴 아메리카 지원 그룹의 비전을 담은 끈질진 열망에 고무되어" 에스키풀라스 협정을 통과시켰다.[98]

예기치 못한 8월 7일의 성공적인 협상에, 언론은 평화를 예고하는 제스처로 레이건―라이트 제안을 옹호하던 자세에서 재빨리 발을 빼는 신속한 변신을 보였다. 8월 6일에도 제임스 르모인은 비타협적인 태도로 고립을 자초하려는 니카라과를 제외하면 중앙 아메리카 대통령들이 레이건-라이트 제안을 흡족하게 생각한다고 보도하지 않았던가. 코스타리카와 과테말라가 그 제안을 모욕이라 생각하며 엄청나게 분개했음에도 말이다. 그런데 하루 뒤 중앙 아메리카 대통령들의 멋진 합의에 의해서 워싱턴이 고립되자, 르모인은 그들의 합의를 "니카라과 국내정세의 변화를 촉구하는 레이건 대통령의 제안에 담긴 핵심"을 이해한 쾌거라고 소개했다. 그러나 에스키풀라스 협정에서는 니카라과를 특별히 언급하지 않고 중앙 아메리카의 모든 국가에 동등하게 적용되는 협정이었다. 그런데도 언론은 미국이 힘과 레이건-라이트 제안으로 니카라과를 협상장으로 끌어낸 주역이라 해석하는 우스꽝스런 작태를 보였다. 물론 그 목적은 미국이 평화정착을 꾸준히 반대해왔다는 사실을 감추는 동시에, 국가 테러를 합리화함으로써 필요할 때 중앙 아메리카가 아니라 어디에서나 새로운 시작을 위한 터전을 준비하려는 것이었다.[99]

그러나 이런 식의 사태 진전에 당혹감을 감추지 못한 사람도 적지 않았다. 특히 《뉴욕 타임스》에서 은퇴한 이후에도 고정 칼럼으로 이 신문의 보도 방향에 영향력을 행사했던 전임 편집주간 A. M. 로젠탈은 에스키풀라스 협정이 통과된 이후라도 레이건-라이트 제안을 굳건히 지지해주지 못했다는 이유로 언론계와 정치계의 "친 산디니스타"—눈을 부릅뜨고 찾아보면 그들이 누구인지 알 수 있을 것이다—를 맹렬히 비난하면서, 미국의 제안을 거부한 대가로 중앙 아메리카 대통령들은 커다란 홍역을 치루게 될 것이라고 독자들에게 단언하는 배짱을 보였다. 물론 로젠탈의 세계에서는 그들이 미국의 제안을 당연히 환영해야 마땅했지만, 현실에서 미국의 제안은 거부당하는 모욕을 당한 것이다. 하지만 로젠탈은 "레이건-라이트 제안의 반대자들은 니카라과를 위한 평화제안", 즉 레이건-라이트 제안을 말살하는 데 도움을 준 꼴이라 주장했다. 에스키풀라스 협정과 달리, 레이건-라이트 제안은 니카라과에게만 적용되는 것이므로, 군사정부에 충분히 적용할 수 있는 평화제안이란 논리였다. 힘에 의한 해결책을 찬양하면서, 로젠탈은 "산디니스타가 엄청난 타격을 입어 결국 협상에 응할 것이라 믿었던 까닭에 슈츠와 하워드 베이커가 대통령의 재가를 받아냈지만", 이제 "이 나라의 친 산디니스타는 에스키풀라스 협정을 옹호하면서 슈츠와 베이커의 업적을 싼 값에 팔아넘기고 있으며, 반군의 존재가 협상의 여지를 가능하게 해주기 때문에 미국이 반군을 즉각 괴멸시켜서는 안 된다고 제안하는 자체가 죄악인 것처럼 행동하고 있다"고 비난했다.[100]

그러나 대부분의 평론가들은 평화협정을 레이건-라이트 계획의 기본구조로 둔갑시키는 타협점을 택했다. 에스키풀라스 협정이 통과됨과 동시에, 그 협정을 와해시키려는 미국의 작전도 시작되었다. 즉, "신출내기 민주주의"를 훈련시키는 데 필요한 국가 테러와 같은 수단을 동원해서 니카라과를 재차 공격하려는 의도였다. 언론의 열렬한 협조는 이 작전의 성공을 보장해주기에 충분했다. 실제로, 바라던 결과가 1988년 1월에 성취되었다. 정부와 언론의 놀라운 합작품이었다.

첫 작업은 미국에 적용되는 조항, 즉 에스키풀라스 협정이 평화정착을 위해서 "절대적으로 필요한 요건"—토착 게릴라나 반군에 대한 어떤 형태의 지원도 금지—이라 칭했던 조항을 삭제하는 것이었다. 온두라스와 코스타리카에 기반을 두고 니카라과를 공격하는 반군에 대한 미국의 지원은 법적인 차원에서 이미 범죄적 행위였지만, 에스키풀라스 협정은 새로운 장벽을 다시 덧붙인 것이었다. 1987년 8월경, 항공기를 이용한 반군의 지원은 하루 1회에 달했고, 거의 무방비

상태인 목표물을 안전하게 공격할 수 있도록 정찰활동도 꾸준히 진행되고 있었다. 이런 지원을 중단하라는 요구에, 미국은 오히려 지원을 더욱 강화하는 식으로 대응했다. 9월에는 공중보급이 2배로 늘었고, 그후로는 3배까지 증가한 것으로 알려진다. 게다가 8월 말, CIA는 미스키토족 지도자들을 매수해서 평화적 화해를 시도하려는 니카라과의 제안을 거부하고 전쟁을 계속하도록 음모를 꾸미기도 했다.[101]

평화정착을 위해 반드시 필요한 요건인 이런 극악한 위반은 에스키풀라스 조약의 근간을 위태롭게 만들었다. 여기에서 언론의 역할을 평가하자면, 이처럼 중요한 사실을 어떻게 다루었는지 살펴보아야 한다. 나는 미국에서 가장 중요한 위치를 차지하는 신문이며, 역사의 기록지라는 평판을 듣고 있는 《뉴욕 타임스》를 집중적으로 살펴볼 예정이다. 다른 신문들도 전반적으로 유사한 논조를 띠었음은 새삼스레 언급할 필요도 없을 것이다.[102]

나는 《뉴욕 타임스》에서 매수 사건, 군수품 보급과 항공정찰의 강화, 무고한 시민을 향한 테러의 증가 등을 다룬 구절을 전혀 찾아볼 수 없었다. 에스키풀라스 협정은 조항의 실천을 위한 첫 단계로 8월 7일부터 11월 초까지 3개월을 지정해두고, 그후 국제 확인 및 감시위원회(International Verification and Monitoring Commission, CIVS)에게 그 결과에 대한 보고서를 제출하도록 요청했다. 첫 3개월 동안, 《뉴욕 타임스》의 니카라과 특파원 스티븐 킨저는 니카라과를 다룬 41건의 기사를 작성했지만, 정작 중요한 사건들은 거의 배제해버렸다. 실제로, 공중보급과 항공정찰의 존재를 얼핏 다룬 기사는 겨우 2건에 불과했다.[103] 9월 23일, 킨저는 "니카라과 내에 주둔한 수천 명의 반군들은 CIA에 의해서 은밀히 주도되는 공중보급을 통해서 군수품을 지원받고 있다"고 보도했다. 또한 10월 15일에는 "항공기들이 야간에 온두라스를 이륙해서 니카라과로 침투해 반군에게 군수품을 공급해준다"고 썼다. 그로부터 수개월이 지난 지금도, 이런 식의 군수품 보급에 대한 소식은 산발적으로 조그맣게 실리고 있다.[104]

간단히 말해서, 에스키풀라스 협정의 운명을 좌우한 주요한 사건들에 대해서는 완전히 함구하고 있다. 물론 국제법을 명백히 위반한 사건이나, 꼭두각시처럼 심어놓은 대리군의 조작된 성격을 완벽히 드러내주는 증거는 언급할 것도 없다. 내가 아는 한, 대리군을 어떤 식으로든 규정 지은 바도 없다. 이런 기록들은 언론이 국가 선전과 폭력에 헌신적으로 협조했다는 뚜렷한 증거가 아닐 수 없다.

《뉴욕 타임스》는 공중보급과 항공정찰을 눈감아주고, 에스키풀라스 협정 자체를 무산시키려는 작전의 일환으로 미국이 반군에 대한 지원을 대폭 증강해준 사실을 모른 척한 것에서 그치지 않았다. 심지어 지독한 왜곡보도까지 일삼았다. 11월 중순, 오르테가 대통령은 워싱턴에서 열린 미주기구 회의에 참석했다. 이때 미국은 CIA가 자금을 지원하는 반군 대표들을 참석시켜 라틴 아메리카 대표들의 눈살을 찌푸리게 만들었다. 오르테가는 협정에서 금지하기로 약속한 공중보급이 8월부터 당시까지 140회에 이르렀다며, 이처럼 급격히 증가하고 있는 공중보급을 맹렬히 비난했다. 그때 반군 지도자 아돌포 칼레로는 "당신의 레이더는 고물인 모양이요!"라고 빈정대며, 오르테가의 추정치를 지나치게 낮은 것이라고 일축해버렸다. 《뉴욕 타임스》는 오르테가와 칼레로의 발언을 보도했지만, 편집 테스크에서 적당히 조작한 내용이었다. 즉 오르테가와 칼레로는 분명히 공중보급이라 말했지만, 《뉴욕 타임스》는 "정찰비행"이라고 격하시켜버린 것이다. 물론 정찰비행도 국제법과 협정의 위반이지만, 공중보급보다는 심각한 문제가 아니어서 그만큼 용인가능한 작전이라 생각한 모양이다.[105]

며칠 후, 니카라과의 노라 아스토르가 유엔 대사는 8월 7일부터 11월 3일까지 총 275회의 공중보급과 항공정찰이 탐지되었다고 고발했다. 결코 가볍게 넘길 수 없는 주장이었지만, 언론에서는 단 한 줄도 언급되지 않았다.[106]

이런 식으로 언론은 에스키풀라스 협정의 두 핵심 조항, 즉 "비정부군이나 반란군에 대한 지원 중단"과 "타국을 침공할 목적에서 영토 이용 금지"를 무력화시키려는 워싱턴의 의도를 뒷받침해주었다. 마침내 협정의 조건 없는 개정과 더불어 미국은 원하는 대로 자유롭게 행동할 수 있게 되었다. 《뉴욕 타임스》의 보도에 따르면, 적어도 아리아스 대통령의 동의가 있었다는 것이다.[107]

에스키풀라스 협정은 "사회 정의, 인권 존중, 주권, 영토의 성실한 보전, 어떤 외부의 간섭도 없이 자유롭게 경제·정치·사회 모델을 결정할 권리를 실현시키기 위한 다원적이고 참여적인 민주주의"를 촉구하고 있으며, "정의·자유·민주주의" 및 표현의 자유와 정치활동의 자유를 보장하는 동시에, 모든 이데올로기 집단에 언론을 공정하게 개방한다는 원칙을 천명했다. 또한 이 협정은 "한 국가 내에서 무장하지 않은 정치 집단들과 차별 없는 대화"를 통해서 민족 화합을 위한 단계적 조치를 요구했다. 게다가 "생명과 자유의 신성불가침을 보장하기 위한 조치가 시작될 때 사면령이 내려질 것이며, 그 사면령을 통해서 민중의 물질적 혜택과 안전이 확보될 수 있을 것이다"고 규정하고 있다.

엘살바도르는 국가보안대 및 그 하수인의 범죄에 기소권을 포기하는 사면령을 공포함으로써 사면의 조건을 즉각 위배했다. 물론 인권 감시단은 그런 조치가 국가 테러를 더욱 조장할 것이라 예견하며 맹렬한 비난을 퍼부었다. 유감스럽게 그 예견은 현실로 드러나고 말았다. 그러나 《뉴욕 타임스》는 엘살바도르의 사면 조치를 대대적으로 환영했다. 또한 니카라과의 경우에도 워싱턴 언론은 사면이 협정에서 규정한 이상으로 폭넓게 적용되어야 할 것이라고 해석했다. 우리는 이 문제를 뒤에서 다시 살펴볼 것이다.

민주주의, 사회 정의, 인권 보호 등을 위해 필요한 조치가 워싱턴의 테러 국가들에서는 법령화될 수 없었다.[108] 따라서 그 조항들은 협정의 시행령에서 삭제될 수밖에 없었다. 또한 그 과정에서도 사실을 감추고, 테러 국가들이 협정의 내용을 끈질기게 위배하고 있음에도 오히려 협정에 충실하다고 칭찬하는 왜곡된 수법이 동원되었다.

9월, 미주기구의 인권위원회는 과테말라에서 "심각한 인권 침해"가 자행되고 있다고 보고하면서, "대량학살을 가능케 하는 시스템이 재개되고 끔찍한 암살단이 재출현할 가능성"에 대해 우려를 표명했다. 11월에는 코스타리카에 본부를 둔 중앙 아메리카 인권보호위원회도 과테말라의 국가보안대와 암살단에 의한 테러가 계속되고 있다는 보고서를 유엔에 제출했다. 그 보고서에 따르면, 1987년 8월 8일부터 11월 17일까지 약 175건의 유괴, 실종, 살인이 있었고, 교회 등의 공공건물을 목표로 한 수류탄 및 폭탄 투척 사건이 있었다. 한편 과테말라 인권위원회는 1987년 첫 9개월 동안 334건의 초법적 살해사건과 73건의 실종사건이 있었다고 보고했다. 그 위원회의 한 간부는 워싱턴까지 찾아와, "이제 협정은 연막으로 사용되고 있으며, 인권상황은 점점 심각해지고 있다. (중략) 오히려 협정이 무차별한 폭력을 허용한 듯한 기분이다"고 탄식하며, 대부분의 폭력사태가 수도(首都) 밖에서 일어나고 있기 때문에 극소수의 사례만이 확인될 뿐이라고 덧붙였다. 물론 정부가 자행하는 잔혹 행위를 고발하는 것도 잊지 않았다. 게다가 군부는 1980년대 초에 있었던 인종말살책을 방불케 한 작전에서 살아남은 사람들을 언제라도 무력으로 통제할 수 있는 "개발촌"으로 이주시키기 위해서 산악지대를 목표로 공격을 시작했다고 밝혔다.[109]

이런 사실은 미국 독자들에게 전해지지 않았다. 라틴 아메리카 전문가 수잔 조나스는 "협정이 체결된 후 첫 6개월 동안, 과테말라의 실상은 《뉴욕 타임스》에 한번도 보도되지 않았다. 물론 미국의 다른 주요 언론에서도 전혀 다루지 않았다"고 지적한다. 알렉산더 코크번은 1987년 10월부터 1988년 3월까지 발행된 《뉴욕 타임스》, 《크리스천 사이언스 모니터》, 《마이애미 헤럴드》, 《월스트리트 저널》을 검토했지만 과테말라에 대한 논평을 거의 찾아볼 수 없었고, 11월을 뜨겁게 달구었던 정치 폭력에 대해서도 전혀 언급하지 않았다는 사실을 확인할 수 있었다. 12월과 1월에 잔혹 행위가 더욱 거세지면서, 《크리스천 사이언스 모니터》에서만 과테말라에 대해 겨우 2건의 기사를 싣고 있을 뿐이었다. 10월부터 1월 사이에 5백 명이 죽었고 160명이 실종되었는데, 관련 기사는 겨우 2건이었다! 위에서 언급한 신문들의 모든 기록을 분석한 결과, 코크번은 "미국의 여론을 결정하는 주요 신문들이 과테말라 사태를 154일에 한 번 정도 주요하게 다루고 있다"는 씁쓸한 결론을 내렸다.[110]

이번에는 엘살바도르를 보자. 산살바도르 교구 소속의 인권감시위원단, 투텔라 레갈은 에스키풀라스 협정이 체결된 직후 한 달 만에 학살 건수가 거의 10배로 늘었고 그런 현상이 다음해 1월까지 계속되었다고 발표했다. 투텔라 레갈이 발표한 1987년의 기록에 따르면, 88명이 실종되었으며, 96명이 암살단, 군부, 시민 방위군에 의해 살해되었다. 또한 군작전 동안 사망한 280명은 대부분이 시민인 것으로 추정된다.[111] 아메리카 인디언 연합(ANIS)을 창립한 주역 중 하나인 아마데오 라모스는 인디언 정착촌 하나가 군부의 폭격을 받았고, 11월 중순 경에는 정착촌에서 멀리 떨어진 웅덩이에서 인디언 시체 서너 구가 발견되었다고 고발했다. 니카라과의 미스키토족이 아니었기 때문에 그들의 운명에 관심 갖는 사람은 거의 없었다. 그밖에도 비극적인 사건들은 헤아릴 수 없이 많았지만, 한결같이 무시되고 언급되지 않았다. 반구문제 평의회(Council on Hemispheric Affairs, COHA)는 협정체결 이후 8월부터 1월까지 암살단에 의해 살해되거나 실종된 시민이 87명으로 추정된다고 발표했다. 엘살바도르에 주재한 몇 안 되는 미국 특파원의 하나이던 크리스 노튼은 해외 언론 기고를 통해서, 실제 수치는 누구도 정확히 알 수 없다고 말했다. 과테말라처럼, "대부분의 살상이 농촌 지역에서 일어났고 그 만행이 발표되는 경우가 거의 없었기 때문이다."[112]

엘살바도르 체제를 보호하는 것은 미국에게 절대적인 과제였다. 어떤 수단을 동원해서라도 지켜주어야 했다. 인권위원회(CDHES)의 운명에서 그 정도를 짐작해볼 수 있다. 그 인권위원회의 창립자, 허버트 아나야가 살해당한 소식을 전하면서, 르모인 기자는 정부의 공식발표를 인용해 게릴라를 범인으로 지목했다. 그러나 아나야의 부인, 미르나 아나야를 비롯한 여타 인물들의 반대 증언은 전혀 인용하지 않았다. 1987년까지 엘살바도르에서 판사를 지낸 미르나 아나야는 남편이 살해된 직후 고향을 도망치듯 빠져나왔다. 보안군이 살인범이라는 진술과 충분한 보호조치가 취해지면 언제라도 증언할 수 있다는 소식이 캐나다 독자들에게는 전해졌다. 그러나《뉴욕 타임스》독자들에게는 그 불쾌한 사실은 물론이고, 그녀가 유엔 인권회의에 출두해서 살인범을 "사립경찰과 국립경찰"로 지목했다는 사실조차 알려지지 않았다.[113]

인권위원회의 전임 회장, 마리아넬라 가르시아 빌라스도 게릴라였다는 이유로 보안군에 의해 살해되었고, 그밖에도 많은 회원들이 보안군에게 살해당하거나 실종되었다는 사실은 조금도 중요하지 않다. 허버트 아나야는 회원들과 함께 1986년 5월 재무성 요원들에게 체포되고 고문당한 적이 있었다. 그들은 투옥되어 있는 동안에도 죄수들에게 고문에 대한 증언을 수집하며 본연의 임무에 충실했고, 마침내는 430명의 죄수들의 증언을 녹취한 비디오 테이프를 감옥 밖으로 전달하는 데 성공했다. 하지만 그 테이프는 미국의 충실한 하수인들이 저지른 고문(제복을 갖춰 입은 미군 장교가 개입한 1건의 증언도 있었다)에 대한 증언이었지, 쿠바나 러시아의 감옥에서 자행된 고문 기록이 아니었다. 따라서 그런 폭로에 미국 언론은 냉담한 시선을 던지면서 전혀 다루지 않았다. 아나야는 포로교환에 따라 석방된 후에도 정부의 따가운 눈총을 벗어날 수 없었고, 심지어는 인권위원회에서 반드시 제거되어야 할 인물들 중 첫째라는 소문에 시달려야 했다. 일부 언론에서 관심을 갖고 그의 주변을 맴돌았지만, 그것으로는 충분한 보호장치가 될 수 없었다. 결국 그는 살해당하고 말았다. 범인은 필경 보안군이거나 그 하수인들일 것이다. 실제로 리베라 이 다마스 대주교도 메트로폴리탄 성당의 설교에서 그럴 것이라 지적하지 않았던가! 그러나 《뉴욕 타임스》는 대주교가 "암살단이 범인이었다"는 정보를 인용했다고 짤막하게 보도했을 뿐, 그 정황에 대해서 함구로 일관했다.[14]

엘살바도르에 불리한 사실에는 조직적으로 외면하면서, 11월 말쯤 르모인 기자는 "두아르테 대통령이 좌익 폭도들의 동맹을 분쇄하는 데 우선권을 두기 때문에 협정의 화해정신에 그다지 철두철미하지는 않지만 협정의 문구를 하나씩 실천해나가는 데는 누구보다 열심이다"고 독자들에게 알렸다. 또한 르모인 기자는 두아르테가 폭도들에게도 언론에 자유롭게 접근할 수 있도록 허용해주었다며 칭찬을 아끼지 않았다. 그러나 반구문제 평의회는 "언론이 지나치게 자체 검열을 실시하고 있어, 정부에 비판적인 집단의 목소리는 전혀 기사에 반영되지 못하고 있다"고 발표했다.[115]

두아르테가 "반란군 지도자들이 고향에 돌아가 그들의 정치적 비전을 계속 펼칠 수 있도록 허용했다"면서 법석을 피운 르모인은 "엘살바도르처럼, 반군들도 결국 (중략) 8년 간의 일당독재를 끝내고 진정한 정치활동의 자유를 보장하겠다는 산디니스타의 약속을 실험해보기 위해서 대표단을 니카라과로 돌려보내는 위험을 감수할까?"라는 의문을 제기한다. 그리고 르모인은 "야당을 포용하려는 산디니스타의 진지성과 의지를 근거 없이 의심하는 것은 아니다"고 덧붙인다.[116] 그러나 게릴라 운동과 아무런 관계도 없는 종교 지도자들과 지식인들이 줄지어 엘살바도르를 탈출해서 암살의 두려움 때문에 돌아가지 못하는 반면에, 니카라과에서는 야당도 두아르테의 보안군과 그 하수인들 그리고 미국을 공개적으로 지지하는 세력이 자행하는 테러에 떨기는커녕《라 프렌사》를 창구로 해서 정기적으로 야당의 입장을 천명할 뿐 아니라 정부를 공개적으로 비판하면서 워싱턴을 방문해서는 반군에 대한 군사지원을 촉구하기도 한다.[117] 르모인도 이런 차이를 분명히 알고 있을 것이다.

친 반군 야당만이 아니라, 니카라과로 귀향을 결정한 반군 지도자들도 현재 아무런 걱정 없이 고향에서 일하며 살아가고 있다. 예를 하나 들어보자. 반군 지도자 페르난도 샤모로는 코스타리카에서 니카라과로 돌아가서, 반군을 공개적으로 지지하는 보수당 당수로 지명되었다.[118] 그를 엘살바도르의 아돌포 마자노 대령과 비교해보자. 마자노는 게릴라 지도자가 아니라, 1979년 10월 개혁을 위해 군부 쿠데타를 이끌었던 정규군 장교로 민주주의와 개혁을 추진하려는 자세 때문에 미국 언론에서 "미국 정책의 성공을 상징해주는 인물"처럼 극찬받았던 사람이다.[119] 그러나 전통적인 지배세력이 미국의 지원을 얻게 되면서 마자노는 소외되기 시작했다. 그리고 두아르테가 대통령에 당선되면서 대량학살을 주도한 1980년 12월에는 군사정부에서 축출되는 비극을 맞아 결국 테러를 피해 조국을 탈출해야 했다. 그러나 "새로운 민주주의"를 실험하기 위해서 7년 간의 망명생활을 끝내고 조국으로 돌아갔지만, 그 즉시로 두 번의 암살 기도에 식은땀을 흘려야 했다. 물론 암살단의 소행이었을 것이라 추정된다. 1988년 8월 25일 세번째 암살 기도가 있었다. 산살바도르의 한 쇼핑센터에서 두 사내가 그의 자동차를 향해 무차별적으로 총격을 가했고, 결국 두 경호원이 그 자리에서 즉사했다. 마자로는 "그 총격 사건은 나를 겨냥한 것이었다. 물론 암살단의 소행인 것이 틀림없다"고 말한다. 리베라 대주교도 사흘 후의 일요미사에서, "고약한 암살단"의 소행이었을 것이라 설교하면서 마자로의 추측을 뒷받침해주었다.[120] 그 암살기도 사건은 보안대와 암살단이 일련의 살인을 저지른 직후에 있었다. 만약 마나구아에서 비슷한 사건이 있었다면 《뉴욕 타임스》는 어떻게 했을까? 이제 우리는 산디니스타의 야만적인 억압에 비교해서 엘살바도르의 개방된 자유가 어떤 것인지 철학적으로 고찰해볼 필요가 있을 것이다.

니카라과의 폭압정치와 비교해서 엘살바도르의 발전상을 극찬하는 르모인의 열정은 때때로 《뉴욕 타임스》의 기준까지 넘어설 정도이다. 가령, 그는 반란군 지도자인 루벤 사모라와 길레르모 운고가 엘살바도르로 돌아갈 계획이라고 대서특필했다. 하지만 그들은 고향에서 살아남자면 방탄조끼를 입고, 계속해서 은신처를 바꿔가면서 운신을 최대한 자제하며 살아가야 할 판이다. 그럼에도 불구하고, 르모인은 "두 사람의 귀향 계획은 이웃인 니카라과의 상황에서는 꿈도 꿀 수 없는 일이다. 니카라과는 어떤 곳인가? 산디니스타는, 정치활동을 목적으로 귀향을 시도하는 반군 지도자는 신분여하를 막론하고 투옥하겠다고 공언하지 않았던가!"라고 보도했다. 바로 닷새 전, "전투를 중단한다면 반군 지도자 아돌포 칼레로와 군부 사령관 엔리케 베르무데스를 포함해서 누구라도 니카라과에서 자유로운 정치활동을 보장받을 수 있을 것이다"는 오르테가 대통령의 발언을 인용했던 스티븐 킨저의 기사와는 너무나 모순되지 않는가! 게다가 킨저는 오르테가를 인용해서, "종전이 당면 목표이지만, 반군이 원한다면 니카라과의 다른 당파들과 정치적 대화에 자유롭게 참여할 수 있다. 또한 칼레로와 베르무데스도 원한다면, 마나구아의 거리를 마음대로 활보할 수 있을 것이다. 물론 시위에도 가담할 수 있을 것이며, 보수당을 비롯한 어느 당에나 자유롭게 입당할 수 있을 것이다. 우리는 어떤 조건도 강요하지 않을 것이다. 다만 무기를 버린다면, 그 즉시로 사면받은 것으로 해석해도 무방하다"고 보도하지 않았던가![121]

페르난도 샤모로, 아돌포 마자노, 호라시오 아르세 등에 대한 실상 그리고 게릴라 지도자 마리오 아귀나다가 고향으로 돌아가 정치활동을 계속하겠다는 의지를 표명했을 때 엘살바도르 정부가 보여준 반응에 대해서는 전혀 보도되지 않았다. 엘살바도르 정부는 그의 입국을 저지하겠다고 발표했고, 군부는 그가 입국하는 즉시 체포해서 법정에 세우겠다고 공언했다.[122] 이처럼 두 나라의 상황은 르모인이 전해준 기사의 내용과 완전히 반대이다. 과연 르모인은 이런 실상을 모르고 있었던 것일까?

사모라와 운고를 베르무데스와 칼레로와 비교하는 자체가 어울리지 않는다. 사모라(좌익 기독교 민주주의자)와 운고(두아르테와 1972

년 공천자 명단을 공유했던 사회민주주의자)는 주변 관계자들이 암살당하자 죽음이 두려워 엘살바도르를 떠났던 사람들이다.[123] 암살로 희생당한 사람들 중에는 루벤 사모라의 동생으로, 법무장관을 지낸 마리오 사모라도 있었다. 마리오 장관이 암살된 2주 후, 두아르테는 의회에 참석해서 그 암살을 합리화하는 역겨운 모습을 보였다. 사모라와 운고는 엘살바도르 게릴라들과 정치적 연대를 유지하고 있었지만, 게릴라 세력은 국가 테러에 쫓겨서 대부분이 산악지대로 내몰린 처지였다. 반면에 베르무데스는 소모사 시대의 방위군 장교 출신인 반군 사령관이며, 칼레로는 CIA와 결탁한 "시민연대"의 우익인사로 테러를 적극 옹호한 전력 때문에 코스타리카가 그의 망명을 거절했을 정도였다. 게다가 엘살바도르의 토착 게릴라들과, 미국을 대신해서 니카라과를 공격하는 대리군을 비교한다는 자체가 무리다. 사모라와 운고에 비교되는 인물들을 니카라과에서 찾는다면 내부의 야당인사들일 것이다. 하지만 그들은 원하면 언제라도 자유롭게 정치활동에 참여할 수 있었고, 간혹 곤란에 부딪히기는 했지만 워싱턴과 두아르테가 획책하는 국가 테러와 같은 곤경은 아니었다. 그러나 내가 아는 한, 《뉴욕 타임스》를 비롯한 주류 언론에서는 이와 같은 진실을 극히 예외적으로 다루고 있을 뿐이다.

언제나, 공식적인 발표는 두아르테가 "온건 중도파"이기 때문에 "극우와 마르크시스트 게릴라의 폭력"(제임스 르모인)을 통제하지 못한다는 것이었다. 이런 논평과 더불어 소개되는 한 장의 사진에, 학살을 선두에서 지휘하는 두아르테의 국방장관 비데스 카사노바 장군에게 환영받는 에드워드 코흐 뉴욕 시장이 비춰지고 있다. 《뉴욕 타임스》는 사설을 통해서, 아냐야의 암살 사건을 조용히 해결하라는 두아르테의 지시는 "암살단에 공공연히 도전장을 던진 두아르테의 용기"를 증명해주는 것이라 평가했다. 그러나 같은 날, 살인자들이 오직 "우익의 암살단"만이 손에 넣을 수 있는 정교한 무기를 사용했다는 사실, 즉 두아르테의 보안대가 바로 암살단이란 사실은 전혀 언급하지 않았다.[124]

온두라스는 에스키풀라스 협정을 준수하는 흉내조차 내지 않았다. 1980년대 미국이 온두라스를 군사기지로 삼으면서 심각한 문제로 제기되었던 인권 침해가 에스키풀라스 협정이 체결되면서 더욱 심해지는 기현상이 발생했다. 중앙 아메리카 인권옹호위원회와 온두라스 인권위원회의 회장인 라몬 쿠스토디오는 1987년 10월 말, 보안군에 의한 학살이 상식적인 수준을 넘어섰다고 발표하며 사례까지 인용했다. 협정이 체결된 3개월 후, 그는 해외 특파원들과의 회견에서 협상이 체결된 이후 온두라스의 인권 상황은 더욱 악화되었다고 말했다. 과테말라와 엘살바도르에서도 마찬가지였다. 이처럼 에스키풀라스 협정이 체결된 이후 인권침해가 더욱 심해졌다는 보고는 캐나다와 멕시코에서 공개되었지만, 《뉴욕 타임스》는 1987년 8월부터 다음해 1월까지 꿀먹은 벙어리처럼 아무 말이 없었다.[125]

인권위원회는 1987년 온두라스에서 263건의 법정 사형이 있었다고 발표했다. 1986년에 비해 144건이 늘어난 것으로, 그중 107건은 고문과 불법감금의 증가와 더불어 보안대의 준동 탓으로 여겨진다. 온두라스의 마누엘 토레스 칼데론 기자는 "미국에 절대적으로 의존하고 있는 경제가 침체하면서, 이유 없이 모략을 당하는 이웃 나라 니카라과보다 미국의 간섭을 더욱 심하게 받게 되었다"고 평가했다. 또한 자본 유출이 심각한 지경에 이르면서, 한 은행가는 "돈이 이 나라에 들어오기 바쁘게 빠져나가고 있다"고 탄식의 한숨을 내쉬었다. 미국의 전폭적인 지원이 있고 게릴라의 위협이나 외세의 공격이 없음에도 불구하고, 국민의 절반이 의료 혜택을 전혀 받지 못하고 있으며 1백만 이상의 온두라스인이 좁은 빈민가에서 살고 있다. 결국 문제는 미국이 휘둘러대는 관리 경제의 여파와 인권침해에 있지만, 그런 사실들은 언론에서 조금도 언급되지 않았다.[126]

"반군기지"라는 이유로 남부의 고향에서 내쫓긴 수천의 농부들이 온두라스 반군에 품고 있는 적대감에 대해서도 언론은 함구할 뿐이다. 통신사들이 "친 반군적인 입장에서 니카라과에 대한 정보를 제공하는 《라 프렌사》의 발표에 따르면 최근의 위기(1988년 3월)가 폭발하기 전에 실시한 여론조사에서 온두라스 국민의 88.5%가 반군의 추방을 원하고 있다"고 보도했지만, 이런 사실도 전혀 관심을 끌지 못했다. 마찬가지로, 온두라스의 최대 신문 《엘 티엠포》가 "빈곤에 빠진 농부에게는 엄청난 거금일 수 있는 5백 달러를 미끼로 건네며 반군으로 끌어들이고 있는 실상에 대해서 온두라스 농민연맹에서 항의했다"는 보도마저도 미국의 언론은 외면해버렸다. 이런 사실들은 무척이나 중요한 뉴스거리임에 틀림없었지만, 니카라과의 강인한 농부들에게 산디니스타의 약탈에 저항하는 조직을 만들라고 유혹할 수 없다는 생각에 보도가 통제될 수밖에 없었다.[127]

미국의 영향으로 국가의 독립성을 상실해가는 실상에 대한 온두라스의 우려도 즐겨 다룰 뉴스거리가 아니었다. 앞에서도 언급했듯이, 1988년 3월 니카라과가 반군을 대대적으로 공격했을 때 미국 언론과 의회는 온두라스를 위협한 산디니스타의 호전성을 맹렬히 비난하면서, 민주·공화 양당이 합동으로 무기를 포함해서 4천8백만 달러를 온두라스에 지원하지 않았던가! 사방에서 포위당한 채 부당하게 공격당한 자유의 투사들을 지원해야 한다는 명목으로 말이다. 미국이 산디니스타의 침략에 맞서 온두라스를 지켜야 한다는 이유로 공수부대를 파견했을 때, 국내에서 강경외교론자들은 환호성을 울렸지만 정작 온두라스의 반응은 차갑기 그지 없었다. 오히려 온두라스 언론인들은 미국의 "침략"을 비난했다. 《엘 티엠포》는 미군의 파견을 요청, 혹은 묵인한 정부에게 "불법적이고 창피스런 짓"을 저질렀다며 격렬하게 비난했다. 또한 이 신문은 미군을 "점령군"이라 표현했으며, 기독교 민주당은 "미국은 즉각 고향으로 돌아가야만 한다"고 주장했다. 기독교 민주당의 루벤 팔마는 "온두라스의 호세 아즈코나 대통령이 의회의 동의 없이 외국군을 불러들인 것은 명백한 위법"이라고 기자들에게 주장했다.[128]

이런 사건들에 대해서 《뉴욕 타임스》에서 얻을 것은 거의 없다.[129] 다른 신문도 크게 다르지 않다. 그로부터 몇 주일 후 반미감정이 극에 달한 온두라스 국민이 경찰이 지키고 있는 가운데 미 대사관을 공격했을 때에도 언론은 미국 정부의 의도대로 보도함으로써 충격의 확산을 막지 않았던가!

미국의 테러를 방해한 것은 둘째로 치더라도, 에스키풀라스 협정의 두 요점은 워싱턴의 입장에서 용납할 수 없었다. 즉 국제감시단과 CIVS에 주어진 역할과, 협의안의 근간을 이루면서 중앙 아메리카의 모든 국가들에게 동시에 조치를 취하도록 요구한 "균등 조항"은 언론과 결탁해서 무산시켜야만 했다. 첫번째 조건은 미국이 원하는 대로 협정을 위배하는 데 방해가 되므로 받아들일 수 없는 것이었고, 둘째 조건은 워싱턴이 조정하는 테러 국가들은 민주화와 인권을 존중하는 분위기에서는 존속할 수 없기 때문에 폐기되어야 했다. 따라서 언론은 바람직하지 못한 이 두 가지 원칙을 폐기하는 데 앞장서야만 했다. 워싱턴이 수정해서 제시한 합의안은 니카라과에만 초점을 맞추고 국제감시단을 배제하는 것이었다. 이런 수단이 그런대로 성공을 거두면서, 중앙 아메리카 대통령들이 8월에 거부했던 레이건-라이트 플랜은 쓸데없이 체결된 에스키풀라스 협정과 어깨를 나란히 할 수 있었다.

CIVS가 다섯 나라를 조사한 뒤에 중앙 아메리카 대통령들에게 그 결과를 제출하기로 했던 1988년 1월, 국제감시 문제가 심각하게 거론되었다. 이 사건은 그 달의 핵심적인 외교사안이기도 했다. 또한 CIVS가 결과를 제출했을 즈음, 국제감시는 결코 인정할 수 없는 요건이 되었다. CIVS는 미국을 지목하며, "니카라과의 정부에 대항하는 비정규 세력에 계속 지원하고 있다"는 이유로 신랄한 비난을 퍼부었다. 결국 평화정착과 협정의 성공적인 실행을 위해 필수적인 조건을 위배한 것이라는 결론이었다. CIVS의 한 관리가 언론에 밝힌 바에 따르면, 엘살바도르와 과테말라의 노동조합과 야당인사들이 표명한 공포감에 라틴 아메리카 대표들은 엄청난 충격을 받아야 했다. 그 관리는 덧붙여서, CIVS가 온두라스와 엘살바도르 그리고 과테말라의 반대 때문에 자세한 내용을 밝힐 수 없다고 말했다. 미국과 그 속국들이 방해하지 않았더라면, CIVS의 보고서가 어땠을지 충분히 짐작할 수 있을 것이다. 게다가 그 보고서는 니카라과가 숱한 어려움에도 불구하고 민주화 과정을 착실하게 밟아가고 있다고 칭찬하지 않았던가!

이런 사실을 일부 언론에서는 보도했지만, 《뉴욕 타임스》에서는 철저히 외면해버렸다. 특히 제임스 르모인은 니카과라를 비난하는 데 혈안이 되어, CIVS의 보고서를 단 한 줄, 즉 "그들의 회담이 합의 없이 끝났다"(실제로 그 보고서는 만장일치로 채택되었다)로 요약해버렸다. 그로부터 아흐레 후, 스티븐 킨저 기자는 미국에 대한 비난을 간략하게 소개하면서 "니카라과가 숱한 어려움에도 불구하고 민주화 과정을 착실하게 밟아가고 있다는 보고서 내용에 일부 국가들이 위원회에 불만을 표시했다"고 덧붙였다. 이 때문에 미주기구와 마찬가지로, CIVS도 "라틴 아메리카의 양심으로서 그 권위를 대폭 상실했다"는 논평도 잊지 않았다.[130] CIVS는 미국의 압력으로 결국 해체되었고, 그때부터 미국은 어떤 방해도 받지 않고 마음대로 테러를 자행하면서 두아르테에게 억압과 살인의 첨병 노릇을 하도록 해주었다.

"균등조항"의 문제는 니카라과에 적용범위를 한정함으로써 해결되었다. 즉 에스키풀라스 협정서에 어떻게 쓰였든지, "협정의 주요 조항들은 주로 니카라과를 염두에 둔 것이고, 협정에 서명한 어떤 나라보다 니카라과에 영향을 줄 것이 확실하다"(제임스 르모인)는 끈질긴 주장으로 이뤄낸 성과였다. 워싱턴이 작성하고 언론에서 뒷받침한 조건에서는 그런 주장이 타당한 것이었지만, 원래의 문안에서 그런 결론은 전혀 근거 없는 것이었다. 르모인의 분석대로라면, 산디니스타만이 중앙 아메리카 협정을 준수하고 있는지 엄밀한 감시를 받고 있었기 때문에 그들은 어느 정도 노출된 입장이었다.[131] 자유 언론은 워싱턴의 명령에 따르는 것이란 암묵적인 가정에서는 르모인의 이런 분석도 사실이다. 르모인의 동료 기자 스티븐 킨저도 똑같은 식으로 분석했다. 하기야 모든 언론이 놀랍게도 비슷했다.

샌프란시스코의 언론연맹은 평화 협정에 대한 취재가 최고조에 달했던 두 기간(1987년 8월 5일~9월 15일, 1988년 1월 5일~2월 7일) 동안 보도된 기사들을 분석해 보였다. 《뉴욕 타임스》는 처음 기간 동안 다른 모든 나라들에 대한 기사를 모두 합친 것보다 니카라과에 대한 기사를 10배씩이나 보도했고, 둘째 기간 동안은 11배에 달했다. 다른 신문들도 거의 비슷한 비율이었다.[132] 그러나 기사들의 주된 논조까지 분석해내는 데는 별다른 성과를 거두지 못했다.

보도 방향도 극단적으로 달랐다. 1월 23일 니카라과에서 일어난 투석사건을 《워싱턴 포스트》는 1면 머릿기사로 다루었고, 여타의 신문에서도 대서특필했다. 심지어 《뉴욕 타임스》는 그 투석사건을 "니카라과가 평화 계획에 동참하지 않고 있다"는 레이건 행정부의 주장을 뒷받침해주는 증거라고 주장했다. 1월 16일에는 반군을 만난 야당인사 네 명이 구속된 사건이 대서특필되었고, 1월 19일에는 다섯 명의 야당인사가 체포된 사건을 떠들썩하게 보도했지만 그들 모두 서너 시간의 취조를 받은 후 무사히 석방되었다(《뉴욕 타임스》는 첫 사건의 경우 전면을 가로지르는 표제글과 더불어 19단락을 할애했고, 둘째 사건은 1면 상단기사로 중요하게 다루었다). 그로부터 몇 달 후, 로이 굿맨은 《워싱턴 포스트》에서 이 사건을 언급하면서 "정부의 전복을 목표로 한 무장세력과 연합하려는 정당을 합법적으로 인정하려는 정부가 이 세상에 있을 수 있겠는가!"라고 논평했다. 한편 온두라스에서 인권단체의 지도자와 기독교 민주당의 지도자가 1월 15일 살해당했을 때, 《뉴욕 타임스》는 표제도 없이 겨우 160단어의 단신으로 처리하면서 에스키풀라스 협정과의 관계에 대해서는 아무런 언급도 하지 않았다. 산디니스타 지지세력이 "정치범 구속자들의 어머니회" 모임을 무산시켰던 1월 23일 《뉴욕 타임스》는 사진까지 게재하며 대대적으로 다루었지만, 엘살바도르의 폭력경찰이 "정치범 구속자와 실종자를 위한 어머니회"의 가두시위를 무산시켰던 12월 21일에는 모른 척해버렸다.[133] 언론의 전형적인 모습으로, 대중의 눈을 가리려는 선전술의 한 방법이다.

토론토의 《글로브 앤 메일》과 통신사의 독자들은 1월에 한 주 동안 극단적으로 다른 기사를 보았을 것이다. 에스키풀라스 협정을 제대로 준수하고 있는 나라에 대한 기사와 더불어, 엘살바도르에서는 열 사람이 끔찍한 모습으로 학살된 채 발견되었다는 기사를 분명히 읽었을 것이다. 그들에게는 지독한 고문에 시달린 흔적이 뚜렷했고, 그중 두 여인은 가슴이 잘려나가고 얼굴에 붉은 페인트가 칠해진 채 긴 머리카락이 나뭇가지에 매달려 있지 않았던가! 1월 말, 학살은 더욱 증가했고, 고문 받은 흔적이 뚜렷한 시체들이 쓰레기장에서 자주 발견되었다. 외국 사절들과 종교 지도자들은 엘살바도르의 군부를 비난했다. 로자 샤베스 대주교 보좌신부는 2월 7일의 설교에서, "투텔라 레갈이 수집한 정보에 따르면, 고문당한 끝에 목숨을 잃은 두 노동자를 끌고 간 사람들은 제1포병여단 소속 대(對)게릴라 소대(미국이 훈련시킨 정예부대) 복장을 하고 있었다"고 말했다.[134] 《뉴욕 타임스》의 독자들에게는 이런 사실이 전해지지 않았다. 심지어 1월 3일, 암살단의 학살이 눈에 띄게 증가하고 있다는 주교들의 하소연을 전하면서 암살과 고문을 중단하라고 촉구했던 리베라 이 다마스 대주교의 설교에도 전혀 관심을 보이지 않았다. "암살단이 엘살바도르 시민들에게 무차별적으로 고문을 자행하고 있다"고 비난했던 리베라 대주교의 설교는 그 날 엘살바도르 전역에 텔레비전으로 중계되었는데도 말이다.[135]

그로부터 몇 주일 후에도 두아르테의 보안대와 그 하수인들은 죽음의 칼날을 더욱 날카롭게 휘둘렀지만, 《뉴욕 타임스》는 친절하게도 전혀 다른 시각으로 그 사태를 분석했다. 또한 하원은 민주주의를 착실하게 추진하고 있는 엘살바도르를 지원하는 결의안까지 통과시켰다. 이 결의안에 따르면, 엘살바도르는 인간의 자유를 존중하는 체제를 이미 완성한 것으로 되어 있다. 그러나 뉴욕의 테드 와이스 하원의원은 "그 나라는 그런 체제를 갖추려고 노력했었다"고 말함으로써 결의안 내용을 은근히 부인했다. 하원 외교위원회 댄트 파셀 위원장도 "그들이 노력하고 있다고 믿어보자"고 말했다. 에스키풀라스 협정이 체결된 이후 테러가 급증하고 있던 12월, 하원은 (니카라과에서) 의회의 고결한 이상을 실현하기 위해서 취해야만 하는 행동을 길게 명시한 수정안을 압도적인 표차로 통과시켰다. 와이스 의원은 그 수정안을 니카라과에만 적용할 것이 아니라 중앙 아메리카의 전 국가에 적용하도록 몇 가지 수정안을 제안했지만, 그 제안은 처절하게 거부되고 말았다. 의회와 언론이 정부와 똑같은 시각을 보여준 증거이다.[136]

그후로도 엘살바도르에서 국가 테러는 멈추지 않았지만, 거의 보도되지 않았다. 제임스 르모인은 게릴라의 테러에 마음이 무척이나 괴로웠던지 "엘살바도르 반도(叛徒), 도심에서 12명 사살", "엘살바도르 게릴라, 선거를 앞두고 테러 강화", "엘살바도르 게릴라, 시민을 향해 총기난사로 3명 사망" 등의 표제로 게릴라의 잔혹 행위에 관한 기사를 연이어 보도했다.[137] 미국의 하수인들이 자행하는 테러가 완전히 감추어질 수는 없었다. 따라서 르모인은 정보의 출처를 밝히지 않은 채, "게릴라의 이런 잔혹 행위는 정치적 살인이 증가하는 것과 깊은 관계가 있다"는 말로 결론짓기도 했다. 또한 르모인은 '금주의 논평'이란 칼럼에서, 게릴라가 테러리스트의 전술로 전환하고 있다고 말하면서 "게릴라와 그들에게 동조하는 세력도 잔혹 행위의 목표"라고 덧붙였다. 게릴라의 테러를 집중으로 조명한 기사에서는, "군부는 나날이 증가하는 게릴라의 암살과 폭파 등의 공격행위에 대한 대응책으로 좌익이라 판단되는 용의자를 제거하는 방향을 택한 듯하다"고 정리했다.[138] 결국 미국이 심어놓은 정부가 완전하지 않다는 뜻이다. 그러나 게릴라의 잔혹 행위에 대응하자면, 그런 부족함은 필연적인 것이다. 언론의 이런 논리에 익숙해진 독자는 이제 행간을 읽도록 노력해야 한다. 우리 정부가 인권보호를 위해서 협정을 준수하는 데 전혀 관심

없다는 사실을 깨달아야 한다. 그러나 현재와 같은 언론 보도 상황에서 진실을 파악하기란 여간 어렵지 않다. 따라서 외국의 언론에 눈을 돌려서, 유럽은 니카라과나 코스타리카만이 아니라, 유감스럽게도 야만적인 잔혹 행위를 계속하고 있는 과테말라, 온두라스, 엘살바도르에게도 정치의 민주화를 강력하게 요구하고 있다는 사실을 읽을 수 있어야 한다.[139]

또한 잔혹 행위를 은폐하는 이런 수단들이 방패 역할을 하면서, 그 방패 뒤에서 국가 테러가 여전히 자행되고 있다는 사실도 알아야 한다. 잘 훈련된 기자들이 살인, 고문, 빈곤의 확산에 미치는 영향은 결코 간과할 수준이 아니다.

여기에서 극소수만 사례로 제시한 언론의 왜곡보도는 에스키풀라스 협정에서 겨우 명맥만 유지하던 조항마저 1월쯤에는 완전히 백지화시켜버렸다.[140] CIVS가 미국의 압력으로 폐기되면서, 오르테가는 유명무실화된 협정의 조건을 폐기하는 데 동의하는 동시에 협정의 균등 적용을 포기했다. 《뉴욕 타임스》가 보도했듯이, 아리아스 플랜의 정신은 니카라과가 워싱턴에 굽신대지 않으면서 이웃 나라들과 조화롭게 살 수 있는 방안을 제시하는 데 있으므로, 협정이 체결될 당시 균등 적용이란 조건은 그 플랜의 기본 정신으로 인식되지 않았다.[141] 그동안 발표된 자료와 인용어구로 판단할 때, 아리아스가 처음 계획했던 것이 수정되는 것은 당연했다. 그러나 그렇게 수정된다면, 《뉴욕 타임스》가 그랬듯이 아리아스도 에스키풀라스 협정의 실행에 전혀 관심없었다는 단적인 증거가 될 수밖에 없었다.

강자가 게임의 규칙을 정한다는 원칙을 분명히 알고 있었던 까닭에, 오르테가는 니카라과만이 협정에 따라 국내법을 제정하는 데 동의하면서 니카라과의 협정 준수여부를 감시할 국제 감시단의 창설을 촉구했다. 물론 국제 감시단에는 미국의 양당 의원들이 포함되어야 한다는 조건도 덧붙였다.[142] 그 즉시, 언론은 오르테가가 협정—정확히 말하면, 원래의 의도를 완전히 탈색시킨 워싱턴의 의도대로 뒤바뀐 수정안—의 준수를 동의한다고 약속했다고 보도하면서 그의 약속을 완전히 신뢰할 수는 없다고 경고했다. 협정은 처음부터 폐기될 운명이었기 때문에, 오르테가를 제외한 다른 대통령의 약속은 의미가 없었다. 이름을 밝히지 않은 관리의 말을 인용해서, 르모인은 니카라과를 원흉이라 표현했다. 또한 "신의 없는 나라로 낙인이 찍혀, 평화조약을 성실히 실행하려는 중앙 아메리카의 네 국가 지도자에 의해 벼랑 끝에 몰린 나라"라고 비난했다. 그러나 이쯤에서 우리는 다시 외국 언론에 눈을 돌려야 한다. "코스타리카를 제외할 때, 니카라과는 협정에 서명한 어떤 나라보다 중앙 아메리카의 평화 정착을 위해 체결된 협정을 충실히 이행했다"고 보도한 《글로브 앤 메일》의 판단이 훨씬 정확했지만, 미국의 언론은 그 용납 못할 진실을 얼핏 스쳐 지나가면서 은폐하는 데 급급했다.[143]

평론가들마저도 정부와 언론의 선전술에 휩쓸려버렸다. 《네이션》(1월 30일)의 사설은 "오르테가가 중앙 아메리카의 평화 정착을 위해 의미있는 양보를 했다"고 평했다. 말하자면, 오르테가가 미국의 요구에 따라 중미의 평화를 포기한 것에 박수를 보낸 꼴이었다. 결국 테러 국가들이 그 후원자와 더불어 면죄부를 받은 셈이었다.

이 기간 동안 평화 정착을 위한 협정에서 어떤 조항이 중요한 것인지 결정하는 문제는 간단했다. 미국과 "신출내기 민주국가들"은 버젓이 위반했지만, 니카라과는 준수했던 조항이다. 예를 들어, 협정에서는 국가화해위원회의 결성을 상당히 중요한 조건으로 명문화했다. 니카라과만은 그 조건을 충실히 지켰다. 냉철한 평론가로 정평이 난 오반도 추기경을 위원회의 위원장으로 추대했을 정도였다. 반면에, 두아르테는 미국의 대통령 후보로 나섰던 알바로 마가냐를 위원장으로 임명했지만 유명무실한 존재였을 뿐이다. 또한 미국의 두번째 속국, 온두라스에서는 위원회를 결성할 의욕조차 거의 보이지 않았다. 그러나 결성된 후에는 꽤나 적극적으로 활동했다. 온두라스 언론에서 발표했듯이, 국가화해위원회는 미국이 반군에 지원하는 보급품의 전달을 맡으면서 1988년 3월로 약속된 종전을 무효화시키는 데 일익을 담당했기 때문이다.[144]

이리하여, 협정에서 국가화해위원회를 규정한 조항은 사라지고 말았다. 마찬가지로, 산디니스타의 적절한 조치 덕분에 난민의 귀환이 니카라과에서 가장 성공적으로 이뤄졌다는 유엔난민위원회(UNHCR)의 결론도 대외적으로 보도되지 않아 아무런 효과를 거두지 못했다.[145] 따라서 중앙 아메리카 대통령들이 에스키풀라스 협정에 따라 난민의 귀환에 더욱 적극성을 보여야 한다는 "위기감"도 관심사가 될 수 없었다. 언론의 전형적인 자세를 보여준 사례였다.

언론은 이런 절차를 차근차근 밟아가면서, 일찍부터 중앙 아메리카의 평화조약을 "두 가지 핵심 사안"(스티븐 킨저)으로 축소시켰다. (1) 미국 정부와 언론에서 "정치범"이라 부르는 사람들을 니카라과가 사면할 것인가?[146] (2) 니카라과 정부는 반군 대표단과 협상에 응할 것인가?

먼저 첫번째 사안에 대해서 알아보자. 1987년 11월 초, 니카라과에 대한 공격이 중단된 즉시 사면조건이 발효되었다는 CIVS의 확인을 알고 있는 독자는 거의 없을 것이다. 신문을 샅샅이 읽는 독자라도, 그로부터 몇 주일 후 니카라과 의회가 완전사면을 공포하면서 국가비상체제를 해제했다는 소식을 읽어내지 못했을 것이다. 협정을 준수한다는 뜻에서, 두 법령은 니카라과를 목표로 한 공격이 중단되는 즉시 발효될 예정이었다(CIVS가 확인해준 사항이기도 하다). 니카라과는 순진하게도 협정의 균등 조건이 효력을 발휘할 것이라 믿었던 까닭에, 그 조건에 맞춰 두 법령을 제정했던 것이다.[147] 따라서 11월 즈음, 니카라과는 협정에 쓰여진 조항들을 충실하게 실천하고 있었다. 결국 코스타리카를 제외할 때, 니카라과가 협정을 준수한 유일한 나라였다.

그러나 에스키풀라스 협정에 대한 미국의 해석은 CIVS의 해석이나 원문과 사뭇 달랐다. 국무성의 대외 발표에서도 그런 차이를 확인할 수 있으며, 《뉴욕 타임스》의 보도를 통해서도 간접적으로 확인할 수 있다. 실제로 스티븐 킨저 기자는 에스키풀라스 협정의 내용을 "산디니스타가 완전한 정치적 자유를 보장한다면, 이 지역의 어떤 나라도 반군을 지원할 수 없게 될 것이다"고 요약해 보였다.[148] 아주 적절한 해석이었다. 즉 평화 기간 동안 니카라과가 스칸디나비아 식의 민주주의를 성취하지 못한다면, 미국은 협정에 명시된 규정의 명백한 위반임에도 불구하고 니카라과를 공격할 대리군들을 지원할 수 있다는 해석이었다. 그러나 협정은 니카라과만을 특별히 지목하지 않고 있기 때문에, 《뉴욕 타임스》와 국무성 식으로 해석하면 소련도 쿠바에서 매일 서너 대의 수송기를 띄워 보내 엘살바도르의 게릴라에게 무기와 군수품을 지원할 수 있었다. 그러나 이런 식의 해석은 전혀 언급되지 않았다.

앞에서도 언급했듯이, 엘살바도르도 사면령을 공포했지만 에스키풀라스 협정을 명백히 위반한 형태였다. 하지만 《뉴욕 타임스》는 두 아르테 정부가 평화조약을 충실히 준수하기 위한 구체적인 조치를 취했다며 사면령의 공포에 찬사를 늘어놓으며, 산디니스타가 마지못해

취한 "애매한 조치"와 뚜렷이 대조되는 준비된 조치라고 덧붙였다. 이처럼《뉴욕 타임스》는 진실을 외면했지만, 우리가 보기엔 산디니스타의 조치가 협정의 조건을 만족시킨 것이었다. 역시《토론토 글로브 앤 메일》은 엘살바도르의 사면령을 "군부와 암살단을 위한 사면"이라 규정하는 정직함을 보여주었다. 인권단체들도 엘살바도르의 사면령을 비난하고 나섰다. 그 사면령이 수만 명의 인명을 앗아간 살인광들을 기소(실질적인 군부 독재로 기소 자체가 불가능하기는 했지만)에서 해방시켜주는 빌미가 되기도 했지만, 다른 한편으로는 잔혹 행위가 있은 수개월 후 투텔라 레갈의 마리아 훌리아 헤르난데스가 지적했듯이 "앞으로도 인권탄압에 대한 기소는 없을 것이란 확신을 군부에 심어주었기 때문이었다." 결국 "사면은 군부와 선을 댄 암살단을 위한 것이었다"는《글로브 앤 메일》의 논평은 정확한 것이었다.[149]

이제 두번째 핵심 사안, 즉 협상가능성을 살펴보자. 협정에서는 CIA가 만들어낸 전통 공산당 스타일의 전위조직과 어떤 논의도 불허했다. 사실 반군 대표단은 오래 전부터 알려져 있던 것으로, 정확히 말하면 CIA가 한 나라에 "적(敵)의 영토"를 마련할 목적으로 만들어낸 전위조직의 대변인 에드가 샤모로의 소중한 논문에 자세히 기록되어 있다.[150] 이란-콘트라 청문회 기간에 공개된 메모에서, 올리버 노스와 반군을 연결시켜준 연락책이었던 로버트 오웬은 시민 전위대를 "이름뿐인 조직", "미국 정부가 의회에서 지원금을 끌어내려 만들어낸 창조물"이라 규정하고 있지 않은가! 결국 힘은 소모사의 후예로 아돌포 칼레로가 끌어가는 FDN의 손에 있다. FDN은 미국 정부가 만들어낸 창조물이며, 칼레로는 부와 권력을 추구하는 거짓말쟁이들, 즉 상실한 권력을 미해병대가 되찾아주리라 기대하며 전쟁을 사업이라 생각하는 사람들에게 둘러싸여 있지만 그래도 미국 정부가 선택한

기수였다.[151]

　그러나 언론은 협정의 조항들을 해석하면서, 워싱턴이 홍보로 만들어낸 창조물과 산디니스타 간의 협상이 핵심 사안인 것처럼 꾸며댔다. 심지어 《뉴욕 타임스》는 니카라과 정부와 반군을 "두 파벌"이라 표현하면서, 그들이 협상 테이블에 얼굴을 맞대고 앉아 타결점을 찾아내야 한다고 주장했다. 그러나 "정부 파벌이 반군에 대한 외부 지원의 중단"을 고집하고 있어 협상 자체가 어려운 일이었다.[152] 하지만 미국 언론에는 공개되지 않았지만, 반군에 대한 외부 지원의 중단은 에스키풀라스 협정에 명시된 조건이지 않았던가! 다른 기자는 니카라과의 문제를 분석한 후 그 나라에서 권력을 다투는 집단들을 "적개심에 불타는 두 도당(徒黨)"이라 규정한 반면, 엘살바도르의 내전은 "미국이 지원하는 정부"와 "마르크시스트 게릴라" 간의 싸움이라고 정의했다.[153] 언어는 어떻게 사용되더라도 제 역할을 해내는 법이다. 신중한 선택, 왜곡, 거짓말, 그 어느 것이든 가능하다.

　반군 대표단과의 포괄적 협상을 끈질기게 고집한 것은 그 대리군이 엘살바도르의 게릴라와 마찬가지로 토착세력이라는 허구를 조작하려는 줄기찬 노력의 한 축이었다. 그러나 엘살바도르의 게릴라는 미국이 지원하는 국가 테러에 맞서 자생적으로 조직되어 처음부터 조국 땅에서 투쟁해온 집단으로, 외부에서 군사지원을 거의 받지 못하며, 니카라과 반군처럼 강력한 후원자의 첩보나 군수품 지원은 꿈도 꾸지 못하고,[154] 적어도 서류상으로는 니카라과 군(軍)보다 훨씬 강력한 군사력에 맞서고 있는 실정이지 않은가! 그러나 일반 게릴라는 상상조차 못할 엄청난 지원, 강력한 송신력을 보유한 무선국을 통한 니카라과 전역으로의 선전과 선동, 온두라스를 비롯한 여러 나라에서 동원한 용병들, 이처럼 압도적으로 유리한 조건에서도 니카라과에 게릴라군을 제대로 구축하지 못한 미국의 놀라운 무능력을 어떤 식으로든 은폐해야 했다. 게다가 미국의 경제전쟁과 테러로 니카라과 경제는 풍비박산이 되고, 그런대로 안정된 환경이었다면 서구 민주국가들이 채택한 국내정책을 실시할 수 있었겠지만 미국의 이데올로기 전쟁 때문에 그럴 권리마저 박탈한 니카라과가 아니었던가! 미국이 니카라과 반군에 쏟아부은 지원금의 일부만 엘살바도르 게릴라에게 지원되었더라면, 그들은 미국의 꼭두각시 노릇이나 하는 정부를 쉽게 전복시켰을 것이다. 또한 어떤 초강대국에게서 비슷한 지원을 받았다면 게릴라 운동은 미국의 국경 지역에서 놀라운 성공을 거둘 수 있었을 것이라 생각된다. 따라서 니카라과 내에 게릴라 세력, 즉 전대미문의 외부 지원이 없더라도 해외에서 견디어낼 수 있는 세력을 구축하려던 미국의 노력이 실패했다는 사실은 그저 놀라우면서도 많은 것을 시사해주는 사건이다. 적어도, 그 의미를 냉정히 생각해보려는 사람들에게는 그렇다. 따라서 진실과 그 진실에 담긴 의미는 절대적으로 은폐되어야만 했고 실제로 은폐되어 왔다.

《의회 분기별 보고서》(1988년 6월 25일)에 따르면, 1989년 미국의 해외 지원 예산에는 니카라과 야당들과 언론의 지원금으로 2백만 달러가 포함되었다. 그 중 일부는 반군의 지원금이라 공공연히 명기되어 있다. 그러나《의회 분기별 보고서》가 "니카라과의 민주 단체"라 칭하는 집단 중에서 국민의 3% 이상의 지지를 얻은 곳은 하나도 없다. 그들 모두를 합해야 겨우 9%로, 산디니스타 지지율의 3분의 1에도 미치지 못한다. 멕시코의 인터 아메리카 여론조사센터와 마나구아의 예수회대학(UCA)이 공동으로 실시한 여론조사의 결과였다. 이 조사에서 오르테가를 "보통" 혹은 "뛰어나다"고 평가한 응답자가 42%였고, 29%의 응답자가 "공정하다"고 대답했다. 반면에 엘살바도르에서 UCA가 실시한 결과는 거의 주목을 받지 못했지만, 응답자의 6%만이 두아르테의 기독교 민주당을 지지했으며, 10%가 우익정당 ARENA를 지지했다. 그러나 응답자의 75%가 지지하는 정당이 없다고 답했다.[155]

엘살바도르의 여론조사에서는 그밖에도 흥미를 끄는 결과들이 상당히 있다. 95%가 직·간접적인 군사 지원보다는 경제적이고 인도적인 지원을 선호했으며, "게릴라나 공산주의자의 준동"이 위기를 조장한다고 비난한 응답자는 4%에 불과했다. 또한 13%만이 두아르테를 "보통" 이상으로 평가했을 뿐이며, 국민의 10%만이 엘살바도르에서 민주주의의 징후를 엿볼 수 있다고 대답한 것도 주목할 만한 사실이다.[156] 여론조사 과정에서도 엘살바도르와 니카라과는 대조적인 차이를 보였다. 엘살바도르에서 조사원들은 정치적인 질문을 에둘러서 조심스레 물어야만 했다. 대다수의 시민들이 가까운 친구나 친척과도 정치를 화제에 올리지 않는다고 말했다. 반면 6월에 있었던 니카라과의 조사에서는 총 응답자 1,129명 중 77%가 조사원 질문에 거리낌 없이 대답했다. 게다가 응답자들이 산디니스타 체제에 대한 평가를 조금도 두려움 없이 장황하게 설명하는 통에 조사가 지연될 정도였다고 한다. 1987년 11월 온두라스의 여론조사에서도, 응답자의 67%가 정치적 의견을 공공연히 발설하기가 두렵다고 대답했으며, 어떤 두려움이나 의심 없이 여론조사에 응한 사람은 겨우 38%에 불과했다.[157] 이처럼 니카라과는 엘살바도르와 분위기 자체가 달랐음에도, 언론은 정반대의 분위기를 독자에게 전해주는 데 성공했다.

엘살바도르의 실제 여론에 대한 공개되지 않은 정보를 통해서, 우리는 미국의 정책이나 언론의 실제 관심사를 간파할 수 있다. 1988년 산살바도르의 대주교는 엘살바도르가 직면한 문제를 주제로 국민대

토론회를 주최했다. 민간분야, 전문가 집단, 교육 및 문화 단체, 노동조합, 인권단체, 난민기관, 종교단체 등을 대표한 60개 이상의 단체가 참여했다.[158] 거의 만장일치(95~100%)로, "레이건 행정부의 엘살바도르 프로젝트는 실패한 것"이란 결론에 이르렀다. 따라서 협상 타결을 위한 지원, 인권침해와 다수의 빈곤이 심화된 반면 소수는 더욱 부자가 된 사회 현상에 대한 우려감, 분쟁의 근원에 대한 심도있는 토론이 있었다. 결론적으로 분쟁의 근원은 "국제공산당의 침략"이 아니라, "1차·2차·3차 산업 전반에 걸친 부의 불공평한 집중으로 인한 사회적 불평등 그리고 농산품을 주로 수출하는 산업 모델의 취약성에 따른 자본의 고갈"에 있었다.

토론회에 참석한 거의 모든 단체(95~100%)가 다음과 같은 현상을 한목소리로 규탄했다.

1. 정치권이 경제권에 종속된 현상.
2. 소수의 지배계층을 위한, 즉 이 나라가 국제자본의 이익관계에 종속되어 있기 때문에 어쩔 수 없이 북미의 이익을 위해서, 국가 및 사회 정책에 직접적으로 간섭하는 군부.
3. 주권과 자결권의 상실, 즉 엘살바도르 내정에 대한 미국의 과도한 간섭.
4. 외국의 군사원조.
5. 엘살바도르의 입장에서 반드시 준수해야 할 에스키풀라스 협정에 대한 미국, 엘살바도르 우익과 군부의 강력한 반대.
6. 전범이나 인권침해범으로 기소된 사람들을 무죄로 방면해준 사면법.

게다가 88%의 응답자가 "민주적 절차에 심각한 제한"이 있으며,

기독교 민주당을 "미국의 간섭을 더욱 심화시키는 방패"라고 보았다. 무력 분쟁의 주된 원인도 외세, 특히 미국의 간섭이란 생각이었다. 또한 무력 투쟁은 순수한 형태의 민중 참여가 봉쇄된 탓이라고 주장했다. FMLN 게릴라를 엄연한 정치세력으로 인정해야 한다고 대답한 사람도 과반수가 넘었다(55~59%). 한편 81%가 대외적으로 선전된 선거는 "전쟁을 합리화하면서 민중운동을 무력화시키는 동시에, 미국의 대(對)게릴라 프로젝트를 수행하기 위한 기본 도구"라고 대답했다.

이 자료는 "미국의 대(對)게릴라 프로젝트"와 고문에 짓눌린 엘살바도르의 장래에 대해 많은 것을 말해주고 있다. 하지만 이 자료도 여론조사 결과와 마찬가지로 미국에서는 무시되어버렸다.

엘살바도르 국민의 여론에 관심을 가지지 않았다는 사실에서, 우리는 미국의 정치문화와 언론의 사회적 역할에 대해서 충분히 짐작할 수 있다. 미국은 엘살바도르에 엄청난 군수품을 제공해주었고, 엄청난 돈을 쏟아부었다. 그 노력이 엘살바도르 국민의 욕구와 우려를 조금이라도 반영한 것이라면, 그들의 의견은 미국 언론에서 1면 기사를 차지하면서 논평의 대상으로 인기를 모았을 것이다. 그러나 미국 언론은 그들의 의견에 눈꼽만큼의 관심도 기울여주지 않았다. 그 정보를 몰랐던 것은 절대 아니다. 오히려 우리 의지에 대한 그들의 무지한 비판이 그 원인이었다. 결국 그들의 생각을 고려하는 것은 어리석은 수탉이나 당나귀의 행동에서 일정한 법칙을 찾아내려는 것만큼이나 무모한 짓이란 편견 때문이었다.

따라서 결론은 간단하다. 미국의 정책입안자들, 그리고 국제관계에 대한 견해를 멋들어지게 쏟아내는 교육받은 엘리트에게 엘살바도르 국민의 욕구와 우려는 고려 대상이 아니다! 그들의 유일한 관심사는 기득권과 권력의 보전이다. 번번이 불발하는 "혜택"과 "선의" 등의 미사여구는 기만이다. 그것도 자족을 위한 자기기만에 불과할 뿐이다. 엘살바도르 국민의 의사는 너무 하찮은 것이어서 무시되기도 하지만, 워싱턴과 뉴욕과 캠브리지 등에 포진한 고매한 분들의 견해와 완전히 상반된 것이기도 하다. 그런 차이로 고민할 것은 없다. 그런 차이 때문에 구태여 진실을 파악하자고 나설 것도 아니다. 종속된 인간을 경멸하는 것은 우리가 숨쉬는 공기처럼 당연한 것이기 때문이다.

《뉴욕 타임스》의 통신원들도 니카라과에서의 여론조사는 불법적이었다고 주장했지만 어떤 증거도 제시하지 못했다. 또한 여론조사를 맡았던 UCA의 학장, 예수회 신부의 증언도 보도하지 않았다. 그는 장비가 부족해서 고생스럽기는 했지만 정부의 허가를 얻어 자유로운 분위기에서 여론조사를 끝낼 수 있었다고 증언하지 않았던가!《인터아메리칸》의 보도(주119 참조)에 따르면, 그 여론조사는 1984년에 이미 허락을 받은 사안이었으며, 게다가 1987년 8월의 협정 체결로 여론조사가 완전 합법화되어 "이번 조사는 전반적인 국민 여론을 검증할 기회였다." 그러나《뉴욕 타임스》는 그 여론조사 결과를 보도하지 않았다. 믿기지 않는 일이지만, 다른 신문에서도 거의 관심을 보여주지 않았다(《필연적인 환상》, 3장, 주47을 참조할 것).

1988년 1월 에스키풀라스 협정이 실질적으로 무산된 후 중앙 아메리카의 평화협상이 어떤 운명을 맞았는지 살펴보자. 이후의 논의에서, 협정의 조항들은 워싱턴의 의도대로 해석될 수밖에 없었다. 워싱턴의 확대해석은 오직 니카라과만을 대상으로 한 것이지만, 당사자인 니카라과도 그런 해석을 수용할 수밖에 없었다. 따라서 1988년 8월 《보스턴 글로브》가 보도했듯이, "언론의 자유와 야당을 허용하고, 다른 나라들의 게릴라에게는 지원을 중단하고 니카라과는 반군과 협상해야 한다"는 조건을 니카라과보다 준수하지 못할 나라는 없었다. 사

실, 정부와 언론이 결탁해서 만들어낸 새로운 조건들을 다른 나라들은 위반할 여지가 없었다.[159]

"신출내기 민주국가"에서 자행된 국가 테러와 온두라스의 반군에 대한 지원은 그렇다손 치더라도, 여기에서 협상을 언급한다는 것은 상당히 우스꽝스런 짓일 수 있다. 실제로 니카라과만이 종전 협상을 벌였다는 것은 비밀이 아니기 때문이다. 그러나 앞에서 언급한 정치논리를 똑바로 이해해야 한다. 니카라과가 반군과 협상에 돌입해서 타결점에 이르렀을 때, 이 "핵심사안"은 효용성을 상실하면서 정치 예정표에서 자취를 감춰버렸다.

엘살바도르와 과테말라가 절대적인 여론을 무시한 채 토착 게릴라와의 협상을 거절했다는 께름칙한 사실은 무슨 수를 써서라도 덮어버려야 했다.[160] 《뉴욕 타임스》는 협정의 운명을 좌우한 1988년 1월에도 산디니스타를 향한 융탄폭격을 멈추지 않았다. FDR의 지도자 길레르모 운고에 따르면, 두아르테로서는 레이건 행정부와 보안군의 압력을 무시할 수 없어 FMLN의 거듭된 요청에도 불구하고 대화는 재개되지 않았다.[161] 2월 8일 운고는 대화의 재개를 촉구했지만, 정부는 "대화는 합법적인 정당과만 가능하다"는 주장을 되풀이하며 운고의 촉구를 거부했다. 멕시코 언론은 이 사실을 대서특필했지만 《뉴욕 타임스》는 못들은 척했다.[162] FMLN과 FDR은 두아르테가 11월 이후 대화를 세번째 거부하는 것이라며 불만을 터뜨렸다. 이 소식은 물론이고, 두아르테의 조속한 답변을 촉구한 리베라 대주교의 설교마저도 미국 언론에는 거의 보도되지 않았다. 오히려 《워싱턴 포스트》는 "두아르테가 중앙 아메리카 평화 정착을 위해서 파격적으로 대화를 제안했지만 게릴라가 거부했다"며 진실의 왜곡을 서슴지 않았다. 게릴가가 협상을 제안했고 정부가 거절했다는 사실을 은폐하기에 급급했다. 심지어,

진 커크패트릭은 게릴라가 두아르테의 포괄적 협상 제안을 거부했다고 비난하기도 했다.[163] 진실이 언론의 뒤틀린 프리즘을 지나면서 왜곡되는 증거가 아닐 수 없다.

과테말라에서, 주교 협의회는 1월 29일 협상의 재개를 촉구했다. 게릴라들은 주교들의 촉구를 받아들였지만, 군부는 단호히 거부했다. 세레소 대통령도 군부의 입장을 지지해주었다. 2월 말, 게릴라는 대화의 재개를 다시 요청하며 대주교를 조정자로 내세웠지만, 정부는 그런 제안을 거부했다. 4월, 게릴라가 다시 협상을 제안했을 때 아리아스 대통령은 코스타리카를 협상장으로 제공하겠다며 적극적으로 지지하고 나섰지만 세레소 대통령은 단호히 거절할 뿐이었다. 6월의 종전 제안도 정부 측에 의해서 무산되고 말았다.[164] 앞에서 말한 원칙 때문이었던지, 게릴라의 제안은 전혀 주목받지 못했다.

엘살바도르에 어떤 형태로든 지원을 재개하기 전에, 그 정부가 종전을 위해 노력하고 있다는 증거를 제출하도록 대통령에게 촉구한 의회의 제안을 반박한 조지 슐츠의 편지에서 우리는 미국 정부의 논리를 재확인할 수 있다. 의회는 엘살바도르 내전이 평화적인 협상으로 마무리지어질 수 있도록 입장을 분명히 해야 한다는 주장에, 슐츠는 "선거로 선출된 정부에게 협상을 강요하거나, 게릴라에게 양보하라고 압력을 가하는 것은 적절치 못하다. 그런 강요를 어떤 민주정부가 용납할 수 있겠는가!"라고 대응했다. 엘살바도르와 달리 니카라과는 민주정부도 아니고 선거로 선출된 정부도 아니기 때문에, 미국의 대리군들과 협상에 응하도록 테러와 경제 전쟁으로 압력을 가한다고 해서 잘못된 것은 아니라는 논리이다.[165]

1988년 3월 23일, 니카라과는 반군과 종전에 합의했다. 다시 니카라과만이 협정의 조항을 실행한 셈이다.[166] 그러나 종전 합의안은 그 즉시로 의회의 법령에 의해 철퇴를 맞았다. 행정부는 한걸음 더 나아가, 종전 합의안만이 아니라 의회의 법령까지 무시해버렸다. 물론 언론은 행정부와 보조를 같이 했다. 반군은 미국의 전략에 따라 강경노선의 지도층이 장악해서 협상의 타결이 가까워질 때마다 줄기차게 확전을 기도함으로써, 마침내 6월 협상을 완전히 결렬시키고 말았다.

반구문제 평의회(COHA)는 이렇게 발표했다.

> 니카과라에서 협상이 결렬됨으로써, 수주일 전 엘리어트 아브람스 국무차관이 주장한 "게임 플랜(전략)"이 실행되었다. 즉, 미국 정부는 반군에게 산디니스타와의 평화조약에 서명하도록 강요하기보다는 사실상의 휴전상태를 그대로 유지하기를 권하는 입장이었다. 이런 소강상태에서 산디니스타가 군수품 보급기를 공격한다거나 반군의 소단위 부대를 포격하는 군사행위를 도발할 경우, 백악관은 의회의 허락으로 결정적인 군사지원을 재개할 빌미를 확보하는 셈이기 때문이다. 아브람스에 따르면, 이 정도는 그가 기대하는 최소한의 것이다. 그런 도발을 빌미로 미국이 기대하는 최대한의 것이 무엇이냐는 질문에, 아브람스는 "마나구아를 융단폭격하는 것!"이라 대답했다.

"게임 플랜"에는 미국 첩보기관이 니카라과에서 활동을 강화하고, "내부 반대세력을 활용해서 산디니스타에 대한 불신을 조장하고 불만의 씨앗을 퍼뜨리는 작전"도 포함되어 있다. 말하자면 차후의 군사 작전을 위한 토대를 마련하는 단계로, 언론 밖에서는 "칠레식 수법"이라 칭해지고 있다. 칠레의 민주정부를 군사독재정부로 탈바꿈시키는데 사용했던 수법이기 때문에, 어떤 의미에서 가장 정확한 명칭일 수 있다. 일례로, COHA는 15명의 야당 지도자가 국회의사당 밖에서 불법 시위를 벌인 이유로 체포되고 잠시 구금된 사실을 인용하고 있지만, "CIA의 끄나풀과 연계한 야당의 불법시위와 그에 따른 합법적 구속을 산디니스타의 폭력성으로 부각시키고 있다"고 덧붙였다.[167]

그로부터 몇 주일 후 전체적인 상황을 개괄하는 기사에서, 스티븐 킨저는 "정부 관리들은 산디니스타의 비타협적 태도 때문에 협상이 결렬된 것이라 생각하고 있다"고 전하지만 뚜렷한 증거를 제시하고 있지는 못하다. 그럼에도 《뉴욕 타임스》는 "전쟁 그리고 니카라과 경제에 타격을 주지 않았더라면, 마나구아는 1987년 8월의 평화 협정에 서명하지 않았을 것"이라고 덧붙였다. 게다가 정부가 중앙 아메리카인들과 협조해서 산디니스타가 "특별한 목표와 시간표"를 수용하도록 압박을 가해야 한다고 주장했다. 그러나 중앙 아메리카를 무대로 한 드라마에서 다른 참여자에게 출연을 제안하지는 않는다. 오히려 3주 전, 르모인 기자는 "엘살바도르 게릴라에 압박을 가한 것이 이 지역에서 긍정적인 정치 변화를 가능케 한 주된 동인이었다"고 말했다.[168] 이런 논리라면, 우리는 엘살바도르의 토착 게릴라를 지원해야만 한다. 그러나 《뉴욕 타임스》는 이런 식의 논리적 결론을 내리지 않았다.

에스키풀라스 협정 1주년이 다가왔을 때, 그 협정에서 면제된 나라들은 협정 자체를 거의 무시하고 있었다. 교회인권사무국은 엘살바도르에서 1988년 동안 민간인의 정치적 살해가 "놀랍도록 급증하고 있다"고 발표했다. 대주교는 일요미사에서 암살단의 폭력행위가 난무하면서 "정글의 법칙"이 엘살바도르를 지배하고 있다고 비난했다. 또한 로자 샤베스 보좌주교는 국영 텔레비전에 출연해서, 노동조합 UNTS와 관련된 농부들이 이유 없이 살해당하고 있다고 규탄하면서 "모든 증거가 한 곳, 즉 엘살바도르 보안대를 범인으로 지목하고 있다"고 선언했다. 엘살바도르 토착민 국민연대원과 농부들이 군인에게 고문당해 살해당했다는 발표가 줄을 이었다. 심지어 새로 정착한 마을에서 99세의 노인과 그 딸이 시체로 발견되기도 했다. 7월 28일, 갓 창설된 "빵, 토지, 노동, 자유를 위한 운동"의 지도자 리고베르토 오렐란나가 시체로 발견되었다. 대변인의 발표에 따르면, 범인은 보안대였다.

협정 1주년이 지난 후에도 학살은 멈추지 않았다. 8월 21일, 스위스 내과의사 주르그 바이스가 국립경찰에게 억류된 뒤에 시체로 발견되었다. 얼굴에 총을 쏘았던 것으로 보아 그의 신원을 은폐하려 했던 것이 틀림없다. 그는 폭격을 당한 마을을 조사하러 가던 길에 소중한 목숨을 잃었던 것이다. 경찰은 그가 전투 중에 사망한 것이라 주장했지만, 동료들의 주장은 전혀 달랐다. 주르그가 보여준 인도주의적 행동 때문에, 인도주의와 종교적 차원에서 자원봉사원으로 나선 사람들을 탄압하는 과정에서 보안대의 목표가 되었다는 주장이었다. 유럽의회는 엘살바도르에서 "국가테러가 위험스런 수준에 이르렀다"면서 결의안까지 채택하며 그 살인을 규탄했다. 같은 날, 산살바도르에서는 총에 맞은 두 청년의 시체가 발견되었다. 그 주에만 다섯 명째였다. 인권위원회(CDHEC)의 대변인에 따르면, 다섯 희생자 모두에서 고문당한 흔적이 뚜렷했다. CDHEC는 그런 살상을 "국민에게 심리적 공포"를 조장하기 위한 고도의 전술이라 고발했다. 그로부터 나흘 후에는 마자노 대령을 암살하려는 시도가 있었다.[169]

다른 식의 탄압도 있었다. 군부는 교회의 난민촌 지원을 방해했고, 농촌 지역에서는 경찰이 앞장서서 정치 집회를 방해했다(루벤 사모라). 납치당한 노조원의 석방을 요구한 7월 21일의 시위에서, 경찰은 자동화기와 최루탄을 쏘아대며 강경진압의 진수를 보였다. 수많은 부상자가 발생한 것은 당연한 결과였다. 7월 12일, 군부는 최루탄을 난사하고 개머리판과 곤봉을 휘둘러대면서, 파업한 전기 노동자들에게 구호품을 전달하려던 농부와 협동조합원의 행진을 저지시켰다. 경찰은 시위대를 무차별적으로 구속했다. 또한 그 이전, 군부는 노동절 집회를 원천봉쇄하기 위해 UNTS 사무실을 폭파했고, 재무성 소속 경찰은 음향기기를 조작하던 청년을 납치해서 운신하기 힘들 정도로 구타했다. UNTS에서 음향기기를 담당하던 직원이 죽음의 위협에 놀라 사라지는 바람에 대신 나섰다가 호된 곤욕을 치른 것이었다. 수많은 노동조합원과 시위대가 구금되었고, 노동절 집회에서 앞장서 구호를 외쳤던 금속노동자연맹의 지도자는 실종되었다.

온두라스에서도 마찬가지였다. 동부 온두라스에서 가장 큰 노동조합이 주최한 단리의 노동절 집회에 참석하려는 노동자들을 군부가 나서서 저지했다. 4월 중순, 테구시갈파의 경찰은 허공에 실탄을 쏘아대고 최루탄을 난사하면서 미대사관을 향해 행진하던 시위대를 막았다. 인권위원회의 보고에 따르면, 4월 7일 미영사관을 습격한 학생들과 더불어 투옥되었던 로제 곤잘레스란 학생이 실종되었다. 코스타리카에서도 시위를 벌인 농부와 협동조합원이 지방 방위군에게 심한 학대를 받았고 무차별적으로 구금되었다. 시청까지 항의 행진을 하려던 시위대에게는 최루가스와 물리력을 행사하기도 했다.[170]

계속되는 잔혹 행위나 시위의 강경진압은 간혹 형식적인 단신으로 처리될 뿐, 집중적인 취재대상이 아니었다. 그러나 산디니스타의 불법행위에 대한 비난은 극에 달했다. 특히 7월 중순 니카라과가 미국의 속국들처럼 시위대를 진압했을 때, 미국의 언론은 새로운 분노의 표적을 만난 듯이 목소리를 높이면서 의회의 자유주의자들에게 반군의 지원을 재개할 방법을 모색하라고 촉구했다.

8월, 줄리아 프레스톤은 에스키풀라스 협정의 첫해를 돌아보면서,

니카라과를 제외하고는 어떤 나라에서도 눈에 띄는 변화를 찾아볼 수 없다고 지적했다. 온두라스에서, 아즈코나는 여전히 강력한 군부를 대신한 과도정부의 수반일 따름이었다. 엘살바도르와 과테말라도 특별히 언급되지는 않았지만, 온두라스와 다를 바 없었다. 프레스톤은 미국 인권감시단이 8월 4일 발표한 보고서를 인용해서, "군부와 준군부세력에 의한 정치적 살인이 과테말라와 엘살바도르에서 지금도 광범위하게 계속되고 있으며, 온두라스는 상대적으로 소규모인 편이다"고 말했다. 또한 "니카라과에서도 정치적 살인을 고발하는 서너 건의 보고가 있기는 하지만 흔히 있는 사건은 아니다"고 덧붙였다. 협정이 체결된 이후 10달 동안, 즉 7월 중순까지 중앙 아메리카의 어떤 나라보다 니카라과는 협정을 준수하려 노력했다. 그러나 그 인내의 시간은 종전협상이 결렬되면서 끝나고 말았다. 그후, "니카라과는 5월 10일 야당의 집회(난다이메)를 무력으로 해산시키면서 6명의 지도자를 장기 구금했고, 가톨릭 방송국을 무기한 폐쇄시켰으며, 멜톤 미대사를 강제추방했고, 니카라과에서 가장 큰 사탕수수 농장을 강제몰수했다." 엄밀히 따지면, 마지막 두 건은 협정을 위반한 것이 아니다. 또한 가톨릭 방송국은 8월 18일 방송을 재개할 수 있었으며, 오히려 친 산디니스타적 성향을 보인 '라 세미나 코미카'만이 여성을 비하하는 내용을 방송했다는 이유로 정부 제재 하에 있을 뿐이다.[171]

　7월 중순의 사건들은 니카라과에 대단한 공포심을 불러일으켰다. 경찰이 "몽둥이와 돌 세례"를 견디다 못해 처음으로 최루가스를 사용해서 난다이메에서의 야당 집회를 무산시켰을 때, 한 라디오 평론가는 좀더 온건한 진압도 가능했을 것이라 지적하며 "그래도 산디니스타는 영원히 산디니스타일 것이다!"고 말했다. 우리는 이 소식을 스티븐 킨저의 기사 13번째 단락에서 읽을 수 있지만,[172] 그후 대부분의 논평에서 그 내용은 언급조차 되지 않았다. 산디니스타가 엘살바도르에서는 보편적인 방식으로 집회를 해산시켰다는 야만성, 친 반군의 야당을 조직하는 데 연루된 이유로 추방한 미국 대사, 그리고 낮은 생산성으로 고전하던 사탕수수 농장의 국유화, 이런 소식들은 대서특필되었고 논설에서도 언급되었다. 《뉴욕 타임스》는 머릿기사로 다루었다. 집회를 해산시키기 위해 사용한 최루가스와 경찰의 폭력은 미국의 언론에게 그야말로 호재였다. 실제로 언론은 몇 달 동안 그 사실을 거듭해서 언급하며 공포 분위기를 조성했다. 마침내 의회도 분노의 불길을 태우면서 반군에 대한 지원을 재개하기로 결심한다. 상·하원 모두 마나구아의 야만적 인권침해를 응징하자는 결의안을 압도적인 표차(상원에서는 91 대 4, 하원에서는 358 대 18)로 통과시켰다. 언론은 이런 결론을 무척이나 만족스런 어조로 보도했다.[173]

산디니스타의 야만적 인권침해는 미국의 총애를 받던 나라들에서 흔히 볼 수 있는 폭력의 수준을 넘지 않았다. 그 나라들에서 획책되던 "테러에 의한 길들이기"에 비하면 거의 무시해도 좋을 수준이었다. 게다가 그 야만적 인권침해는 아주 잠깐 동안 이뤄졌을 뿐이다. 하지만 두아르테의 보안군과 암살단은 협정이 체결된 이후 줄곧 상승곡선을 그었지만, 미국 의회는 그런 잔혹 행위를 비난하기는커녕 엉뚱하게도 인권을 존중하는 체제를 향해 꾸준히 노력하고 있다고 칭찬을 늘어놓았다.

산디니스타가 7월에 저지른 위법행위를 가장 효과적으로 응징할 방법을 궁리하던 의회의 작태도 흥미롭다. 고상한 자유주의적 기준을 미사여구로 떠벌리며, 그 기준을 벗어났다는 이유로 니카라과의 감상적인 영혼을 매몰차게 다스리던 모습은 그야말로 가관이었다. 상원은 반군에 군사 원조를 재개할 조건을 담은 비어드 수정안을 통과시켰다.[주] 상원을 대표해서, 비어드 의원은 산디니스타에게 "아리아스 평화 조약에서 합의했던 민주화 약속을 충실히 이행해서 이웃 나라들과 조화롭고 민주적인 관계를 유지"하라고 경고했다. 그렇지 않고 평화 조약의 조건을 계속해서 위반하면서 니카라과 국민의 민주화 열망을 억압할 경우 돌이킬 수 없는 결과를 초래하게 될 것이라고 덧붙였다. 군사적 압력, 즉 미국이 지원하는 국제 테러를 면치 못할 것이란 경고였다. 또한 비어드는 레이건 정부가 소련의 지도층에 압력을 가해서 니카라과 정부를 위한 군사 지원계획을 중단하고 단념하게 만들어야 한다고 촉구했다. 말하자면, 중앙 아메리카에서 유일하게 외세의 공격에 직면한 나라를 완전히 무장해제시켜야 한다는 뜻이었다. 한편 중앙 아메리카 문제에 대해서 상원에서 비둘기파의 수장으로 여겨지던 도드 의원도 이런 제안에 동감의 뜻을 전하면서, "우리의 지도자 비어드 의원에 찬사를 보내지 않을 수 없다."고 말했다. 도드 의원은 한 걸음 더 나아가, "코스타리카 아리아스 대통령의 용기있는 리더십, 과테말라의 세레소 대통령, 온두라스의 아즈코나 대통령, 우리 의회의 가장 절친한 친구 엘살바도르의 두아르테 대통령"에게도 잊지 않고 찬사를 보냈다. 그랬다, 두아르테를 공포와 경멸의 눈으로 쳐다보는 엘살바도르 국민은 안중에도 없었다. 그 나라에서 민주화의 징조를 눈꼽만큼이라도 발견할 수 있었던가! 감시의 눈길이 번뜩이는 가운데 치루어진 여론조사에서도 그 사실을 확인해주지 않았던가! 도드 의원을 비롯해서 비어드 수정안을 찬성한 의원들은 미국 중심의 테러 국가들이 군사체제라는 것을 잘 알고 있었다. 또한 에스키풀라스 협정에도 불구하고, 그 "중도파"들이 미국 의회와 언론에 의해 민주화로 포장된 테러를 자행하고 있다는 사실도 알고 있었을 것이다.

《뉴욕 타임스》는 의회가 "독재체제로 복귀한 산디니스타에 강펀치를 날리면서 아메리카는 민주국과 반민주국으로 양분될 수 없다"는 철칙을 상기시켜준 것은 적절한 조치였다고 평했다. 또한 "산디니스타에게 위법행위에 대한 따끔한 교훈을 공개적으로 알려줄 필요가 있다"며 민주당에 충고를 아끼지 않았다. 물론 《뉴욕 타임스》는 엘살바도르에서도 민주파와 반민주파의 양분을 허락하지 않았다. 그들은 엘살바도르의 민주파를 철저히 모욕하면서 그들의 동향에 대해서는 침묵으로 일관하고, 그 테러 국가에서 민주화가 꾸준히 진행되고 있다는 엉뚱한 칭찬을 늘어놓았다. 과테말라에 정통한 스티븐 킨저도 마찬가지였다. 과테말라의 고위 관리를 인용해서, 킨저는 산디니스타의 비열한 행동에서 비롯되는 과테말라 정부의 "불행"을 언급했다. 그는 "전세계가 자유화 물결에 동참하고 있는데 니카라과만은 그 물결에 저항하고 있다"고 주장했다. 인권단체에 따르면, 살인과 실종이 눈에 띄게 줄어들고 있는 나라, 즉 예전에 비해서 확연한 개선을 보여주면서 진정으로 자유화를 추진하고 있는 나라를 정반대로 평가하고 있는 것이다.[175]

《워싱턴 포스트》는 "중앙 아메리카 민주주의자"와 "반군 지원의 민주적 비평가"에게 진심으로 동참해주기를 촉구하면서, 산디니스타가 살인을 서슴지 않고 애꿎은 사람을 투옥하고 언론을 검열하는 등 공산경찰국가처럼 행동함으로써 "민주주의를 추진하겠다는 엄숙한 서약"을 위반하고 있다며 맹렬한 비난을 퍼부었다. 하지만 이런 기준들을 적용하면 엘살바도르와 이스라엘은 어떤 국가라 불러야 할까? 어쨌든 《워싱턴 포스트》의 보도대로, 미국 대사가 야당이 요구한 추가 지원을 제의한 것은 올바른 판단이었다. 그러나 반구문제 평의회가 지적하듯이, 외국 대사의 그런 행동을 용납할 나라는 거의 없을 것이다. "미국에 반대하는 집단을 외국 정부가 지원할 경우 워싱턴은 그런 지원을 불법행위는 아니지만 비우호적 행위라 평가할 것이다. 현 정부의 해산을 주장하는 좌익단체의 워싱턴 집회에 소련대사가 참가한다면 결코 용납하지 않을 것이다." 1942년 독일 대사와 일본 대사가 그런 집회에 참여한 적이 있기는 했지만, 적대국의 대사가 미국을 비난하는 악의적 집회에 참석했더라면 묵인되었을 가능성은 전혀 없다. 그럼에도 멜톤은 워싱턴 대사의 자격으로 "나는 미국이 추구하는 정신과 민주주의 가치를 명백히 하고 싶으며, 산디니스타가 최소한의 기준마저 만족시키지 못하고 있음을 입증해보고 싶다"고 선언하지 않았던가! 결국, 니카라과에 대한 테러 공격의 설계자인 엘리어트 아브람스의 그 충복에 따르면 "산디니스타와는 더 이상 타협의 여지가 없었다."[176]

그보다 몇 달 전, 싱가폴은 국내문제에 부당하게 간섭했다는 이유로 한 미국 외교관을 추방했다. 오웬 해리스는 자신이 운영하는 우익계 저널에서, "외교관계를 규정한 비엔나 협정에 따르면 그런 내정간섭은 부적절한 행위였다. 따라서 불만에 쌓인 싱가폴 국민에게 반정부 행위를 조장한 그 외교관을 싱가폴이 추방했을 때 미국은 순순히 따르는 수밖에 다른 선택이 없었다"고 썼다.[177] 이처럼 해리스는 싱가폴을 옹호하면서, 외교관의 부적절한 행위를 비난하는 동시에 경찰국가의 탄압을 은근히 언급했다. 싱가폴은 반(半)파시스트 국가이지만, 외국인에게 유리한 투자 분위기를 제공해준다. 따라서 비엔나 협정이 적용될 수 있는 나라이다. 하지만 정부가 적국으로 규정한 니카라과의 경우는 비엔나 협정이 적용될 수 없다.

반구문제 평의회의 지적에 따르면, "멜톤과 관련 외교관들이 니카라과의 국내문제에 무모하게 개입한 이유로 추방당한 후에도, 미대사관은 반군과 보조를 함께 하면서 산디니스타에 저항하는 시민 조직의 직접적이고 조직적인 파괴활동에 자금을 지원하고 있다." 그 자금 중에는, 저항세력의 몫으로 70만 달러의 미국 정부 자금이 포함되어 있었다. 결국 미국 정부는 테러의 강화로 사회붕괴를 조장함으로써 산디니스타에 필적할 만한 정부를 세우려고 음모를 꾸미고 있는 것이다.[178]

1988년 10월, 국제사면위원회(AI)에서 발간한 《엘살바도르 : 암살단—정부의 전략》이란 제목의 자료집은 "우익 암살단이 지난 18개월 동안 수백 명의 민간인을 납치하고 고문하고 살해했으며, 심지어 참수까지 하면서 공포심을 조장했다"고 고발한다.[179] 이른바 암살단은 미국에 의해 조절되는 정부 소속 보안대의 주구(走狗)로, 저항세력을 협박하려는 정부의 전략을 도맡은 집단이다. 연합통신(AP)의 보도에 따르면, "희생자들은 손발이 잘리고 목이 잘리고 사지가 절단된 채로 발견되는 것이 보통이다. 대개의 경우 고문당하고 강간당한 흔적이 뚜렷하다. (중략) 암살단은 은밀하게 행동하지만, 엘살바도르 국민에게 공포심을 심어주려고 희생자의 시체를 훼손한 듯하다." 희생자들 중에는 노동조합원, 인권단체 관계자, 인권침해를 고발하는 데 관여한 판사나 배심원, 난민, 성직자, 교사 그리고 학생이 대부분을 차지한다. 암살단은 살인을 저지를 때 경찰이나 군부에 협조를 요청하지 않는다. 또한 사복 경찰과 정복 경찰 그리고 군인이 정부의 묵인으로 살인을 저지르고 있다. 말하자면, 정부가 그들의 이름으로 저질러지고 있는 고문, 실종, 살인의 책임을 벗어나려고 암살단을 고용하고 있는 셈이다. AI의 발표에 따르면, 암살단은 미국에 은신처를 마련해두고 있으며 경찰 특수대와 재무성 소속 경찰 그리고 국가 방위군에서 선발된 정예요원들로 구성되어 있다. 또한 종교단체와 인권단체의 추정에 따르면, 암살단에게 고문당한 후 처형된 것이 분명한 시체가

1987년에는 매달 십여구 정도가 길거리와 쓰레기장에서 발견되었지만 1988년 초에는 4배로 급증했다. 1년 전 정부의 사면령 공표와 더불어 암살단이 재등장했다는 AI의 발표처럼, 이런 최악의 상황은 당시 충분히 예상된 것이었다. 그럼에도 《뉴욕 타임스》는 엘살바도르가 평화 협정을 준수하기 위해 구체적인 조치를 취한 것이라고 박수를 보내지 않았던가!

그러나 AI의 발표는 《뉴욕 타임스》의 시선을 끌지 못했다. 게다가 상원은 "산디니스타가 거듭해서 평화 협정을 위반한다면 의회로서는 내년에 군사원조의 재개를 승인할 수밖에 없을 것이다"며 니카라과에 경고하는 결의안을 54 대 12로 통과시켰다.[180] 여기에서 우리는 다시 한 번 똑같은 패턴을 확인할 수 있다. 즉 위성국에서 자행되는 잔혹 행위는 묵인하지만, 니카라과에는 무력을 과시하면서 미국의 요구에 응하도록 준엄히 경고하는 패턴이다. 다시 1988년 10월, 과테말라 시티에서 발행되는 저널 《중앙 아메리카 리포트》는 AI가 발표한 인권상황에 대한 1987년의 연례 보고서를 집중적으로 다루었다. 《중앙 아메리카 리포트》는 "최악의 인권침해가 중앙 아메리카에서도 일어나고 있다"고 보도하면서, 과테말라와 엘살바도르를 지목했다. 실제로 AI의 보고서에 따르면, 두 나라에서 납치와 암살이 좌익의 저항세력을 다스리려는 정부의 조직적인 메커니즘으로 활용되고 있다. 특히 에스키풀라스 협정이 체결된 이후 상황이 악화되었고, 1988년에 더욱 심각해졌다는 사실을 기억해야 한다. 그래도 미국이 지원하는 반군에 의해 무고한 시민이 목숨을 잃은 경우를 제외할 때, 온두라스와 니카라과의 인권상황은 그래도 나은 편이다. 물론 온두라스, 파나마, 니카라과에서도 납치와 고문과 불법 살인이 있었지만, 그런 폭력이 정부에 의해 조직적으로 저질러진 범죄는 아니었다.[181]

그로부터 한 달 후, 《뉴욕 타임스》는 과테말라에서 일어난 잔혹 행위를 다룬 린제이 그루손의 기사를 머릿기사로 실었다.[182] 그루손은 "과거에 과테말라 시티는 정치적 과격분자에게 무차별적으로 총격을 가했던 까닭에 공포에 짓눌린 도시였다"고 보도했지만, 정치적 과격분자가, 미국을 등에 업은 정부의 주구들이 저지른 잔혹 행위에 반발한 인물들이란 사실은 언급하지 않았다. 게다가 과테말라의 참상에서 미국이 맡은 역할도 언급하지 않았다. 다만 그루손은 납치, 고문, 살인이 급증하고 있으며, 도시에서는 상황이 악화되어가는 반면에 농촌 지역은 "사실상의 군부 독재"에 놓여 있다고 보도했다. 도시에서는 "노동조합 지도자와 창설자 그리고 좌익 인물"이 주된 목표였다. 한 인권단체의 대변인은 "껍데기만 민주주의일 뿐이다. 그 이상은 결코 아니다. 모든 힘이 군부에 집중되어 있고 상황은 나날이 악화되고 있는 현실이 민주주의라는 껍데기에 감춰져 있다"고 한탄했다. 아메리카스 워치가 2주일 후 발간한 보고서는 인권침해가 늘어나는 주된 책임이 정부에 있다고 비난하면서, 보수적으로 추정하더라도 하루에 2건 이상의 사례가 보고되고 있다고 결론짓는다.[183]

1988년이 저물어갈 즈음, 미국 속국 정부의 잔혹 행위는 극에 달했다. 서너 개의 암살단이 새롭게 등장할 정도였다. 산타나의 로스쿨 학장, 이멜다 메드라노가 12월 16일 산살바도르의 대학 시위에서 연설을 끝내고 귀가하던 중 살해당했다. 이틀 전부터 그녀의 집은 창문을 검정색으로 선팅한 지프에 탄 남자들에게 감시당하고 있었다. 검정색으로 선팅한 지프! 바로 암살단의 트레이드 마크였다. 12월 22일, 국립대학의 생물학 실험실 건물이 강력한 폭발물로 폭파되는 사건이 벌어졌다. 한 경비원이 테러단의 총격에 목숨을 잃었다. 겨우 목숨을 건진 경비원의 증언에 따르면, 중무장한 50명 정도의 암살단이 건물을 급습했다고 한다. 국립대학 총장은 폭탄을 장치한 군부를 맹렬히 비난하면서, "이번 사건은 전쟁욕에 사로잡힌 군부의 책임이며, 전쟁의 충동을 억제하지 못하는 무력함을 단적으로 증명해준 사건"이라고 말했다. 군인들이 대학을 완전히 에워싼 상태에서 암살단의 공격이 있었으며, 군인이 아니었다면 그처럼 공개적으로 도발할 집단은 어디에도 없을 것이라고 총장은 단정 지었다. 투텔라 레갈의 책임자도 "그 행위는 군사훈련을 받은 사람들, 중무장한 상태에서 자유롭게 돌아다닐 수 있는 사람들의 소행이었다"며 총장의 고발을 뒷받침해주었다. 닷새 후, 이번에는 루터교 소속의 건물에서 폭발물이 터졌다. 루터교가 난민을 지원하면서 군부의 미움을 샀기 때문이었다. 그전부터 살해 위협을 받고 있던 교회 관계자들은 개인 자격으로 군부를 비난했다. 한 서독 외교관도 "내 개인적인 생각으로는 군부가 개입된 사건이라고 확신한다"고 말했다. 한편 군부와 밀접한 관계를 맺고 있는 소식통에 따르면, 군부는 이런 "선택적 테러"만으로 게릴라에 반격을 가할 수 있다고 믿고 있는 듯하다.[184] 그러나 이런 소식들은 엘살바도르를 민주국가로 만들려는 레이건의 정책에 걸림돌이 될 수 있을 것이란 논평 이외에, 언론은 특별한 관심을 보여주지 않았다.

    상대적으로 가벼운 테러도 계속되었다. 9월 13일, 군경은 합동으로 산살바도르의 대학생 시위를 진압했고 산타나의 대학생 시위도 강경 진압했다. 한편 보안대는 노동조합 UNTS의 사무실을 봉쇄했다. 약 250명의 대학생과 대학 직원이 체포되었다는 발표에, 대학총장은 6백 명의 학생이 체포되었고 4백 명 이상의 행방이 묘연하다고 주장했다. "시위를 진압하면서 경찰은 3천 명의 시위대를 향해서 최루탄을 쏘았고 실탄을 허공에 발사했으며, 수십 명의 학생이 부상을 당했고 경찰의 물대포 조정사가 목숨을 잃었다"(《중앙 아메리카 리포트》). 30명에 달하던 국내기자 및 해외 특파원이 보안대의 명령에 따라 땅바닥에 머리를 조아리고 꼼짝할 수 없었으며 사진을 찍을 수 없었다. 적어도 십여 명의 해외 감찰단들이 불법구금을 당했다. 투텔라 레갈의 책임자는 "경찰은 중요한 선거가 시작된 마당에 도시의 저항세력에 공포심을 심어주려 주도면밀하게 계산된 행동을 취했다"고 주장한 반면, 비데스 카사노바 국방장관은 기자회견을 통해서 "보안대의 인내심이 한계에 이르렀다. 요즘처럼 도심에서의 시위가 계속되는 한, 우리는 더 이상의 폭력을 용납하지 않을 것이다"고 말했다. 하지만 하루 전, COHA는 "우술루탄에서 정부 지원을 요구하며 평화적으로 시위하던 5백 명의 시위대를 군부가 강경진압함으로써 결국 유혈극이 벌어지고 말았다. 15명이 부상당했으며, 8명이 체포되었다"고 발표하지 않았던가![185]

상대적으로 가벼운 테러는 강력한 테러를 통한 정부의 위협 전략 앞에서 그 의미가 무색해질 수밖에 없다. 따라서 이런 사건들을 언론에서 관심을 보여줄 리 만무하다. 역시 상대적으로 가벼운 테러, 즉 시위의 진압이 있었던 니카라과의 집회들과는 결과에서 전혀 달랐다. 앞에서 보았듯이 니카라과에서의 시위 진압은 지독한 공포심을 불러일으켜, 의회의 온건파들은 산디니스타를 서둘러 응징하겠다고 반군의 지원을 재개하자고 나서지 않았던가! 게다가 허리케인 조안이 10월에 니카라과 거의 전역을 휩쓸고 지나간 뒤, 미국의 유럽 동맹국들은 한시적 지원에 그치지 않았던가! 난다이메의 집회를 강경진압했다는 것이 그 이유였다. 줄리아 프레스톤이 지적하듯이, "시위의 강경진압을 유럽 정부는 산디니스타가 중앙 아메리카의 평화 조약에 노골적으로 반발하는 증거"라고 보았던 것이다. 그 때문에 유럽은 산디니스타를 상당히 불쾌한 집단으로 생각하면서 엘살바도르와 과테말라를 계속해 지원하려는 것이 아니겠는가!^(186) 여기에서 우리는 새로운 사실을 확인하게 된다. 위선에는 끝이 없는 법이며, 유럽은 그들이 생각하는 것보다 훨씬 미국의 식민지가 되어 있다는 사실을!

미국의 속국에서 자행된 상대적으로 가벼운 테러사건들이 거의 무시되기는 했지만《마이애미 헤럴드》의 샘 딜런 기자는 간혹 다루었다. 최근의 기사에서, 딜런은 중앙 아메리카의 인권탄압이 증가하고 있다고 지적하면서 니카라과를 최악의 인권국으로 손꼽았다. 평화집회를 무산시키고, 특히 난다이메에서 정치 지도자들을 투옥한 니카라과의 야만성을 비난했다. 한편 "대규모였지만 평화적이었던 도시 시민의 시위"를 엘살바도르 군부는 강경하게 대응했으며, "폭력 경찰은 최루가스를 쏘아대고 곤봉을 휘둘러대면서 250명 이상을 불법체포했다"고 보도했다. 또한 좌익 노동조합과 농민단체 사무실을 야간에 급습해서 수많은 사람을 체포했으며, 군부와 암살단 그리고 게릴라에 의한 정치적 살인이 급증하고 있다는 사실도 간략히 언급했다. 이처럼 딜런은 진실을 완벽하게 인지하고 있었지만, 미국의 테러와 경제전쟁에 시달리는 나라(니카라과)에서 벌어진 상대적으로 가벼운 테러를 보도한 수위에 비할 때, 미국의 속국들이 공포 분위기를 조성하려고 전략적으로 동원한 대규모 살상과 테러 및 억압상은 이데올로기라는 여과장치를 거치면서 적잖게 완화된 논조였다. 그래도 우리는 진실을 조금이라도 보도하려는 의지를 가진 기자와 언론을 가졌다는 사실에 만족할 수 있을 것이다.^(187)

속국들이 협상을 거듭 거부하는 가운데, 미국 정부와 언론은 산디니스타가 협상을 재개할 의욕을 전혀 보이지 않는다고 비난을 퍼부었다. 실상은 미국의 대리군들이 협상에 계속해서 딴지를 걸고 있었는데도 말이다. 멕시코 언론에 따르면, 세레소 대통령은 "게릴라와의 대화를 거듭해서 거부했으며, 전복세력이 전투적인 자세를 포기하지 않는 한, 우리는 그들과 직접 대화에 응하지 않을 것이다. 무기 속에서는 어떤 대화도 가능할 수 없다"고 공언했다. 엘살바도르에서는 정부와 게릴라의 대화를 촉구하기 위한 미주기구 회담이 열리는 동안, 수천의 농민과 대학생과 노동자가 시청에서 회담이 열리는 호텔까지 행진했다. 실제로 연합통신에 따르면, 게릴라는 회담이 열리는 동안 휴전하겠다고 일방적으로 선언하면서 "정부가 원한다면 언제라도 협상에 응하겠다"는 적극성을 보였다. 그러나 두아르테 대통령은 미주기구 대표단 앞에서 행한 연설에서 "게릴라들이 협상을 재개하겠다고 나서는 것은 전술적 책략일 뿐이다"고 주장하면서, 민주주의에서 허락되는 수단으로 민주주의를 파괴하려는 전략적 수법을 반도들이 획책하고 있는 것이라 비난했다.[188]

《뉴욕 타임스》의 린제이 그루손 기자는 미주기구 회담을 취재했다. 그러나 그루손은 중앙 아메리카의 평화에 어두운 먹구름이 드리우고 있다고 지적했다. 예상대로 오직 한 가지 사례, 즉 난다이메 집회와 반군을 지원했다는 혐의로 니카라과의 농민들이 불법구금되었다는 사실만을 언급했다. 그루손은 미국 외교관의 말을 빌어, "이런 억압행위가 협상을 재개하려는 노력을 무산시키고 있다"고 보도했다. 엘살바도르 상황에 대해서는 1987년 10월의 사면령이 예전의 군부학살을 종식시켰다며 가볍게 넘어갔다. 과테말라와 온두라스의 참상을 전혀 언급하지 않았고, 엘살바도르와 과테말라의 협상 상황은 물론이고 협상이 재개되지 못하는 이유에 대해서도 함구했다.[189] 요컨대 정부의 선전술과 결탁하는 선별적 여과장치에 맞추어서, 테러와 고문 및 억압이 그들의 목적에 부합하지 않을 때에는 모른 체 해버리는 전형적인 모습이었다.

그루손은 중앙 아메리카 정상회담이 예정된 날까지 어떤 합의도 이루지 못했다고 지적하지만, 정작 그 이유에 대해서는 언급하지 않았다. 그러나 멕시코 언론이 그 흑막을 밝혀주었다. 엘살바도르 정부가 "경제 여력의 부족"을 핑계로 내세우며, 산살바도르에서 개최하기로 예정된 정상회담을 취소해버린 것이었다. 미국의 특사, 모리스 부스비가 엘살바도르를 방문해서 두아르테 대통령을 면담한 몇 시간 후에 정상회담을 취소한다는 발표가 있었다. 분석가들은 미국의 보이콧으로 정상회담이 무산된 것이라 평가했다. 그 과정에서 모리스 부스비가 주된 역할을 해냈지만, 니카라과를 무력으로 응징하려는 미국의 계획을 세레소 대통령이 거부한 탓도 없지 않았다. 사실 세레소 대통령의 입장에서 정상회담은 반드시 필요한 것이었다. 그래야 그의 나라를 휩쓸고 있던 폭력사태를 희석시키는 동시에, 적극적인 중립 정책으로 축적한 그의 국제적 위상을 드높일 수 있었기 때문이다.[190)] 미국의 거부로 무산된 정상회담도 전형적인 패턴을 보여준다. 즉 정치적 해결을 방해하기 위한 미국의 주도권 확보, 두아르테의 묵인 그리고 언론의 침묵이 있었다.

언론의 선별된 보도와 논평은 사고방식을 길들이려는 수법을 확연히 보여준다. 특히 용인된 국가 지도자들의 발언을 무비판적으로 인용하는 것이 전형적인 수법이다. 정부와 언론이 손을 잡고 1988년 여름 반(反)산디니스타 열기를 고조시키려 했을 때, 스티븐 킨저는 미국과 중앙 아메리카 네 동맹국의 회담을 보도했다. "네 국가는 산디니스타를 인정하지 않는 데 동의했으며, 니카라과 정부에 자유주의 체제를 도입하라고 촉구했다"고 보도하면서, "그러나 어떤 식으로 압박을 가할 것인가에 대한 과제에서는 합의에 이르지 못했다"고 덧붙였다. 당시 아리아스 대통령은 니카라과에서 자행되는 인권침해를 비난하면서, "불행히도 니카라과 때문에 우리 모두가 실패한 것은 실망스럽고 고통스러우며 서글픈 일이 아닐 수 없다"고 주장했다. 하지만 그들 나라에서 벌어지는 현상에 대해서는 실망스럽고 고통스러우며 서글픈 일이라 말하지 않았다. 적어도 미국 언론에서는 그런 글귀를 읽을 수 없었다. 세레소 대통령도 "산디니스타가 민주주의 규칙을 따르지 않는 것은 몹시 유감스런 일"이라고 덧붙였다. 조지 슐츠 국무장관은 니카라과의 공산주의 정부, 그리고 엘살바도르와 과테말라의 공산 게릴라를 "중앙 아메리카를 파괴하는 불온 세력"이라 비난하면서, "산디니스타 체제는 여전히 소련군의 지원을 받고 있으며 방어 차원을 훨씬 넘어서는 무기를 보유하고 있다"고 말했다. 또한 "온두라스, 과테말라, 엘살바도르, 코스타리카의 외무장관들과 조지 슐츠는 평화, 민주주의, 안보, 사회정의, 경제발전을 최우선으로 하는 원칙의 준수를 천명했다"는 소식을 킨저는 아무런 논평도 없이 태연스레 보도했다.[191]

한편 워싱턴 발(發) 기사는 반군의 지원을 재개하려는 상원의 분위기와, 산디니스타가 야당을 억압하거나 반군에 대한 군사도발을 강화할 경우 민주 정당의 이미지를 손상할지도 모른다는 민주당 의원들의 우려를 상세하게 전했다. 그러나 테러 국가의 잔혹 행위를 지원하는 행위는 민주 정당의 이미지를 훼손시키지 않는 것이었을까? 며칠 후, 배신을 밥먹듯하는 산디니스타가 니카라과의 반군을 무력으로 공격하거나 미국 의회가 적절한 수준이라 평가하는 이상의 군사지원을 소련에게 받을 경우 미국도 반군에게 새로운 군사지원을 허용하는 법안이 상원에서 통과되었다.[192] 연합통신은 자유주의자로 이름난 매사추세츠 출신의 존 케리 상원의원을 인용해서 "니카라과에 소련제 무기가 계속해서 유입되고 작년에 체결된 평화협정을 산디니스타가 자주 위반하며 니카라과 정부가 반군을 무력으로 소탕하려는 시도에 맞서 저항세력에 인도적 차원에서 지원을 재개하는 법안"이 통과된 것이라 보도했다.[193]

언론의 전형적인 위선에 한치도 벗어나지 않은 보도였다. 물론 인용구절은 정확한 것으로 판단되지만, 진실을 선별적으로 선택하는 보도 방향의 뒤에는 분명한 의도가 감추어져 있다. 예를 들어, "니카라과만이 에스키풀라스 협정을 위반하면서 자유화를 거부하고 있다"는 거짓된 진실을 유포하려는 것이다. 전혀 진실과 달랐지만, 진실은 미국에게 반가운 일이 아니었으므로 보도될 수 없었다. 또한 온두라스에 근거지를 둔 미국 대리군의 테러 공격에 니카라과가 자율적으로 방어하기 위해서 자국의 영토 내에서 작전을 실시하고, 미국이 허용할 수밖에 없을 유일한 공급원을 통해서 무기를 제공받는 것이 어떻게 불법 행위란 말인가! 거꾸로, 미국 동맹국들이 토착 게릴라와 어떤 형식의 대화도 거부하면서 미국의 무기와 조언을 받아 그들을 억압하는 것은 어째서 합법 행위란 말인가! 미국의 보시(布施)를 얻어내려고 비즈니스적 차원에서 민주주의를 억지로 실천하는 코스타리카 대통령은 "신출내기 민주국가들"에서 자행되는 잔혹 행위, 민주주의 실천을 위한 최소 선결조건의 무지막지한 위반, 언론에서 그의 이름을 붙여준 평화협정의 위반에 대해서는 거의 신경쓰지 않으면서도, 협정의 조항과 민주주의의 실천을 평가하는 판관 노릇을 해낸다. 또한 군부독재국 과테말라의 대통령은 예전에 비해 줄어들기는 했지만 여전히 선량한 국민을 테러하고 살해하면서 민주주의의 실천을 완강히 거부하고 있음에도, 그들에 비해 훨씬 덜 억압적이고 더 개방된 나라를 비난하는 데 앞장선다. 한편 니카라과의 공격을 주도하고, 엘살바도르를 테러에 병들게 만들고, 과테말라의 인종학살에 버금가는 대량살상을 지원한 미국의 관리도 전혀 그럴 입장이 아니면서, 중앙 아메리카의 정국을 불안하게 만든 장본인을 색출하고 미국의 공격을 받아야 할 나라의 적정한 방어 수준을 뻔뻔스레 결정하고 있다. 미국이 거부하고 언론이 무시하는 국제사법재판소의 판결에서 분명히 볼 수 있듯이 국제 관례는 시민, 즉 분쟁 상태에 있는 양국의 시민에게 차별 없이 지원하는 것을 "인도적 지원"이라 정의하고 있지만, 미국이 대리군을 지원하는 것도 "인도적 차원"이란다. 국무성과 같은 "중립기관"이 그런 인도적 지원을 총괄하는 것이 유일하게 정의롭고 올바른 방향이라 주장한다. 니카라과가 자국의 방어수단을 강화하는 것이 당연한 대응책이라는 판단에 유럽의 민주국가들이 문제 삼지 않는다면, CIA가 니카라과 내의 테러 세력을 지원하는 것도 당연한 것이란 논리이다. 적어도 그 테러 세력이 불충실한 도구가 아니어서 "골치 아픈 니카라과 문제"의 원인이 아닐 때까지는 그렇다.

우리는 다른 식의 보도 방식을 상상해볼 수 있다. 가령 미국의 대외적 선전술에서 등을 돌리고 다른 소식통(예를 들어, 국제사법재판소)을 인용하면서 다른 기준(인권과 인간의 진실된 욕구, 민주주의와 자유, 법규 그리고 인류가 공통적으로 합의한 가치관)에서 선별된 관련 사실을 가감없이 보도하는 방식이다. 그러나 현재의 언론에서는 그런 태도를 좀처럼 찾아보기 힘들다. 비판적 어휘나 논리적 분석 없이 작위적으로 선택된 보도가 끊임없이 진실을 감추면서 미국 정부의 선전을 대중에게 주입시키면서 지배계급의 논리에 길들여가고 있다. 이제 진실성(眞實省)이라고 만들어야 할까 보다. 그러나 언론은 본연의 임무를 정직하게 수행하고 있을 뿐이라고 주장할 수 있다. 하지만 그것이 언론이 진실로 의도한 바는 아닐 것이라 믿고 싶다. 지난 10년 동안 중앙 아메리카에서 인권을 침해한 최악의 범죄자는 미국이 만들어낸 창조물—엘살바도르 정부와 니카라과 반군—과 미국이 지원해준 과테말라 체제일 것이다. 이런 진실이 주류 언론에서 진지하게 언급되고 논의된 흔적은 찾아볼 수 없었다. 물론 이런 체제들의 성격이 간혹 부분적으로 밝혀지기는 했지만, 중앙 아메리카에서 미국이 행한 역할이나 미국의 정치문화, 이런 식의 정치를 구축하고 지원하는 지배계급의 도덕적 기준에 대해서는 어떤 결론도 도출된 적이 없었다.

지금까지 어렵사리 도출된 결론들도 상당히 제각각이다. 《뉴욕 타임스》의 로버트 피어 특파원은 "부시 행정부에서 중앙 아메리카에 대한 새로운 외교 정책"이 전망된다고 쓰고 있다. 부시 대통령과 실용주의자인 제임스 베이커 국무장관은 "의회 및 라틴 아메리카 국가들과 협조관계를 더욱 돈독히 하면서, 산디니스타에 자유선거(워싱턴의 발표에 따르면 니카라과에서는 자유선거가 실시된 적이 없다)와 표현의 자유, 그리고 평화협정에서 보장한 기타의 권리들을 국민에게 허용하라고 정치적 압력을 가할 것"으로 기대된다. 또한 이런 정책을 독자에게 이해시키기 위해서, 피어는 "니카라과가 1987년과 1988년 두 번에 걸쳐 협정에 충실할 것을 약속했지만 미국과 다른 나라들은 산디니스타가 비협조적인 것에 불만스러워하고 있다"고 덧붙인다. 결국 미국의 속국들에 문제가 있을 수 있고, 미국의 행위에 의문이 있을 수 있다는 진실에 대해서는 조금의 흔적도 남기지 않은 충실한 보도였다.

지금까지의 성과는 전체주의 체제를 끌어가는 지배자들에게 아주 만족스러웠을 것이다. 하지만 그로부터 초래된 고통, 게다가 앞으로 닥쳐올 고통의 크기를 누가 감히 짐작할 수 있겠는가!

신자유주의 질서 안의 시장 민주주의

주장과 현실

나는 학문의 자유나 인간의 자유를 주제로 강연해 달라는 요청을 받았다. 많은 것을 말할 수 있는 주제이지만, 오늘 강연은 다소 단순한 문제를 집중적으로 다뤄볼 생각이다.

기회가 없는 자유는 악마의 선물이며, 그런 기회 제공을 거부하는 것은 범죄이다. 힘없는 사람들의 운명은 이곳 남아프리카에서부터 "문명국"이라고 자처하는 나라까지의 거리만큼이나 아득하기만 하다. 이 순간에도, 1천 명의 어린이가 쉽게 예방할 수 있었을 질병으로 죽어가고 있다. 또한 그보다 두 배에 달하는 많은 여성들이 간단한 의료 서비스를 받지 못해 임신이나 출산으로 죽거나 심각한 불구가 되어야 한다.[194)] 유니세프(UNICEF, 유엔아동기금)의 추정에 따르면, "개

---

* 이 글은 1997년 5월 남아프리카 케이프타운 대학에서 있었던 다비 연례 추모강연 내용을 정리한 것으로, 《Pretexts》(1998년 1호)에 수록되기도 했다. 또한 인터넷 잡지 《Z 매거진》(18 Millfield Street, Woods Hole, MA 02543, : www.Znet.org)에도 수록되었다.

발도상국"에서 지출하는 연간 군사비의 4분의 1이면 이런 비극을 이겨내고 기본적인 사회보장을 전면적으로 보장할 수 있다. 또한 미국 국방예산의 10%면 충분하다. 인간의 자유에 대한 어떤 논의라도 이와 같은 현실을 극복하는 데 초점이 맞추어져야만 한다.

이처럼 심각한 사회적 질환을 치유할 수 있다는 생각은 폭넓게 퍼져 있다. 이런 희망이 근거 없는 것은 아니다. 지난 수년 동안, 우리는 야만스런 독재정권의 몰락을 보았다. 또한 원대한 미래를 약속하는 과학발전을 이룩했고, 밝은 미래를 기대하게 해주는 많은 것을 보았다. 힘있는 사람들의 발언은 자신감과 승리감으로 가득하다. 미래로 향한 길은 이미 결정되어 있으며, 다른 길은 없다고 말한다. 그들이 힘을 주어 분명하게 말하는 내용의 핵심은 "냉전에서 미국의 승리는 정치원리와 경제원리의 승리, 즉 민주주의와 자유시장의 승리였다." 민주주의와 시장 경제는 "미래의 파도"라고 말한다. 또한 "미국은 미래의 표본이며 문지기"라고 말한다. 내가 비록 《뉴욕 타임스》의 선임 정치분석가를 인용하고 있지만, 이런 주장은 귀가 따갑도록 들었고, 세계 곳곳에서 끊임없이 되풀이되면서 날카로운 비판가들조차도 사실인 것처럼 인정하게 되었다. 이런 주장은 "클린턴 독트린"이란 이름으로 불리게 되었고, 우리의 새로운 소명은 "민주주의와 시장개방의 승리를 공고히 하는 것"이 되었다.

그러나 불만의 목소리도 높다. 극단적인 이상주의자들은 자비라는 전통적 소명을 끝까지 잃지 않아야 한다고 주장하며, 반대로 현실주의자들은 "범세계적 개선"을 위한 성전(聖戰)을 치를 준비가 아직 되어 있지 않다면서 다른 나라를 위해 우리의 이익을 포기할 수 없다고 반격을 가한다.[195] 더 나은 세계를 향한 길은 바로 여기에 있다.

내가 보기에 현실은 상당히 다르다. 과거에도 그랬듯이, 공공정책을 위한 토론은 정책에 아무런 영향도 끼치지 못한다. 미국을 비롯한 강대국들은 "범세계적 개선"에 관심이 없다. 민주주의가 전세계에서 공격받고 있다. 선진 산업국가들도 예외가 아니다. 적어도 공동의 이익과 개인의 이익을 추구할 기회가 우리에게 제공된다는 민주주의의 개념이 공격받고 있다. 비슷한 현상이 시장에서도 벌어지고 있다. 민주주의와 시장을 향한 무차별적 공격에 대해서는 좀더 이야기해야겠다. 공격의 선봉은 민간기업들이다. 그들의 힘은 끈끈히 연결된 협조체제와 강력한 국가의 뒷받침에서 비롯되지만, 일반 국민들에게는 거의 알려져 있지 않다. 제3세계의 구조적 모델을 세계화시키고 있는 사회정책의 결과, 그들의 막강한 힘은 더욱 커져간다. 또한 미국 민주주의의 틀을 세웠던 제임스 매디슨이 2백년 전에 예언했듯이, 고단한 삶 속에서 힘들게 일하면서, 축복의 평등한 분배를 꿈꾸며 남몰래 한숨짓는 사람들이 늘어나지만, 그들은 막대한 부와 특권을 누리고 있다.[196] 영미권 사회에서나 가능했던 그런 정책들이 이제는 세계 곳곳으로 확대되고 있다. "시장 경제는 무한하고도 불가사의한 지혜로 만들어낸 것", "시장혁명의 거센 흐름", "레이건식의 철저한 개인주의" 혹은 "시장에 완전히 맡겨버린 새로운 관행"에서 그런 정책이 선택된 것은 아니다.[197] 자유주의자에서부터 좌파에 이르기까지 모두가 한마디씩 거들고, 때로는 비판적인 냄새를 풍긴다. 또한 모두가 나름대로 분석에 몰두하지만, 전반적으로 시장경제를 향한 찬양일색이다. 그러나 현실은 정반대이다. 과거와 마찬가지로 국가의 간섭이 결정적인 역할을 하고 있다. 새로운 정책의 골격은 전혀 새로운 것이 아니다. 고도의 계급의식을 가지고 계급전쟁에 몰두하는 기업 세계의 인식을 가끔은 정확하게 보도하는 경제 전문 언론의 표현을 빌면, "자본에 의한 노동의 완전한 종속"이다.[198]

그런 인식이 옳다면, 보다 공정하고 보다 자유로운 세계로 향하는 길은 특권과 힘으로 규정 지은 범위 밖에 있음이 분명하다. 이 자리에서, 이런 결론에 대해서까지 증명하고 싶지는 않다. 그러나 이런 결론이 신중히 검토해보아야 할 만큼 신빙성 있다는 사실만은 지적해두고 싶다. 또한 전쟁을 통해서 터득한 교훈을 기업세계에 소개하면서 홍보업계의 거물이 된 에드워드 버네이즈가 말했던 것처럼, 군 조직을 조직적으로 편성하여 통제하듯이 여론을 조그만 단위까지 조직적으로 통제하지 못했더라면 현재 세상을 지배하는 주장들은 이미 흔적도 없게 되었으리란 점도 지적해두고 싶다.

버네이즈는 우드로 윌슨 시대에 선전을 도맡았던 대중정보위원회에서 쌓은 경험을 십분 발휘했다. 홍보업계에서 고전으로 일컬어지는 책에서, 그는 "물론 삶의 모든 분야에서 여론을 통제할 수 있다는 가능성을 영리한 소수에게 깨닫게 해준 것이 전쟁 동안 선전이란 분야가 거두어들인 가장 놀라운 성공이다"라고 쓰고 있다. 버네이즈의 목표는 이런 경험을 바탕으로 영리한 소수, 주로 기업계 거물들의 욕구를 충족시켜주는 것이었다. 기업계 지도자들은 대중의 습관과 생각을 신중하고 영리하게 조작하고 싶어하지 않는가! 따라서 버네이즈는 "대중의 동의를 끌어내는 기술이 민주적 절차의 핵심"이라고 정의했으며, 그 덕분인지 1949년에는 미국 심리학회에 기여한 공로로 상을 받기도 했다. 민중 투쟁이 민주주의를 확대하는 데 성공을 거두면서 이른바 "민주주의 위기"를 가져오자, 다시 말해서 원칙적으로 수동적이고 무관심해야 할 대중이 조직화되고 정치의 장으로 뛰어들어 그들의 이익과 요구를 추구하면서 안정과 질서를 위협하게 되자, 지배계급은 여론조작의 중요성을 새삼스레 인식하게 되었다. "보통선거와 보통교육에 의해서 (중략) 결국 부르주아 계급까지도 대중의 위협에 직면해야 했다. 대중이 스스로 왕이 되겠다고 선언했기 때문이다"라는 버네이즈의 경고가 현실로 나타나는 듯했다. 그러나 대중의 마음을 조절하는 새로운 수법이 고안되고 실행되면서, 그 현상은 완전히 뒤바뀌고 말했다. 지배계급에게는 여간 다행스런 결과가 아니었을 것이다.[199]

무척이나 놀라운 사실은 세계 민주주의를 이끌어가는 두 첨병국가에서 "1차대전에서 성공을 거두었던 선전수법"을 "정치전쟁의 장"에 적용시켰다는 점이다. 영국의 보수당 당수는 70년 전에 그렇게 했다. 또한 미국에서도 대중의 신망을 받던 지식인들과 정치학계의 저명학자들을 포함해서 윌슨을 추종하던 자유주의자들도 같은 해 똑같은 결론에 이르고 있었다. 당시 서구 문명의 다른 구석에서는 히틀러가 다음 전쟁에서는 결코 선전전에서 패하지 않을 것이라 다짐하고 있었다. 또한 히틀러는 영미식 선전술을 독일 정치에 적용하기 위한 나름대로의 독특한 방법을 고안해냈다.[200]

한편 기업계는 "새로이 정치세력화된 대중 앞에서 기업이 직면해야 할 위험"과 "인간의 정신과 벌여야 할 영원한 전쟁"에서 싸워 이겨야 할 필요성을 경고했다. 그렇게 하기 위해서 시민들에게 자본주의의 장점을 주입시켜 언제 어디서나 자본주의의 장점을 되새길 수 있도록 만들어야 했다. 기업계는 이런 과업을 실현시키기 위해서 엄청난 노력을 기울였고, 사실 이런 노력은 현대사에서 중심 과제의 하나였다.[201]

"미래의 파도"라고 선언된 "정치 원리와 경제 원리"의 진정한 의미를 깨닫기 위해서는 국민을 기만하기 위해서 온갖 미사여구로 윤색된 선언 너머의 것을 보아야 하며, 현실을 객관적으로 살펴보고 내부 비밀자료를 살펴보아야만 한다. 개별 사안을 면밀히 조사해보는 것도 확실한 결과를 얻을 수 있는 방법이다. 그러나 정확한 결과를 얻기 위해서는 사안의 선택에서 신중해야만 하며, 지켜야 할 몇 가지 기준이 있다. 첫째로, 개념의 제안자가 예로 제시한 사례를 선택하는 것이다. 가장 도전적인 연구가 될 것이다. 둘째로, 간섭을 가장 적게 받으면서 막강한 영향력을 행사하는 기록을 검증하는 것이다. 그런 기록에서 우리는 세계를 움직이는 원리의 가장 진실된 모습을 발견하게 된다. 크레믈린이 주장하는 "민주주의"와 "인권"의 의미를 알고자 할 때, 미국에서의 인종차별과 위성국에서 자행되는 국가 테러를 비난하는《프라우다》에 관심 가질 사람은 없을 것이다. "인민 민주주의"를 표방하는 동유럽의 사태는 더욱 시사적이다. 기본적인 기준이지만, "미래의 문지기이며 표본"이라 자처하는 나라에도 그대로 적용된다. 라틴 아메리카는 말 그대로 실험장이다. 특히 카리브 연안의 중미는 그렇다. 이곳에서 미국은 거의 1세기 동안 외부의 도전을 받지 않았다. 따라서 정책의 운영원리, 특히 신자유주의로 대표되는 "워싱턴 컨센서스"의 운영원리는 이 지역에서 일어난 사태를 조사해보면 가장 명백하게 드러난다.

이런 검증이 거의 시도되지 않았다는 점도 흥미롭다. 그런 검증을 제안만 하더라도 극단주의자 혹은 그 이상의 매도를 당하게 된다. 나 역시 "독자 몫의 검증"으로 남겨두려 한다. 다만 그 기록이 "미래의 파도"라는 정치 원리와 경제 원리에 대해 유익한 교훈을 전해줄 것이란 점만 지적하고자 한다.

"민주주의를 위한 성전"은 레이건 시대 동안 뜨겁게 달아올랐다. 라틴 아메리카는 선택된 땅의 역할을 다했다. 그 결과는 미국이 어떤 식으로 우리 시대 민주주의의 승리를 위한 디딤돌이 되었던가를 분명하게 설명해준다.[202] 민주주의에 대한 최근의 학술 연구는 "라틴 아메리카에서의 민주주의 부활"을 "감동적"이라 표현한다. 그러나 문제가 없지 않다. 완전히 정착시키기 위해서 아직 이겨내야 할 장애가 많지만, 그런 장애는 미국과의 더욱 긴밀한 융화로 끝내 극복될 수 있을 것이다.[203] 샌포드 레이콥은 "역사적인 북미자유무역협정(NAFTA)"이 민주화를 위한 강력한 도구가 될 것이라 지적하면서, 전통적으로 미국의 영향권 내에 있던 지역의 국가들은 "군부의 개입과 시민전쟁이란 악순환을 이겨내고" 바야흐로 민주주의를 향해 다가가고 있다고 말했다.

이런 최근의 사태를 좀더 면밀하게 살펴보도록 하자. 미국의 위압적인 영향력을 그대로 받아들인 사례이면서, "미국의 사명"이 일구어낸 업적과 약속을 과시하는 데 빠짐없이 선택되는 사례이기도 하다.

레이콥의 표현대로, 민주주의를 완전히 정착시키는 데 가장 큰 장애는 "국내 시장"을 보호하려는 저항이었다. 다시 말하면, 외국 기업(주로 미국 기업)에게 사회의 주도권을 넘겨주지 않으려는 저항이었다. 따라서 의사결정권이 책임성 없는 개인 기업, 주로 외국에 본부를 둔 민간의 폭군들에게 넘겨질 때, 민주주의가 강화된다는 논리가 성립된다. 한편 승리자로 모습을 드러낸 신자유주의에 근거한 정치 및 경제 원리에 맞추어 국가의 역할이 축소되면서, 국민의 활동무대도 위축된다. 세계은행의 한 보고서에 따르면, 새로운 원리는 "다수의 참여라는 정치적 이상(理想)에서 벗어나 권위적이고 관료적 이상으로의 전격적 이동"을 보여주고 있다. 이런 원리는 20세기 자유주의와 진보주의의 사고관을 대표하는 것이며, 레닌의 사상과도 다르지 않다. 결국 그 둘은 생각보다 훨씬 비슷한 것이다.[204]

이처럼 현실의 이면을 꿰뚫어볼 때, 우리는 민주주의와 시장이 실제 어떤 모습으로 운영되는가를 분명하게 알게 된다. 레이콥은 라틴 아메리카에서의 "민주주의 부활"을 주의 깊게 살피지 않았다. 그러나 그는 1980년대 워싱턴의 성전에 기여했던 학술논문 하나를 인용하고 있다. 그 논문의 저자는 토마스 캐로서즈였다. 캐로서즈는 레이건의 "민주주의 강화" 프로그램에 일익을 담당했지만, 학문과 "내부자 관점"을 결합시킨 학자이다.[205] 그는 "민주주의를 고양시키려는 워싱턴의 노력"을 "진지한 것"이라 평가했지만, 워싱턴의 노력은 총체적인 실패였다. 오히려 워싱턴의 영향이 가장 적었던 나라에서 민주주의를 향한 진정한 진보가 있었다. 처음에 레이건 행정부는 그런 사실을 극구 부인했지만, 그 증거가 분명히 제시되었을 때 그들의 희생이 일구어낸 성과로 돌렸다. 한편 미국의 입김이 가장 크게 미쳤던 나라에서는 진보의 흔적을 찾을 수 없었다. 민주주의가 진전된 나라에서 미국의 역할은 미미했거나 부정적이었다. 캐로서즈의 결론에 따르면, 미국은 "비민주적인 사회의 기본 질서"를 유지하면서 "민중을 바탕으로 한 변화"를 피하려 애썼으며, "미국과 오랫동안 동맹관계를 맺어온 전통적인 권력 구조를 유지하기 위해서 매우 제한적인 상의하달식의 민주적 변화를 꾀할 수밖에 없었다."

캐로서즈의 결론을 올바로 이해하려면 설명이 필요하다. '미국'이란 낱말은 전통적으로 미국 내의 권력 집단을 지칭하는 데 사용된다. 따라서 "국익"은 그런 권력 집단의 이익이며, 일반 국민의 이익과는 아주 미약한 관계만 있을 뿐이다. 따라서 결론은 "미국 내의 권력 집단과 오랫동안 동맹관계를 맺어온 전통적인 권력 구조를 유지하기 위해서, 워싱턴이 상의하달식의 민주주의를 획책했다"로 바꿔 쓸 수 있다. 그렇게 놀라운 사실은 아니다. 역사책에서 수없이 보았던 모습이다.

이런 현상을 올바로 이해하자면 의회 민주주의의 성격을 보다 면밀히 분석해볼 필요가 있다. 이때 미국은 빼놓을 수 없는 연구대상이다. 미국이 지닌 막강한 힘도 하나의 이유이지만, 미국의 안정되고 오랜 민주적 제도 때문이기도 하다. 게다가 미국은 거의 백지상태에서 시작했다. 1776년 토마스 페인이 말했듯이, "미국은 원하는 만큼 행복해질 수 있었고, 무엇이나 그려 넣을 수 있는 백지였다."[206] 인디언 사회는 거의 소멸된 상태였다. 사회정치적인 질서도 세심한 계획에 따라 구축되었다. 또한 미국에는 유럽적인 잔재마저도 거의 남아 있지 않았다. 따라서 자본주의 이전 체제에서 비롯된 사회 보장이나 지원 체제가 상대적으로 취약한 원인의 하나가 되었다. 역사 연구를 위해서, 실험을 해볼 수는 없다. 그러나 미국은 자본주의적 민주주의 국가의 형성과정을 연구하는 데 "이상적인 사례"에 가깝다.

미국 헌법을 만든 핵심 설계자는 빈틈을 찾아보기 어려웠던 정치사상가 제임스 매디슨이었던 까닭에, 그의 세계관이 폭넓게 반영되었다. 헌법제정을 위한 토론장에서, 매디슨은 "영국에서도 투표권이 모든 계층의 국민에게 주어진다면, 지주들의 재산권이 위협받게 될 것이다"고 지적했다. 그러나 땅 없는 사람들에게 땅을 나누어주는 토지 개혁법은 조만간 시행될 것이라고 덧붙였다. 매디슨과 그의 동료들이 생각하던 헌법은 그런 권리 침해를 방지하고, 재산권이라는 국가의 영원한 이익을 보장하는 차원에서 제정되어야만 했다. 또한 매디슨은 "정부의 첫째 임무는 무엇보다도 부유한 소수를 다수로부터 보호하는 것"이라고 선언했다. 이런 목표를 성취하기 위해서, 정치권력은 국부를 손에 쥔 사람, 즉 재산권이라는 개념에 충분히 공감하는 사람들에게 주어져야만 했다. 따라서 그들은 "권력의 안전한 보관소"가 되어야 했고, 그밖의 사람들은 소외되고 분열되기 마련이므로 정치의 장에 제한적으로 참여할 권리만 주어졌다. 매디슨 학파에서도, "헌법은 본질적으로 당시 민주화 추세를 억누르기 위한 귀족주의적 문헌이었다"는 의견에 동의하고 있다. 당시의 헌법은 부자가 아니거나, 좋은 가문의 출신이 아니거나, 탁월하지 않은 사람은 정치권력에서 배제하면서, "더 나은" 사람들에게 권력을 몰아주었다.[207]

이런 결론은 매디슨과 헌법체계가 인간의 권리와 재산의 권리를 동등하게 취급하려 했다는 시각으로 종종 해석된다. 그러나 이런 식의 해석은 잘못된 것이다. 재산에는 어떤 권리도 없다. 원칙에서나 실생활에서나, "재산의 권리"는 "재산, 특히 물리적 재산에 주어진 권리"를 의미한다. 반면에 인간의 권리, 즉 인권은 다른 모든 것에 우선하며, 누구도 다른 사람에게서 그 권리를 빼앗을 수 없다는 점에서 다른 것들과 성격을 완전히 달리하는 것이다. 이처럼 인권과 재산권의 차이를 확실히 해둘 때, 우리는 매디슨의 영향력 있는 동료였던 존 제이가 철칙으로 삼았던 "이 나라의 주인인 국민이 이 나라를 지배해야만 한다"는 정신을 올바르게 이해할 수 있을 것이다.[208]

일부 역사학자들이 주장하듯이, 원주민이 쫓겨나거나 학살당한 끝에 현재와 같은 국경이 완성된 이후 그런 원칙은 힘을 잃었다고 주장할 사람도 있을 것이다. 당시의 평가가 어떠했든지 간에, 19세기 후반이 되어 건국이념은 더욱 가혹한 모습으로 바뀌었다. 제임스 매디슨이 "인간의 권리"를 언급했을 때, 그가 뜻했던 것은 인격체로서의 인간(human)이었다. 그러나 산업경제의 성장과 법인사업체의 등장은 인권이란 낱말에 전혀 새로운 의미를 부여했다. 현재의 공문서에서 인격체는 인간, 조합, 협회, 재산, 합명(合名)회사, 신탁회사, 주식회사, 그밖의 조직체, 심지어 정부 단위까지도 포괄하는 개념으로 쓰인다.[209] 매디슨을 비롯해서 계몽주의와 고전자유주의에 뿌리를 둔 지식인이 알았다면, 엄청난 충격이었을 개념으로 바뀐 것이다.

엄밀하게 말해서, 인권과 민주주의에 대한 이런 급진적 변화는 입법부가 주도한 것이 아니었다. 사법부의 판결과 지식인의 논평으로 시작되었다. 과거에는 어떤 권리도 없는 인위적 객체로 생각되던 주식회사가 인간과 똑같은 권리를 부여받게 되었다. 한걸음 더 나아가, 그들은 "죽지 않는 인격체"였고, 막대한 부와 권력을 지닌 "인격체"가 되었다. 게다가 그들은 국시(國是)에 제약을 받지 않았고, 커다란 제약 없이 원하는 대로 행동할 수 있었다. "집산주의적 합법체(collectivist legal entities)"에 이런 전능의 권리를 부여하게 된 학문적 근거는 볼셰비키즘과 파시즘의 근간을 이룬 신헤겔 철학이다. 즉, 유기적 조직이 인간의 권리를 넘어서는 권리를 갖는다는 사상이다. 보수적인 법학자들은 이런 개혁을 신랄하게 비판했다. 그런 개혁이 "권리는 인간 고유의 것"이란 전통적 믿음을 위협하고, 시장원리까지 위협하게 될 것이라 믿었기 때문이었다.[210] 그러나 이런 개혁을 담은 새로운 법은 제도화되었다. 한편 대부분의 미국인들이 노예보다 나을 것이 없다고 생각했던 노동임금의 합법화는 19세기적 사고방식을 벗어나지 못했다. 태동하던 노동운동계만이 아니라 아브라함 링컨과 같은 공화당원들, 그리고 언론계도 마찬가지였다.[211]

이런 변화에 담긴 엄청난 의미를 알아야 시장 민주주의의 본질을 올바르게 이해할 수 있다. 여기에서 그런 변화에 담긴 의미를 자세히 살펴볼 수는 없다. 그러나 변화에 따른 실질적인 결과를 비교해보면, 외국의 민주주의도 미국에서 추구했던 모델을 그대로 답습했다는 사실을 깨닫게 된다. 국민을 의사결정에 참여시키기보다는 방관자의 역할에 묶어두는 상의하달식의 지배라는 미국식 모델이었다. 현대 민주주의론의 주류에 따르면, "무지하고 떠들썩한 국외자"를 배제하는 모델인 셈이다. 금세기 미국에서 가장 존경받는 지식인이자 언론인이었던 월터 리프만이 민주주의에 대한 시론(試論)에서 국민을 그렇게 표현했다.[212] 그러나 "집산주의적 합법체"라는 새로운 시대를 맞아 급진적인 변화가 일어나기는 했지만, 아직도 전반적인 개념은 과거에 굳건히 뿌리내린 채 변하지 않고 있다.

미국의 지도가 이루어낸 "민주주의의 승리"를 다시 살펴보자. 레이콥이나 캐로서즈는 워싱턴이 비민주적인 국가의 전통적 권력 집단을 어떻게 지켜주었는가에 대해서 언급하지 않았다. 그들은 고문과 부상에 시달려야 했던 수만 명의 희생자와 수백만의 난민 그리고 회복불능일 만큼의 황폐함을 남겨놓은 테러리즘을 외면했다. 이런 희생은 고통받는 사람들에게 어느 정도의 정의와 민주적 권리를 보장받을 수 있도록 돕겠다면서 "가난한 사람들을 위한 최선의 선택"을 택했을 때, 교회가 미국의 적이 되어 싸워야 했던 전쟁의 대가였다. 끔찍했던 1980년대는 "목소리 없는 사람들을 위한 목소리"가 돼주었던 대주교의 살인으로 시작되었고, 똑같은 길을 택했던 예수회 소속 지식인 6명에 대한 학살로 끝을 맺었다. 그들 모두가 "민주주의를 위한 성전"의 승리자가 훈련시킨 테러리스트에게 목숨을 잃어야 했다. 또한 미국에 비판적이었던 중미의 손꼽히던 지식인들도 암살당했다는 사실을 간과해서는 안 된다. 살인은 그들의 입을 영원히 닫아버렸다. 그들은 분명 말을 남겨놓았지만, 그들의 주장은 미국에 전혀 알려지지 않았다.

이런 사건은 승리자의 주장대로 역사에 기록되지 않는다. 레이콥의 연구도 이런 점에서 벗어나지 않는다. 남겨진 현실은 "군사개입"과 "시민전쟁"의 흔적을 분명하게 드러내 보인다. 다른 어떤 가능성도 생각할 수 없다. 현재의 권력 집단 하에서 미래를 만들어갈 원칙의 진실된 모습을 알고자 하는 사람이라면, 이런 사건을 간과해서는 안 될 것이다.

니카라과에 대한 레이콥의 지적은 그야말로 많은 뜻을 담고 있다. "민주선거가 있은 후, 시민전쟁은 끝났다. 윤택하고 자립할 수 있는 사회를 건설하기 위한 힘겨운 노력이 진행중이다." 현실 세계에서, 니카라과를 공격했던 초강대국은 첫번째 민주선거가 있은 후 공격의 강도를 더욱 높였다. 1984년의 선거는 남미교수협의회(the professional association of Latin American scholars, LASA), 아일랜드와 영국의 의회 대표단, 레이건의 잔혹 행위를 공공연히 지지했던 악의적인 네덜란드 정부대표단의 엄밀한 감시를 받았고, 합법적인 선거로 공인받았다. 중앙 아메리카 민주주의의 첨병이며 비판적 참관인이었던 코스타리카의 호세 피구에레스도 니카라과에서의 선거를 합법적인 것으로 인정하면서, 산디니스타가 평화롭게 시작했던 일을 직접 마무리 지을 수 있도록 미국의 허락을 촉구하였고, "그들에게는 그럴 자격이 있다"고 주장했다. 미국은 선거 자체를 강력히 반대하면서, 선거를 무산시킬 방법을 모색했다. 민주선거가 미국이 간섭하는 테러전쟁을 방해할지도 모른다고 걱정했다. 그러나 민주선거 자체가 의미없는 사기극이라는 선전술을 동원하고 언론의 보도를 효과적으로 금지시킴으로써 그런 걱정을 해소할 수 있었다.[213]

예정대로 다음 선거가 다가왔을 때,[214] 결과가 미국의 의도와 다를 경우 니카라과 국민들은 비합법적인 경제전쟁만이 아니라 "불법적 무력사용"을 계속 감당해야 했을 것이란 사실도 간과되고 있다. 국제사법재판소가 미국의 만행을 "불법적 무력사용"이라 판결하며 당장 중단할 것을 명령했지만, 메아리 없는 아우성일 따름이었다. 이번 선거 결과는 다행이었다. 미국은 환희의 축배를 터뜨렸고 언론에 대대적으로 보도되었다.[215]

비판의 첨병에 있어야 할 언론도 굴복하고 말았다. 《뉴욕 타임스》의 칼럼니스트 앤서니 루이스는 평화와 민주주의를 위한 워싱턴의 실험을 극찬하며, "우리는 낭만주의 시대에 살고 있다"고 말했다. 실험방법은 비밀이 아니었다. 따라서 시사주간지 《타임》은 "니카라과에서도 민주주의가 시작되었다"고 감격해하면서, 다음과 같이 실험방법을 숨김없이 요약해 보였다. "경제를 피폐화시키고 대리전쟁을 줄기차게 계속함으로써, 지친 국민이 원하지 않는 정부를 전복하게 만든다." 그 비용은 미국에게 사소한 것이었지만, 희생자들에게는 "무너진 다리, 멈추어버린 발전소, 황폐해진 농장"을 남겨놓았다. 또한 미국의 대통령 후보에게는 "필승의 구호"를 제공해주었지만, 니카라과 국민에게는 빈곤만을 안겨주었다. 테러가 계속되었다는 사실은 언급할 필요조차 없다. 그들이 치루어야 했던 비용은 결코 "사소한 것"이 아니었다. 캐로서즈는 "1인당으로 계산할 때 희생자는 남북전쟁과 20세기의 모든 전쟁에서 목숨을 잃은 미국인 희생자를 훨씬 넘어선다"고 지적한다.[216] 그러나 결과는 "미국 페어플레이의 승리"였다. 《뉴욕 타임스》는 그런 표제로 대서특필하면서, 알바니아와 북한식의 "집단 열광"을 미국인에게 안겨주었다.

이런 "낭만주의 시대"의 방법론과 비판 집단에 대한 대응은 승리자로 부각된 민주주의 원칙에 대해 많은 회의를 품게 만든다. 또한 니카라과에서 "윤택하고 자립할 수 있는 사회를 건설하는 것"이 힘겨운 노력이었던 이유를 알게 해준다. 그런 노력이 지금 진행중이고, 혜택 받은 소수를 위해서는 만족스러운 것도 사실이다. 그러나 대다수의 국민은 사회경제적 재앙에 직면하고 있다. 이런 모든 것이 서구 선진국에 의존하고 있는 나라들의 전형적인 모습이다.[217] 그럼에도 언론은 우리 시대 민주주의의 승리를 위한 첫걸음이라 찬양하며, 승리의 노래를 불렀다.

　자유주의를 표방하는 지식인들까지도 "엘살바도르인의 인권보다는 미국의 국익이 우선하므로, 많은 사람이 죽더라도 (중략) 라틴 아메리카의 파시스트들"에게 군사 지원과 무자비한 전쟁을 워싱턴에 촉구했다는 사실에서 우리는 승리의 원칙에 대해 많은 생각을 하게 된다. 미국 언론과 텔레비전 토론에서 좌익을 대표하던 《뉴 리퍼블릭》의 마이클 킨슬리조차도 무장하지 않은 시민들을 공격한 미국의 공식 정책에 대한 무분별한 비판을 나무랐다. 그의 주장에 따르면, 미국의 국제적인 테러공작이 수많은 시민에게 고통을 안겨주지만, 세계 지도자들이 말하듯이 "비용-혜택의 대차대조표에서 흘린 피와 고통으로 민주주의라는 열매를 맺을 수 있다면 테러공작도 절대적으로 정당한 것"이다. 결국 테러가 그 자체로는 아무런 가치가 없지만, 실용적 기준을 만족시키면 괜찮다는 논리이다. 나중에 킨슬리는 원하던 목표가 성취되었다고 주장했다. "니카라과 국민을 도탄에 빠뜨린 것은 전쟁을 피하기 위해 어쩔 수 없었던 선택이었다. 경제봉쇄와 국제개발차관의 거부라는 병립정책은 니카라과의 경제를 파멸로 몰아갔고, 경제적 재앙을 안겨주었다. 야당으로서는 최고의 선거 쟁점을 얻은 셈이었다." 그리고 킨슬리는 1990년의 "자유선거"에서 "민주주의 승리"를 환영하는 데 동참할 수 있었다.[218]

　우방국도 비슷한 특혜를 누린다. 15년 전 처음 있었던 이스라엘의 레바논 침공을 생생하게 보도해주었던 《보스턴 글로브》의 해외담당 국장 그린웨이는 두번째 침공을 논평하면서, "인명을 살상하더라도 레바논 마을을 폭격해서 난민을 북쪽으로 몰아내는 것이 이스라엘 국경을 공고히 하고 헤즈볼라의 세력을 약화시키면서 평화를 앞당길 수 있다면, 나라도 그렇게 하라고 말했을 것이다. 많은 아랍인과 이스라엘인의 생각도 마찬가지이다. 그러나 역사는 레바논에 대한 이스라엘의 조치에 호의적이지 않았다. 이스라엘의 노력에도 불구하고 문제는 해결되지 않았고 더 많은 문제만을 잉태했다"고 논평했다. 결국 실용적인 기준에 따라서, 많은 시민의 살상과 수십만 난민의 추방과 레바논 남부의 파괴는 흐지부지되고 말았다.[219]

얼마 전 이곳 남아프리카에서 비슷한 사례를 찾는 것도 그다지 어려운 일은 아닐 것이다. 그러나 내가 지금 언급하고 있는 사람들이 모두 "좌익"이라 불리는 건전한 상식을 가진 비판자들이란 사실을 기억해야만 한다. 이런 현실도 승리의 원칙과 지식인 사회에 대해 많은 것을 말해준다.

소련제 요격미사일을 구매하려던 니카라과의 계획(미국이 동맹국들에게 니카라과에 미사일을 판매하지 못하도록 압력을 넣었기 때문에)에 레이건 행정부가 보였던 반응도 흥미로웠다. 매파는 당장 니카라과를 폭격해야 한다고 주장했고, 비둘기파는 먼저 손익계산을 따져 보아야 한다고 반대했다. 그러나 손익계산이 맞아떨어지면, 미국은 니카라과를 폭격해야만 했다. 건전한 상식의 소유자들은 니카라과가 요격미사일을 필요로 한 이유를 짐작할 수 있었다. 미국을 대리한 군사세력에서 군수품을 공급하고 취약지역을 공격하도록 그들에게 최신 정보를 알려주는 CIA의 정찰비행을 저지하는 동시에, 자국의 영공을 보호하기 위해서는 요격미사일이 무엇보다 필요했다. 그러나 어떤 나라도 미국의 공격으로부터 시민을 보호할 권리가 없었다. 이런 암묵적 억설은 그동안 어떤 도전도 받지 않았다.

워싱턴은 이런 테러전쟁을 안보를 위한 것이라고 변명했다. 사실 안보는 어떤 잔혹 행위, 심지어 나치의 홀로코스트마저도 정당화해주는 구실이다. "니카라과 정부의 정책과 행동이 미국의 국가안보와 외교정책에 심각한 위협을 주고 있다"는 구실로 로널드 레이건이 그런 위협에 맞서기 위한 비상시국을 선언했을 때, 비판의 코웃음을 던지는 지식인은 없었다.[220] 모두가 미국처럼 반응하는 것은 아니다. 1961년 쿠바를 응징하기 위해 케네디가 주변국의 협조를 요청했을 때, 한 멕시코 외교관은 멕시코가 쿠바의 응징에 동참할 수 없는 이유를 이렇게 설명했다. "쿠바가 우리 국가안보에 위협이 된다고 공개적으로 선언한다면, 4천만 멕시코 국민이 포복절도할 것입니다!"[221] 유럽의 지식인들도 국가안보에 심각한 위협이 있을 때마다 한층 균형 잡힌 시각을 보여준다. 비슷한 논리로, 옛 소련도 안보에 중대한 위협이었던 덴마크를 공격할 수 있었다. 또한 폴란드와 헝가리가 독립을 위한 첫걸음을 떼었을 때, 그들을 공격했던 것도 국가안보라는 이유에서였다. 지금도 이런 구실이 심심찮게 들린다는 사실은 승리자의 생각을 흘리는 것이며, 장래에 있을 일을 짐작하게 해준다.

냉전을 구실로 내세운 사례의 본질은 쿠바의 경우에서 극명하게 드러난다. 또한 그것이 미국의 행동원칙이기도 하다. 이 원칙은 지난 몇 주 전에 다시 한 번 확실히 과시되었다. 쿠바의 경제제재에 대한 유럽연합의 제소를 받아들인 세계무역기구(World Trade Organization, WTO)의 판결을 미국이 거부하지 않았던가! 사실 쿠바에 대한 경제제재는 현재 최악의 상태로 치닫고 있지만, 그동안 미주기구와 유엔에서 거의 회원국의 만장일치로 거듭해서 국제법 위반이라고 비난을 퍼부어왔던 사안이다. 하지만 미국은 워싱턴의 명령을 듣지 않는 제3국에게도 준엄한 심판을 내리면서, 다시 국제법과 무역협정을 위반하는 오만함을 보인다. 신문기록협회지(Newspaper of Record)의 보도에 따르면, 클린턴 행정부의 공식 반응은 "케네디 행정부 시절까지 거슬러 올라가는 미국의 대(對)쿠바정책, 즉 하바나의 카스트로 정권을 필사적으로 전복시키는 데 목적을 둔 미국의 정책에 유럽은 30년 동안 줄기차게 도전을 해왔다"며 못마땅한 표정이었다.[222] 또한 클린턴 행정부는 WTO가 미국의 안보문제까지 간섭하면서 미국에게 국내법을 개정하도록 강요할 권리는 없다고 공식발표했다.

그런데 바로 그 날, 워싱턴과 언론은 WTO 통신협약을 "외교정책의 새로운 도구"가 될 것이라며 대환영하는 분위기였다. 말하자면, 다른 나라들에게 워싱턴의 요구에 따라 국내법이나 조례를 개정하도록 강요하는 것으로, 그들 나라의 통신시스템이 미국의 초다국적 기업들에게 넘어갈 수도 있는 위험천만한 협약이었다. 민주주의에 가해지는 또 하나의 치명타였다. 그러나 국제사법재판소가 미국에게 국제테러와 불법적인 경제전쟁을 중단하라고 강요할 권한이 없듯이, WTO에게도 미국에게 국내법을 개정하도록 강요할 권한이 없다. 결국 자유무역과 국제법은 민주주의와 같은 것이다. 이상은 더없이 좋은 것이지만, 과정이 아니라 결과로 판단되는 것일 따름이다.

WTO에 대한 논리는 미국이 국제사법재판소의 니카라과에 대한 판결을 부인한 근거와 엇비슷하다. 두 경우 모두에서, 미국은 판결이 미국에 불리할 것이라는 지레짐작으로 국제사법재판소의 사법권 자체를 부인했다. 쉽게 말해서 공정한 법정이 아니라는 논리이다. 국무성 법률고문의 설명을 들어보자. "미국이 국제사법재판소의 사법권을 인정했던 1940년대 유엔의 대부분 회원국들은 미국과 뜻을 같이하면서 세계질서에 대한 미국의 관점에 동조해주었다. 그러나 이제는 유엔 헌장의 본래 취지를 지키려는 우리의 입장에 대다수의 회원국들이 마음을 같이 하지 않는다. 또한 과반수를 넘는 그런 회원국들이 중요한 국제문제에 대해서도 미국에 종종 반대하고 있다." 이처럼 세계가 미덥지 못하기 때문에, 또한 "근본적으로 미국의 국내법 관할

내의 문제와 관련된 분쟁에 대한 어떤 강제적인 판결도 미국은 인정하지 않는다"는 원칙을 근거로, 미국은 "국제사법재판소가 개개의 사안에 대해서 우리를 구속할 정도의 판결권을 갖느냐에 대한 결정권은 결국 우리의 몫으로 남겨두어야만 한다"는 결론에 자연스레 도달했다. 여기에서 언급된 "국내 문제"는 니카라과에 대한 미국의 무력공격이었다.[223]

언론도 지식인 계층의 의견에 동조했다. 즉 국제사법재판소가 미국의 뜻에 반하는 판결을 내림으로써 스스로 권위를 실추시켰다는 주장이었다. 물론 국제사법재판소의 핵심적인 판결내용은 거의 보도되지 않았다. 더구나, 미국이 니카라과 반군을 지원한 것은 인도적 차원의 지원이 아니라 군사 지원이었다는 판결은 더더욱 함구되었다. 이처럼 워싱턴의 테러, 경제전쟁, 외교 관례의 파기가 "미국 페어플레이의 승리"로 귀결될 때까지, 지식인들의 견해는 "인도적 차원"인 것으로 굳어져 있었다.[224]

WTO의 진면목을 알자고, 미국이 쿠바 경제의 목을 죄고 있다는 사실을 구태여 언급할 필요는 없다. 다만 미국이 타국의 정부를 멋대로 전복시킬 권리가 있다는 주장이 흥미로울 뿐이다. 사실 쿠바는 오랜 세월 동안, 미국의 무력공격과 전방위적인 테러에 시달려왔고 경제봉쇄에 신음해왔다. 미국의 안중에는 국제법과 무역협정도 없다. 승리자로 모습을 드러낸 미국식의 기본 원칙이 세계질서를 지배하면서 요란한 나팔소리를 울려댄다.

클린턴 행정부의 선언은 어떤 도전도 받지 않고 그대로 통과되었다. 그러나 역사학자 아서 슐레진저는 그런 선언이 거의 근거 없는 것이라며 일침을 놓았다. "케네디 행정부의 쿠바 정책에 관여한 당사자"로서, 슐레진저는 클린턴 행정부가 케네디의 정책을 잘못 이해하고 있다고 지적했다. 케네디 행정부는 쿠바를 "반구에서 분쟁을 촉진시킬 도화선"으로 판단했고, "소련과의 커넥션"을 걱정했던 것이라고 말했다.[225] 그러나 그런 걱정은 이미 지나간 일이다. 따라서 클린턴의 정책은 시대착오일 따름이다.

슐레진저는 "반구에서 분쟁을 촉발시킬 도화선"과 "소련과의 커넥션"이란 구절의 의미를 설명하지 않았지만, 그의 다른 글에서 그 의미를 추측해볼 수 있다. 1961년 초 케네디 대통령 당선자에게 라틴 아메리카 문제에 대한 분석결과를 보고하면서, 슐레진저는 카스트로가 촉발시킬 수도 있는 문제—클린턴 행정부에서는 "라틴 아메리카의 정세를 불안하게 만들려는 쿠바의 음모"라 칭하는 것—를 자세히 설명했다. "모든 것을 원래의 주인에게 돌려주자는 카스트로의 사상이 확산될 경우 심각한 문제가 야기될 것이다. (중략) 토지를 비롯한 국유재산의 분배에서 지주계급이 커다란 혜택을 보고 있다. (중략) 지금도 쿠바혁명에 고취된 빈곤층과 비특권층이 인간다운 생활을 위한 기회 제공을 요구하고 있는 실정이다." 한편 슐레진저는 소련과의 커넥션에 대해서도 설명했다. "소련은 한 세대 만에 현대화를 이룩해낸 모델로 군림하면서, 두 날개를 활짝 펴고 막대한 차관을 제공해주고 있다."[226] 워싱턴과 런던은 냉전이 시작된 80년 전의 시각에서 "소련과의 커넥션"을 광범위하게 해석하고 있었다.

카스트로를 "반구에서 분쟁을 촉발시킬 도화선"과 "소련과의 커넥션"으로 매도했던 과정을 알게 됨으로써, 우리는 냉전의 실체를 보다 정확하게 이해할 수 있다. 그러나 이 문제는 여기에서 따질 것이 아니다. 냉전은 기억에서 사라져가고 있는데, 볼셰비키 혁명 이전에 수립된 기본 정책은 요지부동이란 사실이 놀라울 뿐이다. 게다가 윌슨의 이상주의를 기치로 내걸고 범세계적 개선을 이룩한 사례 한 가지만 언급한다면, 아이티와 도미니카 공화국을 야만스레 무력으로 침공한 사건이 될 것이다.

쿠바 정권을 전복시키려는 정책은 실제로 케네디 행정부 이전부터 있었다. 카스트로는 1959년 1월에 정권을 잡았다. 그 해 6월, 아이젠하워 행정부는 카스트로 정권을 반드시 전복시켜야 한다는 결정을 내렸다. 곧바로 미군은 테러공격을 시작했다. "쿠바 국민에게 진정으로 이익이 되고 미국에게도 유리한" 체제를 위해서 카스트로를 전복시켜야 한다는 공식 결정은 1960년 3월 비밀리에 채택되었다. 물론 작전은 미국이 개입했다는 어떤 흔적도 남기지 않는 방법으로 수행되어야만 했다. 왜냐하면 라틴 아메리카에서 필연적으로 일어날 반발을 잠재우고, 국내에서도 정책입안자들의 부담을 덜어주어야 했기 때문이다. 슐레진저식의 해석은 별도로 하더라도, 당시 "소련과의 커넥션"이나 "반구에서 분쟁을 촉발할 도화선"은 없었다. CIA의 평가에서도 카스트로는 국민의 전폭적인 지지를 받고 있었다(클린턴 행정부도 이런 보고서를 받고 있을 것이다). 최근에 공개된 기밀 문서에 따르면, 케네디 행정부도 그들의 조치가 국제법과 유엔 및 미주기구의 헌장을 위반하는 것임을 충분히 인식하고 있었지만 그런 문제는 안건으로 상정조차 되지 않았다.[227]

이제 북미자유무역협정(NAFTA)를 생각해보자. 레이콥의 표현에 따르면, NAFTA는 멕시코에 미국식 민주주의를 심어주기 위한 "역사적" 협정이었다. 좀더 자세히 들여다볼 필요가 있다. NAFTA 협정은 의회의 힘을 빌어 여론의 완강한 반대를 잠재웠다. 그러나 기업계와 언론은 압도적으로 지지해주었다. 미국의 국제무역위원회(International Trade Commission, ITC)와 최신 경제이론(미국-캐나다 자유무역협정의 암담한 결과를 비참하게도 예측해내지 못했던 이론)으로 무장한 경제학자들은 NAFTA가 관련 당사자 모두에게 커다란 혜택을 약속한다고 자신있게 예언했다. 그러나 NAFTA의 계획안은 북미의 대부분 국민에게 피해를 안겨줄 것이기 때문에, 소수의 투자자와 금융계 이외에도 혜택이 돌아가도록 수정되어야 한다고 결론지었던 기술평가국(Office of Technology Assessment, OTA, 의회조사국)의 조심스런 분석은 완전히 묵살되었다. 더욱 의미심장한 사건은 비슷한 결론을 제시했던 미국 노동계의 공식 입장마저도 묵살된 것이었다. 노동계의 의견은 "변화에 대한 두려움과 외국인에 대한 두려움"에서 비롯된 "철없이 위협하는 술책"이며 "시대에 뒤진 낡은 전망"이라고 매도되었다. 바로 좌익임을 자처하는 앤서니 루이스의 평가가 그런 식이었다. 이미 증명되었듯이, 손익계산은 거짓말이었다. 그러나 민주주의를 위한 활기찬 실험에서 대중은 진실의 목소리를 들을 수 없었다. 이 시대의 비판적인 문헌을 검토하면 더 많은 진실을 알 수 있겠지만, 대중의 눈에는 멀리 떨어진 것이며 역사의 올바른 평가서로 공인받을 가능성도 없다.[228]

이제 NAFTA의 장밋빛 환상 같은 이야기는 들리지 않는다. 현실이 드러나고 있기 때문이다. 수십만 개의 새로운 일자리가 창출된다거나, 세 나라의 국민이 수많은 혜택을 누리게 될 것이란 이야기는 더 이상 들을 수 없다. NAFTA는 의미있는 성과를 거두지 못했다. 덕분에 그런 장밋빛 전망은 "분명한 실상을 반영한 경제전망"으로 대체되었다. 《월 스트리트 저널》은 "관리들이 좌절감을 느끼고 있다. 유권자들을 설득할 방법을 찾지 못하고 있다"고 보도하면서도, "실업률이 로스페로가 예측했던 것보다는 낮다"고 덧붙인다(OTA, 노동계, 주류에 끼이지 못한 경제학자들, 비판적인 분석가들과 달리). 로스페로는 때때로 극단적인 주장으로 쉽사리 웃음거리가 되었던 까닭에 주류의 논의에 끼어들 수 있었다. 어쨌든 《월 스트리트 저널》은 익명을 요구한 관리의 비관적인 전망을 인용하면서, "무역협정이 실제로 아무것도 해내지 못했다는 진실을 털어놓으면서 비평가들과 싸우기는 어렵다"고 말했다. 그러나 민주주의를 위한 감동적인 실험이 노도처럼 휘몰아쳤던 당시의 진실이 무엇이었는지는 잊혀지고 말았다.[229]

전문가들이 NAFTA를 "의미있는 성과를 거두지 못한 정책"으로 평가절하하는 동안, 국민 전체를 포함하는 "국익"이란 개념에서 "분명한 실상을 반영한 경제전망"이 주목받고 있다. 1997년 2월 상원의 금융위원회에서, 연방준비제도 이사회의 앨런 그린스펀 의장은 "노동시장의 고용불안—공정한 사회를 위해서는 꼭 필요한 조건—에서 비롯된 것으로 평가되는 임금인상의 이례적인 억제 덕분에 꾸준한 경제성장"이 있을 것이란 낙관적인 전망을 내렸다. 또한 1997년 2월, 클린턴은 연례 경제보고에서 행정부의 업적을 떳떳하게 내세우며, 노동시장의 구조와 현실의 변화가 주목할 만한 임금억제의 요인인 것처럼 간접적으로 평가했다. 결국 건강한 경제를 위해서는 임금억제가 필요하다는 논리인 셈이다.

이런 바람직한 변화의 한 이유는 NAFTA 노동사무국의 의뢰로 "기업경영의 자유원칙에 따른 급작스런 공장 폐쇄의 영향 및 세 국가에서 조직된 노동자의 권리에 대해서" 분석한 연구서에 자세히 쓰여 있다. 그 연구는 스프린트사의 불법적 노동행위에 대한 통신노동자들의 청원으로 NAFTA의 규정에 따라서 실행된 것이었다. 미국의 전국노사관계위원회에서도 노동자들의 불만을 시인했지만, 관례에 따라 여러 해가 지난 후에야 약간의 벌금을 명령했을 뿐이다. 코넬 대학의 노동경제학자 케이트 브론펜브레너가 맡았던 NAFTA 연구서는 캐나다와 멕시코에서는 출판 허가를 받았지만, 클린턴 행정부는 차일피일

미루었다. 그 연구서는 파업 파괴에 대한 NAFTA의 영향력을 적나라하게 보여준다. 생산시설을 해외로 이전하겠다는 기업주의 협박에 노동조합의 절반이 와해되었다. 예를 들어, 파업 움직임이 있는 공장 앞에 "멕시코로 이전할 시설"이란 간판을 붙이는 것으로 그만이었다. 그런 협박은 허풍이 아니었다. 그런 협박에도 불구하고 파업이 성공할 경우, 기업주는 공장을 전면적으로 혹은 부분적으로 폐쇄하는 것으로 맞섰다. 폐쇄율이 NAFTA가 발효되기 전(당시는 15%)보다 무려 세 배에 달했다. 또한 제조업처럼 시설 이전이 가능한 산업체의 공장폐쇄 협박은 건설업에 비해서 거의 두 배나 높았다.

 연구서에 밝힌 이런 수법은 모두 비합법적인 것이지만, 결과가 바람직하지 못할 때 무역협정이나 국제법을 위반하는 것과 마찬가지로 학술적인 문제일 따름이다. 레이건 행정부는 파업을 억제하기 위한 목적이라면 법의 테두리를 벗어난 행동이라도 범죄적 차원에서 다루지 않겠다는 정부의 의도를 기업계에 분명히 전달했다. 레이건의 후임자들도 이런 입장에는 변함이 없었다. 그 결과 노동조합은 실질적인 힘을 잃고 말았다. 점잖게 표현하면, 자유와 정의를 목표로 한 승리의 원칙을 제대로 이해하지 못한 후진적 사회에 떳떳하게 제시한 경제 모델에 따른 노동시장의 변화가 임금억제에 상당한 기여를 했던 것이다.[230]

 NAFTA가 지향했던 목표를 비판했던 목소리가 이제야 조용히 인정되고 있다. NAFTA의 실제 목적은 멕시코를 개혁의 올가미에 몰아넣어 "경제 기적", 정확히 말해서 멕시코 국민을 도탄에 빠뜨리더라도 미국 투자자와 멕시코의 부자를 위한 "경제 기적"을 이루려는 것이었다. 《뉴스위크》의 마크 레빈슨 기자는 "NAFTA의 실제 목표가 무역을 촉진시키는 것이 아니라 멕시코의 개혁을 공고히 하려던 것"이었다는 사실을 클린턴 행정부가 망각하고 있다고 거센 비난을 퍼부었지만, 장밋빛 전망만을 내세우며 NAFTA의 의회 통과를 서둘렀고 그런 "실제 목표"를 지적했던 비판가들이 사상의 자유시장에서 완전히 배제당했던 사실을 지적하지 않은 아쉬움을 남겼다. 물론 언젠가 그럴듯한 변명을 듣게 될 것이다. 예를 들어, 멕시코를 그런 개혁에 동참시킴으로써 1990년 9월 워싱턴에서 있었던 라틴 아메리카의 전략적 발전을 위한 워크숍에서 감지된 위험을 비켜갈 수 있었다는 변명 정도가 될 것이다. 워크숍에서 얻은 결론에 따르면, 멕시코의 무도(無道)한 독재정권과의 관계는 매끄러웠지만 한 가지 문제가 남아 있었다. "민족경제라는 차원에서 정부관리들이 미국에 도전하고 싶어하더라도, 멕시코에서 시작된 민주주의로 특별한 관계를 실험할 수 있었다."[231] 달리 말해서 협정을 통해 멕시코를 개혁에 동참시킬 수 있다면, 민족경제라는 주장은 심각한 문제가 아니었다. 미국에게는 협정의 의무를 무시할 힘이 있지만, 멕시코에게는 그런 힘이 없기 때문이었다.

간단히 말해서, 국내에서나 해외에서나 위협의 수단은 민주주의이다. 지금까지 살펴본 사례에서 분명히 알 수 있다. 민주주의는 언제라도 받아들일 수 있는 것이고, 때로는 대대적인 환영을 받기도 한다. 그러나 절차에서는 전혀 그렇지 못하다. 결과를 두고 판단한 것일 따름이다. NAFTA 역시 민주주의의 위협을 감소시켜줄 실질적인 장치로 선전되었다. 따라서 들끓던 여론의 반대를 미국에서는 민주적 과정의 전복으로 억눌렀고, 멕시코에서는 무력으로 억눌렀다. 이제 그 결과는 미개한 멕시코인들에게 미국식 민주주의를 안겨줄 희망찬 수단으로 선전되고 있다. 그 절차를 훤히 알고 있는 냉소적인 비판가조차도 고개를 끄덕일 수밖에 없을지도 모른다.

민주주의의 승리에 담긴 실제 의미를 살펴보기 위해 제시된 사례들은 조금도 과장되지 않은 것들이다. 비록 내가 의도했던 바를 정확히 반영하지는 않더라도 많은 것을 깨닫게 해주기에 충분하다.

시장은 언제나 사회가 만들어낸 창조물이다. 한편으로, 민주주의의 기능을 제한하려는 사회정책이 교묘하게 조작해낸 특별한 창조물이기도 하다. NAFTA와 WTO에서 그런 사례를 보았고, 앞으로 만들어질 수많은 기구들도 마찬가지일 것이다. 현시점에서 우리가 특히 관심있게 지켜보아야 할 협정은 투자에 관한 다자간 협정(Multilateral Agreement on Investment, MAI)이다. MAI는 현재 부자나라들의 모임인 OECD와 WTO(이 기구에서 MAI라 칭한다)가 주물럭대고 있다. 물론 그들은 MAI를 세계의 국민들이 모르는 사이에 체결하려 할 것이다. NAFTA도 처음에는 온갖 정보를 차단함으로써 국민의 눈과 귀를 막으려 했지만 성공을 거두지 못했다. 어쨌든 MAI의 초안대로 실행된다면, 전세계가 그야말로 손발이 묶이게 될지도 모른다. 다국적기업들에 민주정치의 장을 제한할 수 있는 강력한 무기를 제공함으로써, 시장을 휘젓고 다닐 수 있는 막강한 수단을 보유한 민간기업의 폭군들에게 국가의 정책까지 포괄적으로 내맡겨야 하는 위험이 있기 때문이다. 일단 그런 음모는 WTO에서 좌절된 듯하다. 아직까지는 거대 외국기업을 끌어들이는 데 열성을 보이지 않는 개발도상국, 특히 인도와 말레이시아의 거센 항의 때문이었다. 그러나 OECD의 수정안은 통과될 가능성이 없지 않다. 만약 통과된 후 세계의 나머지 국가들에게 기정 사실로 공포된다면 그 결과는 불을 보듯 뻔하다. 지금까지, 모든 협의과정은 비밀에 붙여지고 있다.[232]

클린턴 독트린의 선언에서도 승리의 원칙을 설명해주는 멋진 사례를 찾을 수 있다. 미국이 아이티에서 거두어들인 놀라운 업적이 그것이다. 또한 아이티는 클린턴 행정부가 자랑으로 내세우는 업적이기 때문에, 승리의 원칙을 들여다보기에 적절한 사례가 아닐 수 없다.

선거로 선출된 아이티의 대통령은 3년이 지난 다음에야 고국으로 돌아갈 수 있었다. 그동안 많은 국민들은 워싱턴과 밀접한 관계를 맺고 있던 군부의 철권정치에 떨어야 했다. 지금도 클린턴 행정부는 미국의 군부가 아이티에서 저질렀던 만행에 대한 16만 쪽에 달하는 자료를 공개하지 않고 있다. 인권감시단의 주장대로, 미국 정부가 쿠데타 정권과 연관되었다는 "곤혹스런 사실"이 밝혀질까 두렵기 때문일 것이다.[233] 또한 아리스티드 대통령에게 민주주의와 자본주의를 속성으로 가르쳐야 할 필요도 있었다. 워싱턴의 아리스티드 지지자의 표현대로, 다루기 힘들었던 성직자는 그런 식으로 길들여졌다.

허울뿐인 민주주의로의 달갑지 않은 전환을 다룰 때마다, 이런 식의 길들이기는 곳곳에서 확인된다.

귀국의 조건으로 아리스티드는 "시민 사회, 특히 국내와 해외의 민간 분야"를 촉진하는 방향으로 아이티 정부정책을 결정짓는 경제 계획을 받아들여야만 했다. 물론 아이티의 시민 사회는 군부 쿠데타를 지원했던 아이티의 부유층과 미국의 투자자들을 가리켰다. 억압된 환경 속에서도 그들을 위한 대통령을 선택했던 역동적이고 활력 있는 농민과 빈곤층은 시민 사회의 일원이 아니었다. 그들은 아이티의 첫 민주정권을 전복시키려는 미국의 악의에 찬 노력을 유발시킨 장본인일 따름이었다.[234]

아이티의 "무지하고 떠들썩한 국외자들"의 용납할 수 없는 행동은 응징받아야 했다. 미국의 뜻에 따랐던 공범자들이 힘을 합했고, 국가 테러리스트들과의 계약도 잇따랐다. 미주기구(Organization of American States, OAS)는 경제봉쇄를 선언했다. 부시 행정부와 클린턴 행정부는 처음부터 미국기업에 특혜를 줌으로써 경제봉쇄를 무의미하게 만들었다. 또한 텍사코 정유회사에게는 쿠데타 정권과 부유층의 지원을 비밀리에 허락함으로써 공식적인 제재 규정까지 위반하는 뻔뻔스러움을 보였다. 이런 사실은 미군이 "민주주의의 회복"을 위해서 아이티에 상륙하기 하루 전날 분명히 밝혀졌지만, 아직도 많은 사람들이 모르고 있으며 역사로 기록될 가능성도 거의 없다.[235]

그렇게 민주주의는 회복되었다. 새로운 정부는 워싱턴을 분노하게 만들었던 민주적인 개혁 프로그램을 포기하고, 1990년의 선거에서 겨우 14%의 지지를 얻었던 워싱턴의 후보가 내걸었던 정책을 시행해야만 했다.

이런 아이티의 예에서 우리는 "민주주의와 시장개방"을 위한 승리에 감추어진 진실된 의미를 분명하게 알게 된다.

서구의 정책입안자들은 다른 주장을 하고 있지만, 아이티 사람들은 진실을 꿰뚫어 보고 있는 듯하다. 1977년 4월의 의원선거는 투표율 5%라는 참담한 결과를 보이면서, "아이티는 미국의 희망을 저버렸는가?"라는 의문을 제기했다.[236] 우리는 그들에게 민주주의를 안겨주기 위해서 많은 희생을 치렀다. 그러나 그들은 배은망덕하게도 고마워하지 않는다. 여기에서 현실주의자들이 우리에게 "범세계적 개선"을 위한 성전에 가담하지 말라고 촉구하는 이유를 알 것 같다.

이와 비슷한 반응이 반구 전체에서 찾아진다. 여론조사에 따르면, 중앙 아메리카에서 정치는 관심이나 열정의 대상이라기보다는 "권태"와 "불신"과 "무관심"의 대상일 뿐이다. 냉담한 국민들은 민주주의에서 방관자라는 인식을 가지며, 미래마저도 비관적으로 평가하고 있다. 유럽연합의 지원으로 최초로 라틴 아메리카 전체를 대상으로 실시한 조사에서도 똑같은 결론에 이르고 있다. 브라질의 분석가에 따르면, "조사에서 확인된 가장 놀라운 사실은 소수의 엘리트만이 민주주의로의 전환에서 혜택을 보았다는 전반적인 인식이었다."[237] 라틴 아메리카 학자들은 최근의 민주화 파도는 신자유주의 경제개혁과 맞물려 있다는 사실을 지적하며, 신자유주의 경제개혁은 대다수의 국민에게 고통을 안겨줌으로써 허울좋은 민주주의를 비웃게 만들었다고 평가한다. 신자유주의 경제개혁은 부유한 국가에서도 비슷한 결과를 낳았다. 당연한 것이고 예상하지 않은 것도 아니다. 신자유주의는 몇 세기 전부터 있었던 것이며, 그 결과가 우리에게 전혀 낯선 것도 아니다. 저명한 경제사가 폴 바이로치는 "19세기 제3세계에 강요된 자유경제가 산업화를 지연시킨 가장 큰 원인이었다"고 지적했다. 이런 탈산업화가 제3세계에서 진행되는 동안, 유럽과 유럽의 마수에서 벗어난 지역은 신자유주의 원칙을 마음껏 위반함으로써 경제성장을 이룩할 수 있었다.[238] 비교적 최근의 사례를 예로 들면, 케네디의 라틴 아메리카 정책에 대한 비밀 보고서에서 아서 슐레진저는 "IMF(국제통화기금)의 해악적인 영향력"을 현실적인 관점에서 비판했고, 오늘날의 워싱턴 컨센서스(구조조정과 신자유주의)를 1950년대 판으로 해석해 보였다. 아무리 자신감에 넘친 미사여구로 포장하더라도, 경제발전은 여전히 미스테리인 부분이 적지 않다. 그러나 역사의 교훈은 상대적으로 명확한 것이어서 이해하기가 그다지 어렵지 않다.

이제 "미국의 냉전에서의 승리"가 민주주의와 시장경제의 승리라는 주장을 정리해보자. 다수로부터 소수의 부자를 보호하기 위한 상의하달식의 지배라는 뜻으로 민주주의를 이해하더라도, "냉전의 승리"는 부분적으로 민주주의의 승리로 받아들일 수 있다. 그럼 시장경제는 어떤가? 이런 의문에서, 현실은 전혀 그렇지 않다는 증거를 아이티의 예에서 분명히 볼 수 있었다.

NAFTA의 예를 다시 한 번 살펴보자. NAFTA는 "민주주의의 시작"

에서 비롯되는 위험에서 투자자들을 보호하기 위해서 멕시코를 시장경제라는 울타리에 가두었던 올가미였다. NAFTA는 결코 "자유무역협정"이 아니다. 동아시아와 유럽의 경쟁자들을 배제하기 위한 교묘한 보호주의정책이다. 또한 NAFTA는 범세계적 합의에 따라 지적재산권 보호라는 반(反)시장적 원칙을 철저하게 지키고 있다. 사실 부자인 나라들도 지금처럼 성장해온 과정에서 지적재산권을 인정하지 않았지만, 이제 와서 본국의 기업을 보호한다는 명목으로 지적재산권의 보호를 내세우고 있다. 그 결과의 한 예로 가난한 나라의 제약업계는 설 땅을 잃게 되었고, 그로 말미암아 과거의 특허체제 아래서 특허품의 생산과정을 개선함으로써 가능했던 기술혁명은 꿈도 꿀 수 없게 되었다. 결국 당사자에게 이익이 돌아오지 않으면, 시장이 필요없는 것과 마찬가지로 발전도 필요없는 것이다.

"무역"의 성격에 대해서도 의문이 제기된다. 미국과 멕시코 사이의 교역량 절반 이상이 같은 기업내의 거래인 것으로 알려져 있다. NAFTA가 발효된 이후로 교역량은 15%가량 증가되었다. 이미 십여 년 전, 멕시코 북부 공업지대의 공장들은 대부분이 미국인 소유로 최소한의 노동인력만을 고용했던 까닭에 멕시코의 경제에 실질적인 혜택을 거의 주지 못했다. 그럼에도 그들은 미국 자동차에 사용하는 엔진 블록의 33% 이상과 기타 핵심부품의 75%를 생산했다. 또한 1994년 NAFTA의 발효 이후 멕시코 경제의 붕괴는 미국과 멕시코의 교역량 증가를 새로운 위기로 몰아갔고, 미국 정부의 긴급구조로 부자들과 미국의 투자자들은 살아났지만 대다수 국민은 더 깊은 수렁으로 빠져들어야 했다. 한 경제언론지는 "멕시코가 싸구려 공산품의 생산지로 전락했고, 미국 산업노동자의 10분의 1에 불과한 저임금에 시달려야 했다"고 보도하기도 했다. 일부 전문가들에 따르면, 미국 자동차

산업의 전세계 교역량 절반 정도가 그런 내부거래로 이루어져 있으며, 다른 산업분야에서도 거의 마찬가지이다.[239] 그런데도 일부 경제학자들은 이런 세계 경제체제에게 "기업 중상주의(corporate mercantilism)"라는 멋진 이름을 붙여주었다. 자유무역이 추구하는 이상과는 전혀 동떨어진 개념이었다. OECD도 비슷한 관점을 내비치면서, "시장의 힘이라는 보이지 않는 손보다는 기업과 정부 사이의 전략적 제휴와 소수의 독과점 경쟁이 오늘날의 시장에서 경쟁력을 결정짓고 있으며, 첨단산업에서의 국제적인 노동분할을 결정짓고 있다"고 결론짓는다.[240]

미국은 국내경제에서도 신자유주의 원칙을 위배하고 있다. 미국 기업의 역사는 한마디로 요약될 수 있다. "현대의 기업들이 끊임없이 거듭된 내부거래로 경제활동을 조절하고 자원을 분배함으로써 시장 메커니즘의 역할을 대신했다"는 것이다. 시장원리를 극단적으로 위배한 전형적인 예이다. 물론 다른 형태의 위반도 많다.[241] 예를 들어, 자유로운 인적교류—예를 들어, 외국인 노동자—가 자유무역의 핵심이라 했던 아담 스미스의 주장이 어떤 운명을 맞았는지 생각해보라. 전략적 제휴로 뭉쳐 있고 강력한 국가의 지원을 받는 다국적 기업의 세계를 들여다볼 때, 겉으로 내세운 주장과 실제 현실 사이의 괴리는 더욱 깊어진다.

시장경제논리는 두 가지 방향으로 해석된다. 첫째는 힘없는 나라에 강요되는 공식적인 주장이고, 둘째는 "실제로 존재하는 시장경제논리"라 칭할 수 있는 것이다. 달리 말하면 시장원리가 당신에게 좋은 것이지만, 즉각적인 이득이 없을 경우 나에게는 부적절하다는 해석이다. 영국이 유럽에서 가장 발전된 나라로 부상한 이후 세상을 지배했던 것은 바로 "실제의 시장경제논리"였다. 영국은 세입의 급증과 효율적인 공공관리로 재정과 군사력을 정비함으로써 유일한 경제 강국이 되었고 세계로의 진출을 시도하면서,[242] 처음부터 지금까지 미국을 비롯한 산업국가들이 본받아야 할 표본을 만들어냈다.

영국은 150년 동안 굳게 지키고 있던 보호주의를 벗어던지고, 1846년 마침내 범세계적 자유무역을 주장했다. 영국의 국력은 모든 경쟁자를 훨씬 능가하고 있었다. 그러나 시장경제로의 전환에는 중대한 속셈이 감추어져 있었다. 영국산 직물의 40%가 식민지 인도로 흘러들어갔다. 또한 영국 수출품의 대부분도 거의 비슷한 비율이었다. 영국산 철강재는 고관세 때문에 미국에 수출될 수 없었다. 덕분에 미국은 자국의 철강산업을 발전시킬 수 있었다. 그러나 인도를 비롯한 다른 식민지들은 영국산 철강재가 국제시장에서 가격경쟁력을 상실할 때 충실한 수입국이 되어주었다. 인도는 우리에게 교훈을 남겨주었다. 18세기 후반, 인도는 유럽 제국만큼이나 많은 철강재를 생산하고 있었다. 오히려 1820년까지 영국의 기술자들은 한층 발전된 인도의 철강제조기술을 연구하면서 기술 격차를 줄이기 위해 안간힘을 다하고 있었다. 철로 건설이 시작되었을 때, 봄베이는 결코 뒤지지 않는 경쟁력으로 기관차까지 생산하고 있었다. 그러나 "실제의 시장경제논리"가 섬유산업과 조선산업을 비롯해서 당시의 기준으로 뒤질 것이 없었던 다른 산업분야를 유린했듯이, 인도의 철강산업도 파멸시켜버렸다. 그러나 미국과 일본은 유럽의 지배를 벗어나 있었던 까닭에, 과거의 영국처럼 국가가 시장을 통제할 수 있었다.

일본의 경쟁력이 대단한 것으로 밝혀졌을 때, 영국은 일본과의 경쟁을 포기해버렸다. 그리고 일본 수출품이 들어오지 못하도록 문을 굳게 닫았다. 인도의 제조업자들도 똑같은 보호조치를 요구했다. 그러나 일본이 아닌 영국으로부터의 보호였다. "실제의 시장경제논리"

아래서 그런 행운은 있을 수 없었다.[243]

1930년대 영국은 최소한 자유방임마저 포기하면서 국내경제에 보다 직접적으로 개입하기 시작했다. 몇 년이 흐르지 않아 기계류의 생산은 5배가 증가했고, 화학산업과 철강산업과 항공산업을 비롯해 수많은 새로운 산업들이 호황을 누렸다. 윌 허튼은 이 시대를 "산업혁명의 조용한 새 물결"이라 칭하고 있다. 이처럼 국가가 산업정책을 관리한 덕분에 영국은 2차대전 동안 독일의 생산력을 능가할 수 있었고, 당시 폭발적인 경제 성장을 누리고 있던 미국과의 격차도 좁힐 수 있었다. 그때 미국은 민간기업가들이 정부주도의 전시(戰時) 경제를 인계 받고 있었다.[244]

영국이 범세계적인 자유무역을 주장하고 한 세기가 지난 후, 미국도 똑같은 과정을 밟았다. 150년 동안 보호주의를 관철한 끝에 미국은 세계에서 가장 부유하고 가장 강력한 나라가 되었다. 과거 영국이 그랬던 것처럼, 미국은 어떤 경쟁자라도 능히 분쇄할 있는 수준 조절 프로그램의 이점을 꿰뚫어 보고 있었다. 그러나 영국처럼, 미국도 중대한 속셈을 감추고 있었다.

하나는 영국이 그랬듯이 무력을 사용해서라도 다른 지역의 독자적인 발전을 저해하는 것이었다. 라틴 아메리카, 이집트, 동남아시아를 비롯한 모든 지역에서, 경쟁적 수준이 아닌 보조적 수단으로 발전이 허용되었다. 또한 무역에서도 대대적인 간섭이 뒤따랐다. 예를 들어, 마셜 플랜에 의한 원조는 미국 농산물을 구입하는 것으로 한정시켰다. 덕분에 미국은 2차대전 전에 10%도 점유하지 못하던 세계 곡물시장을 1950년에 들어서면서 절반 이상 차지하게 되었다. 반면에 아르헨티나의 수출량은 무려 3분의 2나 줄어들어야 했다. 평화를 명목으로 내건 미국의 식량 원조는 미국의 농업 관련 산업과 해운산업을 보조하는 동시에 외국의 경쟁자들보다 저렴한 값으로 제공함으로써 그들의 독자적인 발전을 방해한다는 목적을 띠고 있었다.[245] 그로 인한 콜롬비아 밀산업의 몰락은 마약산업을 부추긴 원인 중 하나가 되었다. 실제로 마약산업은 지난 몇 년 동안 신자유주의 정책을 등에 업고 안데스 지역에서 나날이 번창하고 있다. 또한 1994년 클린턴 행정부가 수출물량을 쿼터로 제한했을 때, 케냐의 섬유산업은 붕괴되고 말았다. 모든 산업국가들이 밟아왔던 발전 과정에 덫을 놓은 셈이었다. 한편으로 아프리카의 개혁가들에게는 기업의 운영 조건을 개선하기 위해서 더 많은 개혁을 취해야만 하며, 무역 및 투자 정책에서 외국 투자자들의 요구에 맞추어 "시장경제"를 확실히 보장해주어야 할 것이란 경고가 주어졌다. 1996년 12월 워싱턴은 NAFTA와 WTO 규정을 위반하면서 멕시코의 토마토 수출을 금지시켰다(물론 공식적으로 관세를 요구하지 않았기 때문에 기술적인 차원에서는 NAFTA와 WTO 규정을 위반한 것이 아니었지만, 절대적인 힘의 과시였던 것만은 틀림없다). 플로리다 토마토 재배자들에게 이런 선물을 안겨준 공식적인 이유는 "미국 소비자도 멕시코 토마토를 원하지만, 그 가격이 멕시코 당국에 의해 인위적으로 억제되었다"는 것이었다. 달리 말하면, 시장경제는 원칙대로 작동되었지만 그 결과가 바람직하지 못했던 것이다.[246]

　이상의 예들은 빙산의 일각일 뿐이다.

　아이티도 전형적인 예이다. 아이티는 벵갈과 더불어 세계에서 가장 풍요로운 식민지였고, 프랑스 국부의 상당 부분을 채워주었다. 또한 80년 전 윌슨의 해군이 침공한 이후부터는 미국의 지배를 받아야 했다. 그러나 이제 그 나라는 멀지 않은 미래에 아무도 살 수 없는 폐허로 변해버릴 운명에 처해 있다. 1981년, 미국 국제개발국(USAID)과

세계은행의 개발전략이 시작되었다. 조립공장이 세워졌고 농산물수출이 시작되었다. 적어도 식량자급국이었던 아이티를 변화시켜 나갔다. USAID는 미국과 동등한 시장의존관계를 향한 역사적 변화를 공언하며, 아이티가 "카리브해의 대만"이 될 것이라 말했다. 세계은행도 민간기업의 확대와 정부간섭의 최소화라는 천편일률적 처방을 제시하며 USAID의 의견에 동조했다. 그 결과, 불평등과 빈곤이 증가되었고 건강과 교육수준이 떨어졌다. 그러나 세계은행의 처방에서는, 빈곤과 불평등을 감소시키고 건강과 교육수준을 개선시킬 것이라는 약속이 뒤따랐다는 사실을 주목할 필요가 있다.

아이티의 경우에서도 결과는 똑같았다. 미국 제조업자들과 아이티의 거부(巨富)들에게는 커다란 이익을 안겨주었지만, 1980년대 아이티의 평균 임금은 무려 56% 떨어졌다. 그야말로 "경제기적"이었다. 아이티는 아이티로 남아야 했다. 아이티와 전혀 다른 길을 걸었던 대만이 될 수 없었다.

아이티의 첫 민주정부는 그런 재앙을 경감시키려 노력했던 까닭에 미국의 분노를 불러일으켜 군사쿠데타와 공포정치를 맛보아야 했다. "민주주의가 회복된 후"에도, USAID는 아이티의 부자와 미국 투자자(즉, 아이티의 "시민 사회")를 위하여 시멘트공장과 제분공장의 민영화를 보장받을 목적으로 원조를 최대한 보류했고, 건강과 교육을 위한 투자를 금지시켰다. 농업 관련 기업체는 막대한 자금지원을 받았지만, 국민의 압도적인 다수를 점했던 농민과 수공업자에게는 아무런 지원도 없었다. 외국인 소유의 조립공장에서 일했던 노동자들(대부분 여성)은 열악한 노동환경에서 최저생계 수준 이하의 임금을 받아야 했지만, 기업주는 관대한 정부가 일정 금액을 보조함으로써 값싼 전기를 마음껏 사용할 수 있었다. 그러나 아이티의 가난한 사람들, 즉 대부분의 국민에게는 전기, 연료, 물, 식량마저도 지원되지 않았다. 가격 조절의 원인이 된다는 원칙을 고집한 IMF 규정에 따라 그런 지원은 애초부터 불가능했다.

"개혁"이 시작되기 전, 아이티의 쌀 생산은 완전자급이 가능했으며 국내경제와도 밀접한 관련을 맺고 있었다. 그러나 일방적인 자유화 덕분에, 현재 아이티의 쌀 생산은 겨우 50%의 자급률을 보이면서 경제 전체에 심각한 영향을 미치고 있다. 아이티는 경제학의 엄격한 원칙에 맞추어 관세를 철폐하는 "개혁"을 단행했다. 반면에 경제논리의 기적으로, 미국의 영농기업은 레이건 행정부로부터 매년 증가하는 막대한 공공자금을 계속 지원받았고, 1987년의 지원금은 총매출의 40%에 달하기도 했다. 그 결과는 충분히 예측가능했다. 1995년의 USAID 보고서에 따르면, 워싱턴이 밀어붙인 수출촉진정책과 투자정책은 아이티의 가난한 농부들을 가차없이 압박했고, 농부들은 어쩔 수 없이 농산물수출이라는 돌파구를 택함으로써 미국 투자자들의 지갑을 채워주었다. 이른바 합리적 기대 이론에 따른 것이다.[247]

이런 교묘한 술책에 따라서, 반구에서 가장 가난한 나라는 미국 농산물의 주수입국으로 전락하게 되었고, 미국 영농기업에 대한 보조금을 공개적으로 확대하는 빌미가 되었다. 훌륭한 서양식 교육을 받는 행운을 누린 사람이라면, 보조금 혜택이 궁극적으로 아이티의 농부와 빈민층에게 가뭄 속의 이슬비가 될 것이라는 경제논리에 고개를 끄덕이게 된다. 아프리카 국가들도 비슷한 과정을 앞으로 겪게 될지 모른다. 범세계적 개선을 주장하는 사람들과 그 지역의 엘리트 계급이 합심해서 강요하고 나설 것이기 때문에 현재와 같은 상황에서 선택의 여지가 없을 수도 있다. 하지만 그 길은 파멸의 길이다. 비록 그 길을 어쩔 수 없이 택하더라도, 우리는 언제나 눈을 크게 뜨고 지켜보아야 한다.

 아이티의 예는 대외적으로 발표된 자유무역협정에서 완전히 벗어난 현상을 극명하게 보여준다. 보호주의가 무색할 지경이다. 적어도 보호주의는 구시대적 사고로 무장한 극단적인 간섭은 아니었다. 하지만 자유무역론은 지리멸렬한 학문의 세계에서 고심스레 연구되는 분야이면서, 그렇게 잉태된 거짓 학문은 사회·정치의 현실을 감춰주는 데 일익을 담당하고 있다. 누구도 부인하지 못할 예를 들어보자. 산업혁명이 값싼 목화를 기반으로 했듯이, 현대 자본주의의 황금시대는 값싼 에너지를 기반으로 해왔다. 그러나 삶에 반드시 필요한 필수품은 시장원리를 준수하지 않는다는 이유로, 그런 필수품을 저렴하게 언제 어디에서나 구할 수 있도록 하는 방법을 경제학이라는 학문에서 연구해본 적이 있던가!

 자유무역론을 떠받치는 핵심의 하나는 어떤 형태의 국가 보조금도 허용하지 않는 것이다. 그러나 2차대전 이후, 미국의 기업가들은 국가의 간섭이 없을 경우, 전쟁의 특수(特需)로 대공황을 가까스로 이겨낸 경제가 붕괴될 것이라 예상했다. 또한 국가 보조가 없는 완전자유기업 경제를 추구할 경우 첨단산업이 만족스런 경쟁력을 확보하지 못하게 될 것이며, "정부만이 유일한 구원자"라고 주장했다(《포춘》,《비즈니스 위크》 등 주요 경제관련 언론들이 똑같은 목소리를 냈다). 경제관련 주요 언론들이 지적했듯이, 국민에게 돈을 전달하는 최선의 방법은 국방성을 이용하는 것이었다. 사회적인 비용지출도 동일한 효과를 거둘 수 있겠지만, 그 방법에는 결함이 있었다. 기업을 직접적으로 보조할 수 있는 방법이 아니었고, 민주적 복지향상을 위한 재분배일 따름이었다. 그러나 군사비 지출은 이런 결점이 전혀 없었다. 약간의 속임수를 동원한다면, 무기판매는 문제도 아니었다. 트루먼 대통령의 공군성 장관은 그 문제를 아주 간단히 피력해 보였다. "보조금이란 낱말을 사용해서는 안 된다. 우리가 언급해야 할 낱말은 '안보'이다." 그는 또 "군사비 예산이 항공산업의 요구를 충족시켜줄 것이다"라고 분명히 말했다. 그 결과 민간 항공기는 현재 미국의 주요 수출품이 되었으며, 항공기를 기반으로 한 여행업과 관광산업은 미국에 막대한 이익을 안겨주는 재원이 되었다.[248]

따라서 클린턴이 자유시장의 미래에 대한 새로운 비전을 역설하면서, 보잉사를 미국 건너편의 기업들이 본받아야 할 모델로 제시한 것은 그야말로 적절했다. 실제의 시장경제논리가 만들어낸 전형이라 할 수 있는 민간항공기 제작은 현재 두 거대기업, 보잉—맥도널드와 에어버스가 맡고 있다. 둘 모두 해당 정부의 대대적인 보조금에 의해서 지금까지 성공적인 기업으로 살아남아 있다. 똑같은 패턴이 컴퓨터산업과 전자공학, 자동화산업, 생물공학, 통신산업, 정확히 말해서는 경제에 활력을 불어넣는 모든 분야에 적용되고 있다.[249]

"실제의 시장경제 자본주의" 정책은 레이건 행정부에서 극에 달했다. 그들은 시장논리의 장점을 국내의 가난한 사람들과 해외의 서비스업계에 극찬했고, 기업계는 레이건을 "지난 50년 동안의 어떤 대통령보다도 미국 산업을 수입품 노이로제에서 벗어나게 해준 마법사였다"고 자랑했다. 무척이나 겸손한 자랑이었다. 지난 10년을 평가한 대외관계위원회의 저널에서 평가하듯이, 레이건 행정부는 1930년대 이후 가장 눈에 띄게 보호주의로 회귀하면서 레이건은 전임 대통령 모두의 업적을 합친 것보다 더 많은 역할을 해냈다. 결국 세계 제일의 자유무역국이던 미국을 세계 제일의 보호무역국으로 둔갑시킨 것이었다. 관세 및 무역에 관한 일반협정(GATT)의 선임경제학자 패트릭 로우는 학술보고서에서, 1970년대 초부터 부자인 강대국들은 자유무역의 원칙을 끊임없이 위반했으며, 특히 레이건 행정부가 취한 제한 조치의 효과는 다른 선진산업국의 제한 조치보다 거의 세 배에 달했다고 추정했다.[250]

"보호주의로의 급선회"는 레이건식의 철저한 개인주의 아래서 가속화되었던 자유무역의 원칙에 대한 끊임없는 위반의 일부분일 뿐이었다. 다음 단계는 안보라는 전통적인 가면으로 위장하여 막대한 공공자금을 민간기업에 보조하는 것이었다. 스튜어트 레슬리의 지적에 따르면, 불변가격으로 할 때 국방비에서 연구개발비의 증가분이 1960년대 중반 수준을 훌쩍 넘어섰다.[251] 국민은 러시아나 리비아와 같은 외세의 위협으로 두려움에 떨었지만, 기업계에 전하는 레이건의 메시지는 상대적으로 훨씬 정직한 편이었다. 시장교란이라는 극단적인 조치가 없었더라면, 철강과 자동차만이 아니라 기계류나 반도체산업도 일본과의 경쟁에서 살아남지 못했을 것이며, 경제 전반에 폭넓은 영향을 미치고 있는 신규 산업에서도 선두로 나서지 못했을 것이다.

또한 "보수주의 혁명"의 기수, 뉴트 깅그리치에게도 실제의 시장원리를 설명할 필요는 없다. 깅그리치는 부자 유권자들에게 공공 보조금을 직접 배분해준 덕분에 국민적 찬사를 한몸에 받으면서, 겨우 7살짜리 어린아이들에게도 사회복지정책에 의존하는 삶을 살아서는 안 된다고 준엄하게 가르치는 사람이 아니던가! 물론 의회의 보수주의자들을 위해서 예산안을 교묘히 조작하는 해리티지 재단에게도 별다른 설명이 필요없을 것이다. 그들이야 방위산업 기반을 굳건히 지켜야 한다는 명목으로 클린턴의 증액 이상으로 국방비를 요청해서 결국에는 승인받음으로써, 그 수혜자들에게 민간 시장을 지배할 요건을 갖추어주는 동시에 국민을 희생시켜서 부자가 되도록 해주는 이중의 장치를 제공해주는 조직이 아니던가!

이제는 모두가 자유기업의 정체를 분명히 알고 있다. 국민이 비용으로 부담하고, 자칫 일이 잘못될 때 그 책임까지 국민이 떠맡는 제도가 바로 자유기업이다. 예를 들어, 은행과 기업을 수렁에서 구해내는 데 쏟아부은 긴급구조금으로 국민은 최근 몇 년 동안 수천억 달러를 감당해야 했다. 실제의 시장경제체제에서, 그에 따른 이익은 개인이 착복하지만 비용과 위험은 사회가 부담하게 된다. 수세기 전에 잉태된 낡은 이론이 그다지 변한 것도 없이 오늘날에도 위력을 발휘하고 있다. 물론 미국에서만 그런 것은 결코 아니다.

대중을 상대로 한 연설은 이런 현실에 비추어 해석되어야만 한다. 특히 클린턴은 아프리카에 대한 원조 없는 무역을 주장했지만, 일련의 법규들은 우연히도 미국 투자자들에게 유리하게 되어 있다. 그러나 과거의 전력을 감추고, 대대적인 개혁이 있기 전에 미국이 어떤 선진국보다 과감한 지원을 끝냈다는 사실을 감추기 위해서 온갖 미사여구를 동원했다. 확실한 증거로, 1981년 레이건 행정부의 아프리카 계획에 대한 체스터 크로커의 설명을 예로 들어보자. "우리는 시장개방의 기회를 지지하여 핵심적인 자원의 개발권을 얻는다. 또한 아프리카와 미국의 경제 교류를 확대함으로써, 아프리카 국가들이 자유시장경제에 합류하도록 만들고자 한다." 이런 발언이 자유시장경제를 끊임 없이 위배했던 사람들의 입에서 나왔다는 사실에 어안이 벙벙할 따름이다. 그러나 크로커의 설명을 실제의 시장 상황에 비추어보면 더할 나위 없이 옳다. 시장의 기회와 자원의 개발권은 외국 투자자들이나 그들과 제휴한 국내의 협조자들에게 유리하다. 또한 경제는 다수로부터 소수의 부자를 보호하는 일정한 방향으로 확대되어간다. 이처럼 경제가 확대되는 동안, 부유층은 당연히 국가의 보호를 받으면서 공공 보조금의 혜택을 누린다. 이처럼 다수를 희생시킨 그들이 어떻게 번창하지 않을 수 있겠는가?

"실제의 시장경제논리"를 다른 측면에서 설명해주는 자료가 있다. 다국적 기업을 광범위하게 조사한 한 연구서는 "세계 최대의 핵심기업 모두가 경영전략과 경쟁력 확보를 위해서 정부 정책과 무역 장벽에서 결정적인 도움을 받았으며, 《포춘》이 선정한 1993년의 100대 기업 중에서 적어도 20개 기업이 정부의 도움이 없었더라면 지금까지 온전한 기업으로 살아남지 못했을 것이다"고 지적했다. 정부는 그들의 손실을 사회적 비용으로 처리해주었고, 심각한 곤경에 처했을 때에는 손쉽게 인수하는 방법으로 도움을 주었다. 깅그리치 하원의장의 선거구인 무척이나 보수적인 지역에 본사를 두고 있는 록히드는 정부가 엄청난 금액의 차관을 보증해줌으로써 파산을 모면할 수 있었다. 이 연구서는 "정부의 개입은 지난 2백년 동안 예외적 조치라기보다는 일반적 현상이었다. (중략) 정부는 많은 산업분야에서 혁신을 유도하는 데 핵심적인 역할을 해왔다. 특히 항공산업, 전자공학, 현대식 농업, 기술공학, 에너지 및 운수장치에서 두드러진 역할을 해주었다"고 분명히 지적하고 있다. 전에는 섬유산업과 철강산업, 에너지산업을 중점적으로 육성했듯이, 지금은 통신산업과 정보산업(인터넷과 월드와이드 웹이 요즘 들어 눈에 띄는 예이다)의 육성을 위해서 정부의 개입은 계속되고 있다. 정부 정책은 세계 최대기업의 전략과 경쟁력을 결정짓는 데 막강한 영향력을 행사해왔다.[25] 많은 실증적 연구들이 이와 같은 결론을 확인해주고 있다.

물론 미국의 길을 예찬하는 치어리더들이 "자유무역"을 앞장서서 부르짖고 있지만, 미국만이 자유무역을 그런 식으로 해석하는 것은 아니다. 1992년 유엔의 한 개발보고서에 따르면, 1960년대부터 부유층과 빈곤층 사이의 격차는 부유층에 대한 보호조치에서 상당 부분 비롯된 것이다. 또한 1994년의 보고서는 "산업국가들이 자유무역의 원리를 위배함으로써 개발도상국에 연간 약 5백억 달러의 손실을 입히고 있으며, 그 금액은 선진산업국의 외국지원금 총액과 거의 엇비슷하다"고 결론지었다. 그러나 놀라운 사실은 그 정도의 자금이 수출촉진을 위해 공개적으로 지원되었다는 점이다.[253] 1996년 유엔산업개발국의 글로벌 리포트는 세계 상위 10%와 하위 10% 사이의 빈부격차가 1960년부터 1989년까지 50% 이상 확대되었다고 추정하면서, 세계화 과정을 통해서 빈부격차는 더욱 커질 것이라 예측하고 있다. 부자인 나라에서도 빈부격차는 더욱 커져가고 있다. 그런 길에서도 미국은 여전히 앞장서고 있으며, 영국이 그 뒤를 바싹 따르고 있다. 기업은 어지러울 정도로 늘어나는 이익에 환호성을 지르면서 국민의 상위 몇 퍼센트에 집중된 부의 편중에 박수를 치고 있지만, 대다수 국민의 삶은 정체를 벗어나지 못하거나 질적 저하를 맞고 있다. 거대기업으로 변해버린 언론매체와 클린턴 행정부는 세계의 모든 나라에게 미국을 본받으라고 자랑하면서, 지난 몇 년간 등한시했던 사회보장책의 결과는 그들의 떠들썩한 합창 속에 묻어버린다. 그러나 유니세프가 최근에 발표한 기초지표에 따르면, 미국은 5세 미만의 유아 사망률을 기준으로 할 때 선진산업국에서 최악의 기록을 보여주고 있다.[254] 지난 40년 동안 미국의 끊임없는 공격으로 제3세계의 가난한 나라로 전락해버린 쿠바와 비슷한 수준이다. 기아와 결식아동을 비롯한 다른 기본적 사회지표에서도 마찬가지이다.

이런 현상이 세계에서 가장 부자인 나라에서, 전례가 없는 혜택과 안정된 민주제도를 누리는 나라에서 일어나고 있다. 게다가 기업의 자유마저도 이례적으로 허용된 나라에서 목격되는 현상이다. "다원적이고 참여하는 정치의 이상에서 벗어나 권위적이고 관료중심적인 이상으로 극단적인 이동"이 전세계에서 지금처럼 계속될 때, 미래의 모습이 어떠할지 예측할 수 있게 해주는 또 하나의 근거가 된다.

그러나 때로는 진의를 은밀하지만 정직하게 털어놓는 경우도 있음을 주목해야 한다. 예를 들어 2차대전이 끝난 직후, 당시 가장 영향력 있는 정책입안가의 하나였으며 손꼽히던 휴머니스트였던 조지 캐넌은 세계의 각 대륙이 맡아야 할 역할을 진솔하게 밝힌 적이 있었다. 아프리카의 역할은 유럽의 재건을 위해서 유럽의 착취를 받는 것이었다. 미국이 유럽의 재건에 거의 관심을 보이지 않았던 까닭이었다. 캐넌의 발언이 있기 1년 전, 한 개발계획의 연구 결과는 "북아프리카의 값싼 식량과 천연자원을 공동으로 개발하면 유럽 통합에 도움이 될 것이며, 유럽의 경제회복을 위한 디딤돌이 될 수 있을 것이다"고 주장했다. 여기에서 "공동"이 어떤 개념으로 쓰였는지 참으로 궁금하다.[255] 그러나 지난 수세기 동안의 범세계적 개선으로 피폐화된 아프리카를 재건하기 위해서, 아프리카가 유럽을 착취할 수도 있다는 제안은 티끌만큼도 보이지 않는다.

우리가 현실과 주장을 구별하고자 조금이라도 노력한다면, 현세계를 지배하는 정치·경제원리가 겉으로 주장하는 것과 현격히 다르다는 사실을 깨닫게 될 것이다. 그때 우리는 그런 원리가 역사에 해피엔딩을 안겨주는 "미래의 파도"라는 예언에 의구심을 갖게 될 것이다. "역사의 완결"이란 주장은 과거에도 수없이 있었지만, 언제나 거짓이었다. 낙관적인 영혼이라면, 탐욕의 역사에서도 조그만 진전을 꿈꿀 수 있다. 선진산업국가에서, 물론 그렇지 못한 나라에서도, 민중의 투쟁은 과거 어느 때보다 더 높은 차원에서 시작될 수 있으며 성공의 가능성도 그만큼 높다. 또한 대다수의 세계인들이 너무도 똑같은 목표를 지향하고 있고, 연대함으로써 그들의 이익이 앞당겨질 수 있다는 사실을 깨닫게 될 때, 국제간의 연대는 훨씬 건설적인 새로운 형태를 띨 수 있을 것이다. 무엇인지도 알 수 없는 사회적 제약에 우리가 얽매여야 한다고 믿어야 할 이유는 없다. 또한 인간의 의지에 당연히 종속되어야 할 제도가 만들어낸 결정에 우리가 구속되어야 할 이유는 더더욱 없다. 이제 우리는 그런 제도의 적법성을 따져보아야만 한다. 그리고 그 제도가 적법하지 못하다면, 과거에 그랬던 것처럼 보다 자유롭고 보다 공정한 다른 것으로 바꾸어가야 할 것이다.

이런 생각을 헛된 공상이며 순진한 것이라고 포기해버리는 사람들에게는 지난 수년 동안 바로 이곳 남아프리카에서 있었던 일에 눈을 돌려보라고 말해주고 싶다. 남아프리카의 현재는 인간 정신이 이룩해낼 수 있는 것을 보여준 산 증인이다. 한계가 없는 인간 정신이 빚어낸 승리의 교훈은 세계 곳곳의 사람들에게 뜨거운 희망이 되어야 하며, 한 번의 위대한 승리에서 갓 벗어난 남아프리카 국민들이 앞에 놓인 더욱 어려운 도전을 맞서서 이 땅에서 계속 투쟁을 벌이고 나아갈 방향으로 삼아야 하는 것이다.

5 거짓을 가르치는 교육의 가면을 벗긴다

존 실버와의 토론

제레미 팩스맨(BBC 제4라디오) : 결국 선생은 캄보디아 폭격이 비밀리에 진행되었다는 사실을 부인하지 않는 것인가요? 그 폭격은 중립국을 비밀리에 공격한 작전이었습니다.

헨리 키신저 : 팩스맨 씨, 벌써 15년 전에 있었던 일입니다. 게다가 당신도 이 프로그램을 진행하면서 적잖은 거짓말을 했을 겁니다.

팩스맨 : 제 말에 틀린 부분이 있습니까?

키신저 : 터무니없는 말이었습니다.

위의 대화에서, 헨리 키신저가 다시 한 번 증명해주는 것이 있다. 즉 당신이 지식인으로서 교조체제의 대변자라면, 부적절한 역사적 진실을 간단히 "거짓"이라 매도하는 것으로 진실을 부인할 수 있다는 것이다. 교조체제가 당신을 보호해줄 뿐 아니라 당신에게 넉넉한 보상까지 안겨주는 현실에 안주하면서 말이다. 키신저가 이처럼 오만하게 역사적 진실을 부인할 수 있는 이유를 촘스키는 이렇게 설명한다.

"당신이 강령에 따라 행동한 것이라면 어떤 것도 증거를 제시하며 입증할 필요가 없다. 당신 기분대로 말하면 그만이다. 그것이 교조체제에 순응한 덕분에 당신이 얻을 수 있는 특권의 하나이다. 그러나 당신이 표준화된 견해를 비판하자면 매 구절마다 증거를 제시해야 할 것이다." 키신저가 여자와 어린이를 포함해서 라오스와 캄보디아의 무고한 시민을 수천 명씩이나 죽음으로 몰아간 융단폭격에 개입했다는 확실한 증거를 우리가 확보하고 있더라도, 키신저는 여전히 권위 있는 전문가로서 융숭한 대접을 받으면서 여론을 만들어가는 책임있는 기관들에 수시로 접촉할 수 있다. 또한 민주적인 선거로 정권을 잡은 살바도르 아옌데의 사회주의 정부를 전복시키고 그 과정에서 3천 명 이상을 학살한 아우구스토 피노체트를 지원했다는 역사적 진실도 키신저는 부인할 수 없을 것이다. 물론 인도네시아가 동티모르를 침범할 때에도 키신저가 연루되었다는 증거는 충분하다. 인도네시아는 오늘까지도 동티모르족을 멸종시키려는 듯 폭력의 고삐를 늦추지 않고 있지만, 서방 전문가들은 그런 대학살을 "인종청소"라고 에둘러서 표현한다. 이처럼 무고한 민중이 죽어가지만, 서방 열강들은 그저 방관자가 되어 동티모르 문제의 최종 해결을 지켜보고 있을 따름이다. 덕분에 키신저는 인류를 저버린 범죄자로 전범재판소에 기소되기는커녕, 나토의 코소보 폭격을 널리 선전하고 다니는 막중한 역할을 해내고 있다.

　지식인이 일단 교조체제와 결탁해서 보상을 받기 시작하면, 진실을 외면한 채 거짓 속에서 살기가 한결 편해진다. 역사적 증거가 뚜렷한 진실 앞에서 뻔뻔스레 거짓말을 늘어놓는다. 다음에 소개하는 노암 촘스키와 존 실버의 토론에서 우리는 그 증거를 확연히 발견할 수 있다. 미국이 훈련시키고 지원하는 극우의 암살단에 의해 엘살바도르인들이 무차별하게 죽어가고 있다면서 미국의 대(對)엘살바도르 정책에 감추어진 위선과 모순을 촘스키가 적나라하게 고발하자, 실버는 촘스키가 제시한 증거를 일축하면서 오히려 촘스키를 "노회한 거짓말쟁이"라 불렀다. 하지만 촘스키가 제시한 증거는 누구도 부인할 수 없는 것이다. 촘스키가 우리에게 전하려 했던 진실은 유엔 진상조사위원회를 통해 이미 알려진 것이었다. 실제로 유엔 진상조사위원회는 조사 결과를 다음과 같이 명백하게 제시해주고 있지 않은가!

1. 1981년 엘모소테에서 2~5백 명의 농민이 살해됨. 피의자, 고(故) 도밍고 몬테로사 대령.
2. 1980년 오스카 로메로 대주교가 미사집전중 총격으로 살해됨. 피의자, 고(故) 로베르토 도비송.
3. 1989년 6명의 예수회 소속 신부, 가정부, 그녀의 15살 난 딸이 살해됨. 피의자, 1993년까지 엘살바도르 국방장관을 지낸 레네 에밀리오 폰세 장군.
4. 1980년 3명의 수녀와 1명의 미국 여성법률가가 강간당한 후 살해됨. 피의자, 전 국방장관 비데스 카사노바 장군.

《보스턴 글로브》의 데이비드 니한 기자는 미국의 두 언론인,《뉴욕 타임스》의 레이몬드 보너와《워싱턴 포스트》의 알마 길레르모프리에토가 악명 높은《월 스트리트 저널》의 사설에서 순전히 이름 때문에 공격당한 사건을 고발한다.《월 스트리트 저널》은 "믿기지 않는 소식"이라고 말하면서, "두 좌익 성향의 언론인이 공산주의자 탱크 안에서 노닥거리고 있다"고 써댄 것이다. 결국 보너를 엘살바도르 현장에서 쫓겨나게 만들 생각에서,《월 스트리트 저널》은 시체 속을 헤매고 다넜던 충실한 기자를 불신하도록《뉴욕 타임스》를 부추겼던 것이다.

로베르토 도비송이 로메로 주교의 암살을 명령했다는 증거도 충분하다. 도비송이 워싱턴을 방문했을 때, 노스캐롤라이나 출신의 제스 헬름스 공화당 상원의원을 중심으로 라틴 아메리카의 상상할 수 없는 잔혹 행위를 예전부터 줄기차게 지지해왔던 이념가들이 얼마나 융숭하게 대접했던가! 그러나 보스턴 대학 총장을 지낸 존 실버와 같은 사람들에게 지적 부정직과 도덕적 무책임을 물을 메커니즘이 현재로서는 없다.

세상을 지배하는 강령을 지지한 것에 대한 책임을 추궁할 방법이 없기 때문에, 존 실버는 미국 정부를 전폭적으로 지지하며 엘살바도르에서 자행되는 잔혹 행위에 대해 거짓말을 일삼을 수 있을 뿐 아니라 진실을 용기있게 고발하는 사람들에게 조직적이고 무차별한 공격을 가할 수 있는 것이다. 실버는 거짓말로 뭉쳐진 시스템의 일부이기 때문에, 오만하게도 모든 진실을 왜곡하고 그 대가로 교조체제에 의해 지도자, 교육가, 철학자로서 지금과 같은 위상에 오를 수 있었다. 그러나 실버가 그 정도의 위치까지 올라갈 인물인지에 대해서는 몹시 의심스럽다. 어떤 객관적 증거도 찾을 수 없기 때문이다. 다음에 소개되는 촘스키와 실버의 토론을 조심스레 읽어보면, 보상이 커질수록 교조체제를 지키려는 방어논리가 더욱 독선적으로 변한다는 사실을 어렵지 않게 읽어낼 수 있다. 촘스키와의 토론에서, 변명의 여지가 없는 교조체제를 옹호하려는 실버의 독선적 방어논리는 더 이상의 논평이 필요없을 지경이다.

크리스 리든(사회자) 오늘은 미국의 대표적인 지식인으로, 반군 문제에 있어 완전히 상반된 견해를 가지신 두 분을 토론자로 모셨습니다.

현 보스턴 대학교 총장이신 존 실버는 중앙 아메리카 안보 문제를 다루었던 키신저 위원회에서 활약하셨던 분입니다. 한편 노암 촘스키는 MIT의 언어학자로, 최근에 발표한 《조수(潮水)를 돌려라》란 책에서 중앙 아메리카 문제에 미국이 개입한 것은 제3세계의 실정(失政)과 학정을 확대시킨 전형적인 예라고 주장했습니다.

실버 총장님, 먼저 총장님께 묻겠습니다. 상원에서 아직 생각을 정리하지 못하고 있는 의원이 있다면, 그들을 어떤 식으로 설득시키겠습니까? 다시 말해서, 반군을 지원해야 하는 이유가 무엇이라 생각하십니까?

실버 미국 상원은 독재세력에 저항하는 민주세력을 지원하는 전통을 갖고 있습니다. 이런 전통을 지키려 한다면, 당연히 산디니스타를 응징하고 반군을 지원하는 결의안에 찬성할 것입니다. 지난 10월 15일, 산디니스타는 비민주적인 법령을 통과시켰습니다. 고향을 찾을 때에도 허가증이 있어야 안전을 보장할 수 있고, 우편 검열을 강화함으로써 개인의 사생활까지 침해하는 법령이었습니다. 게다가 그들은 자유로운 집회의 자유마저 유보시켰고, 언론의 자유까지 봉쇄했습니다. 니카라과 국민을 계속해서 학대하면서 민주적 권리를 억압한 것은 새삼스레 말할 필요도 없을 것입니다. 10월 15일에 공포된 법령은 히틀러가 1933년 2월 28일 통과시키면서 바이마르 공화국의 종말을 선언한 법령보다 훨씬 포괄적으로 국민의 권리를 제한하고 있습니다. 1979년 9월 정권을 잡으면서 그 이후로 계속된 산디니스타 체제의 진면목을 알게 된다면, 미 상원이 민주주의자를 지원하는 것은 당연한 귀결이라 생각합니다.

리든 노암 촘스키 씨, 상원에 보낸 짤막한 성명서에서 반군의 지원을 반대하셨는데 그 이유가 무엇입니까?

촘스키 반군의 열렬한 지지자들까지도 이제는 반군이 외국을 근거지로 해서 니카라과를 공격하는 대리군이란 사실을 인정하고 있습니다. 또한 반군이 노선과 지원을 그 주인에게 전적으로 의존하고 있고, 정치적 프로그램조차 없으며, 국내에 정치적인 기반을 전혀 마련하지 못했다는 사실도 인정하고 있습니다. 게다가 반군의 지도자 대부분이 옛 소모사 정권 시대의 장교들입니다. 반군이 지금까지 군사적으로 이뤄낸 것이 무엇입니까? 기껏해야 고문과 살상으로 점철된 잔혹 행위뿐입니다. 그 이상은 어떤 것도 없습니다. 허튼소리가 아니라 충분한 증거를 갖고 있습니다. 정부 관리도 이제는 공개적으로 인정하고 있듯이, 반군의 역할은 니카라과의 사회개혁을 늦추거나 뒤집는 것입니다. 말하자면 개방된 사회로 나아가려는 니카라과의 희망을 꺾어놓는 것입니다. 예를 들어, 지난 가을 니카라과가 사면초가 상태에 빠졌던 때를 생각해봅시다. 감히 말씀 드리지만, 별다른 문제 없이 그 고난의 시기를 이겨냈습니다. 현재 니카라과는 정치적으로 개방된 나라입니다. 미국 대사를 포함해서 그 나라에 있는 모든 사람이 그렇게 증언해줄 것입니다. 당시 상태는 1980년대 초 이후 엘살바도르가 처했던 상황과 엇비슷했지만, 그 결과는 전혀 달랐습니다. 엘살바도르에서는 수십만의 인명이 죽어가는 대학살이 있지 않았습니까! 언론의 말살은 말할 것도 없었고, 일일이 열거하기 힘들 정도로 많은 잔혹 행위가 있었습니다. 하지만 니카라과에서의 억압은 사정이 다릅니다. 우리가 사회개혁을 늦추고 개방된 사회로 나아가려는 노력을 좌절시킬 목적으로 압박하고 있는 무력도발에 대한 대응책입니다. 실로 야만적이고 잔인한 정책이 아닐 수 없습니다. 하루빨리 우리는 그런 정책을 포기해야만 합니다.

실버 언제까지 그처럼 노골적인 거짓말을 늘어놓으실 작정입니까?

단 한 마디도 진실이 없군요. 니카라과에서 일어난 대학살은 누가 뭐래도 미스키토족의 산디니스타가 획책한 대학살이었습니다. 엄청난 탄압에 니카라과 국민들은 마음 놓고 숨도 쉬지 못하는 상황입니다. 중앙 아메리카, 아니 라틴 아메리카 전체에서 지금까지 그처럼 가혹한 억압은 없었습니다. 산디니스타는 절대적인 독재정권입니다. 반군의 지도자들을 소모사의 지지자로 평가하는 것이야말로 조작입니다. 로벨로, 크루스, 칼레로, 샤모로는 소모사 지지세력이 아니며, 과거에도 아니었습니다. 가령 당신에게 반군의 지휘권이 주어질 때, 반군 중에 옛 국가방위군 출신이 있다는 이유로 거부한다면 결코 합리적인 판단이 아닐 것입니다. 왜냐하면 그들은 한시도 소모사의 추종자가 아니었기 때문입니다. 게다가, 현재 산디니스타 정권에서 공군 부참모총장을 맡고 있는 모데스타 로야스도 한때 국가방위군에 소속되어 있었다는 사실을 기억해야 할 것입니다. 게다가 산디니스타와 손을 잡고 독재의 철권을 휘둘러대는 폐쇄세력의 조율자들에도 국가방위군 출신이 수두룩하다는 사실을 기억해야 할 것입니다. 따라서 당신 주장은 왜곡이고 조작입니다. 물론 산디니스타가 잔혹 행위를 반군에게 뒤집어씌워 신뢰감을 잃게 만든 증거도 얼마든지 있습니다.

리든 노암 촘스키 씨가 대답할 차례군요. 무엇보다 독재정권이란 문제를 다뤘으면 좋겠습니다만…….

촘스키 먼저 진실을 말하는 것부터 시작해야겠습니다. 다시 말씀드리지만, 반군의 지도자들은 거의가 소모사 시절의 특권층, 즉 국가방위군 출신입니다.

실버 소모사 시대의 이름 없는 병사들…….

촘스키 고위급 군사령관인 에드가 샤모로의 증언에 따르면, 48명의 고위급 군사령관 중에서 46명이…….

실버 이름 없는 병사…….

촘스키 잠깐만요, 당신에게 순서를 양보하겠습니다. 자, 계속 말씀해보시지요.

실버 당신은 계속해서 진실을 조작하고 있습니다. 이제 누군가…….

촘스키 저라도 괜찮겠습니까?

실버 누군가 당신의 왜곡된 역사관을 바로 잡아주어야 할 때가 된 것 같습니다. 당신 주변에는…….

촘스키 실버 씨가 제 말문을 막으려 하는 이유를 충분히 짐작하겠습니다.

실버 그래! 마르코스, 마르코스를 예로 들면 되겠습니다.

촘스키 마르코스 씨는 진실이 무엇인지 알고 있지만, 저와는 대화조차 나누려 하지 않을 것입니다.

실버 당연하지 않습니까! 당신이 그동안 줄기차게 진실을 왜곡해왔기 때문입니다.

촘스키 그럼, 오늘이라도 제게 기회를 주시겠습니까?

실버 잠깐만요, 제 말을 마저 끝내겠습니다. 문제는 마르코스입니다. 마르코스는 아키노가 정권을 잡도록 도와준 군부 자체였습니다. 그래서 당신이 국가방위군을 마치 소모사의 추종자인 것처럼 해석하는 자체가 상황을 왜곡하는 것이란 뜻입니다.

리든 이번에는 촘스키 씨의 입장을 들어보도록 하지요.

실버 촘스키 씨는 현재 산디니스타를 지지하는 사람들 중에 국가방위군 출신이 득실댄다는 사실을 모른 체하고 있습니다.

리든 촘스키 씨?

실버 자, 말씀해보시지요. 다시 한 번 진실을 왜곡해보시지요.

촘스키 당신이 억지를 부리고 있다는 사실을 증명해 보이겠습니다.

독재가 무엇인지 확실하게 보여주는 사례가 있습니다. 당신 주장을 완전히 뒤집어버릴 사례가 될 것입니다.

실버 덕분에, 엉뚱한 오보를 독점한 탓에 고집스레 내세우는 당신의 아집을 꺾어버리는 최초의 인물이 되겠습니다.

촘스키 엉뚱한 아집이라구요? 제가 미국 언론의 오보를 독점하고 있다는 생각, 그런 생각이야말로 우스꽝스럽기 짝이 없습니다.

실버 천만에요! 천만의 말씀입니다.

촘스키 정말 그럴까요? 제가 미국 언론을 마음대로 조종한다고 생각하십니까? 되풀이해서 말씀 드리지만, 제발 진실을 진실로 인정하도록 합시다. 반군의 고위 군사령관 48명 중에서 46명이 소모사 시절에 장교였습니다. 의회 보고서에서도 확인할 수 있습니다. 게다가 CIA가 지명한 대변인인 에드가 샤모로가 그렇게 말했습니다. 제가 말한 것은 정확합니다. 진실만을 가감 없이 말할 뿐입니다. 우리가 중앙아메리카에서 자행했던 학살에 버금가는 학살을 산디니스타가 획책했다는 생각! 그저 놀라울 따름입니다.

엘살바도르에서, 1978년이나 우리가 무력으로 침공했던 1979년 이후로 목숨을 잃은 사람의 수가 거의 6만을 헤아립니다. 과테말라에서도 마찬가지입니다. 충분한 생각도 없이 군사지원을 시작해서 지금까지 열정적으로 지원하고 있는 과테말라에서도, 학살당한 사람의 수가 거의 10만에 육박합니다.

실버 씨는 미스키토족을 언급했습니다만, 그들이 얼마나 학대당했던 종족입니까! 그럼에도 그들의 불법행위로 목숨을 잃은 사람은 기껏해야 60~70명에 불과하지만, 우리의 테러행위로 죽어간 사람은 무려 5천 혹은 6천에 이릅니다. 그냥 죽었습니까? 아닙니다. 고문을 당하고 사지가 잘려나가 죽었습니다. 그 증거요? 넘치도록 많습니다.

물론 산디니스타도 잔혹 행위를 저질렀습니다. 부인하지는 않습니다. 하지만 우리가 지원한 집단에 저지른 범죄에 비하면 무시할 수 있을 정도의 것입니다.

리든 이쯤에서 토론의 주제를 두 가지 핵심쟁점으로 집약시켰으면 좋겠습니다. 하나는 니카라과의 산디니스타가 미국을 비롯한 반구의 안보에 위협적인 존재인지, 다른 하나는 그 지역에서 우리 기준을 실천하는 사람들을 도와야 할 정도로 이른바 민주주의자들에게 안보를 맡겨야 하는 것인지를 묻고 싶습니다. 존 실버 씨, 어떻게 생각하십니까? 이 두 쟁점은 같은 것입니까?

실버 물론 니카라과에 6천5백 명의 소련군과 쿠바군이 주둔한 것을 언급하는 것은 아닙니다. 또한 소련이 니카라과에 기관포를 장착한 24대의 헬리콥터, 150대의 탱크, 1천2백 대의 트럭을 제공했다는 사실을 중요시하는 것도 아닙니다. 또한 3백 대의……

리든 하지만 그런 정도의 것으로 우리나라의 안보에 위협이 된다고 말할 수 있을까요?

실버 물론 아직은 안보에 위협이 될 수준은 아닙니다. 하지만 히틀러가 1933년 2월 28일 독일 국민의 모든 자유를 유보시켰을 때에도 안보를 위협했던 것은 아닙니다. 또한 히틀러가 라인랜드를 재무장했던 1936년에도 안보의 위협은 아니었습니다. 그러나 히틀러가 위협적인 존재라는 사실을 인식했을 즈음, 그때부터 히틀러를 제거할 때까지 6년이란 시간과 수천만의 인명을 대가로 치러야 했습니다.

이제라도 정신을 차린다면, 우리는 단 한 사람도 잃지 않고 중앙 아메리카에서 산디니스타 독재정권을 종식시킬 수 있을 것입니다. 우리는 그 일을 맡아줄 소방수들을 지원하면 그만입니다. 이제 조금씩 불길이 사그라들고 있습니다. 우리가 직접 나서서 불을 끌 필요는 없습니다. 하지만 소방수들을 지원해 달라는 요청을 받았습니다. 그 요청에 우리가 모른 척한다면, 소련이 그곳에 근거지를 마련해서 완전히 굳힐 때까지 마냥 기다린다면, 그때 우리는 전쟁의 가능성마저 염두에 두어야 할 것입니다. 소련이 어떤 방해도 받지 않고 니카라과를 속국으로 만든다면 말입니다. 그렇습니다. 현재로서는 어떤 위협도 없습니다. 하지만 조그만 불씨가 위협이 될 수 있다는 진리를 무시한다면, 우리가 역사에서 어떤 교훈을 얻어야 하겠습니까! 조그만 불씨는 단순히 조그만 불씨가 아니라, 큰 불로 발전하는 시작이란 사실을 어떻게 부인할 수 있겠습니까!

리든 노암 촘스키 씨의 차례입니다. 과연 산디니스타가 우리나라와 반구의 안보에 위협적인 존재일까요?

촘스키 니카라과가 안보에 위협적인 존재라면, 룩셈부르크도 소련의 안보에 위협적인 존재라고 말할 수 있을 것입니다. 실버 씨는 히틀러를 언급했습니다. 저는 히틀러의 연설을 확실히 기억하고 있습니다. 그때 히틀러가 자립국방을 강조했던 것은 폴란드의 실질적인 위협 때문이었습니다. 따라서 히틀러를 산디니스타에 비교하는 것은 적합하지 않습니다. 물론 니카라과가 소련제 무기로 중무장하고 있는 것은 사실입니다. 다른 모든 공급원을 차단한 초강대국의 공격을 견디려면 그 수밖에 더 있겠습니까! 예를 들어, 작년 5월 경제봉쇄가 있기 전까지 니카라과와 소련 블록과의 교역은 전체 무역량의 20%에 불과했습니다. 그 이전에, 니카라과는 전세계에서 무기를 수입할 수 있었습니다.

그런데 우리가 무기 거래를 봉쇄해버렸습니다. 소련 이외에는 니카라과에 무기를 공급할 나라가 없습니다. 전쟁이 점점 격화되었을 때, 그들은 미국 정부가 원하는 그대로 했습니다. 우리가 진정으로 두려

위하는 사회개혁에 투자될 자원을 군비로 돌렸습니다. 니카라과가 공격할지도 모른다고요? 아마, 라틴 아메리카 국가들은 그런 염려를 히스테리성 정신질환이라 생각할 것입니다. 라틴 아메리카에서 상대적으로 민주적인 나라들을 포함해서, 우리를 지지하는 모든 나라들이 한목소리로 니카라과에 대한 공격을 중단하라고 촉구하고 있습니다. 그들은 미국이 무슨 짓을 하고 있는지 정확히 꿰뚫어 보고 있습니다. 미국이 그들에게 군사 국가가 되도록 강요하면서, 이 지역 전체를 전쟁의 수렁으로 몰아넣으려 한다는 것을 알고 있습니다. 소련제 탱크를 니카라과에서 몰아내고 싶습니까? 극소수에 불과한 쿠바 고문관들을 그 땅에서 물러가도록 하고 싶습니까? 그렇다면, 해결책은 간단합니다. 게다가 그 해결책이 무엇인지 정부관리라면 모두가 알고 있습니다. 전쟁을 중단하십시오! 그럼 우리가 그들을 공격하기 전의 상태로 그들은 자연스레 돌아갈 것입니다. 즉, 반구에서 가장 효율적인 개혁을 추진해내던 상태로 돌아갈 것입니다. 세계은행, 미주간 개발은행, OXFAM(Oxford Committee for Famine Relief, 1942년에 발족된 세계적인 빈민구제기관—옮긴이)과 같은 기관에서 니카라과의 개혁을 얼마나 칭찬했습니까? 76개의 개발도상국에서 가장 뚜렷한 개선을 보였다고 하지 않았습니까?

    리든 시간이 부족합니다. 결론을 내려주시죠.

    촘스키 그런데 미국의 공격으로 그런 개혁이 지체되고 중단되었던 것입니다.

    리든 제한된 시간 내에 토론을 마쳐야 하는 것을 염두에 두시면 좋겠습니다. 이번에는 민주주의라는 문제, 특히 민주주의라는 대의의 성취에서 우리의 책임이란 문제를 여쭤보고 싶습니다. 실버 씨는 산디니스타를 비난하시는 입장입니다. 하지만 니카라과 반군을 진정 민주세력으로 포용하시는 것입니까?

　실버 물론입니다. 우리, 반대로 산디니스타가 소련과 손잡을 때까지 그들이 진정 민주주의자였다는 허무맹랑한 주장은 잊기로 합시다. 아무런 근거도 없는 주장일 뿐입니다. 촘스키 씨도 잘 알겠지만, 역사의 조작이며 새빨간 거짓말입니다. 사실 1979년 7월 혁명을 끝냈을 때, 산디니스타는 미주기구에서 자유선거를 실시하겠다고 맹세한 후에 워싱턴을 찾았습니다. 그때 우리는 1억 1170만 달러의 차관을 제공했고, 게다가 우리 중재로 세계은행의 차관까지 얻어낼 수 있었습니다. 그야말로 융숭한 대접을 받았습니다. 그런데 1979년 9월부터, 그들은 이미 인권탄압을 시작하고 있었습니다. 그런데도 우리가 그들을 공산주의자의 손아귀로 몰아넣었다고 말할 수 있겠습니까? 그런 주장은 새빨간 거짓말입니다. 그야말로 조작입니다.

　리든 저는 "니카라과 반군이 민주세력이냐?"고 물었습니다.

　실버 반군은 현재 니카라과 내에서 공개적인 지지를 얻지 못하고 있습니다. 그것이야 당연한 것이라 생각합니다. 히틀러가 정권을 잡은 후, 히틀러에 반대하는 세력이 독일 내에서 공개적인 지지를 받았습니까? 독재정권에서 반대세력은 어떤 목소리도 낼 수 없습니다. 소련에서도 그런 목소리는 들을 수 없습니다. 촘스키 씨는 반대의 목소리를 소리가 없다는 이유로 듣지 않습니다. 그러나 니카과라에는 저항세력을 이끄는 지도자들이 있습니다. 로벨로, 크루스, 샤모로, 칼레로 등 그들은 주요한 인물들입니다. 소모사에 반대했다는 이유로 투옥까지 되었던 민주인사들입니다. 산디니스타의 독재정권에 반대하는 수천의 민중들의 지지를 받고 있는 주요한 인물들입니다. 이런 인물들을 독재자라고 매도하고, 그들이 잔혹 행위를 저질렀다고 날조하는 것은 이중적 사고방식의 전형적인 사례가 아닐 수 없습니다. 1984

년 촘스키 씨가 앞장섰던 운동도 마찬가지였습니다. 덕분에 촘스키 씨는 세계적인 명사가 되었으니, 그야말로 넌센스가 아닙니까?

리든 촘스키 씨, 만약 선생에게 민주주의와 민주세력을 구원하자는 요청이 있다면 어떻게 하시겠습니까?

촘스키 미국이 중앙 아메리카의 민주세력을 억압하는 기존의 정책을 포기하고 민주세력을 지원하기 시작한다면, 나는 쌍수로 환영할 것입니다. 하지만 다시 니카라과, 즉 현실 세계로 돌아갑시다. 나는 산디니스타를 완전한 민주주의자라고 평가한 적이 없습니다. 그저 세계은행, OXFAM, 예수회 교단, 그리고 산디니스타가 빈약한 자원을 총동원해서 가난한 다수를 돌보고 있다고 평가한 여타 기관들의 주장을 인용해서 말했을 뿐입니다. 실제로 니카라과의 국민건강은 놀라울 정도로 좋아졌습니다. 문맹률도 현저하게 떨어졌습니다. 농지개혁도 차근차근 진행되었습니다. 중앙 아메리카에서 개혁에 성공한 유일한 나라였습니다. 농업의 자급자족률이 개선되었고, 식량소비도 늘었습니다. 바로 그런 이유 때문에 우리가 무력으로 공격했던 것입니다. 우리 공격은 민주주의와 아무런 관계도 없었습니다.

또한 나는 크루스와 로벨로가 잔혹 행위를 저질렀다고 말한 적도 없습니다. 사실 크루스와 로벨로는 워싱턴에서 편히 지내면서 아무런 일도 하지 않고 있습니다. 그들은 우리가 대외적으로 내세운 얼굴마담일 뿐입니다. 잔혹 행위를 저지른 주역은 옛 국가방위군이 지휘하는 반군입니다. 실버 씨가 언급한 인물들 중에서, 한 사람이 개입되어 있습니다. 바로 극우적 색채를 띤 사업가로, 니카라과의 극단적이고 편협한 기업계를 대표하고 있는 칼레로입니다.

유감스럽게도 우리는 국제관계에서 민주적인 자세를 보이지 못했습니다. 하지만 이제부터 우리가 민주주의에 눈꼽만큼의 관심이라도 갖는다면, 미국이 절대적 영향력을 행사하고 있는 나라들에 눈길을 돌려야 합니다. 가령, 엘살바도르와 같은 나라입니다. 엘살바도르에서, 정부는 대주교에게 욕을 퍼붓는 것이 아니라 아예 죽여버립니다. 언론을 검열하는 것이 아니라, 아예 깨끗이 쓸어버립니다. 군대를 보내어 종교 방송국을 폭파시켜버립니다. 비판의 목소리를 내는 언론의 편집위원은 도끼로 난도질당하고 사지가 잘린 채 쓰레기장에서 발견됩니다.

실버 촘스키 씨, 잠깐만요…….

촘스키 죄송하지만 계속하겠습니다. 저는 당신 말을 가로막지 않았습니다.

실버 그런 근거 없는 주장으로 소중한 시간을 낭비해서야 되겠습니까?

촘스키 그럼 증거를 대겠습니다. 19XX…….

실버 텔레비전에서도 거짓말을 그처럼 노회하게 늘어놓으실 생각입니까?

촘스키 제가 말씀 드리는 것은……, 그러니까 제가 말씀 드리고 있는 것은…… 198X…….

실버 당신은 노회한 거짓말쟁이입니다!

촘스키 그럼 단도직입적으로 묻겠습니다. 그런 만행이 있었습니까, 없었습니까?

실버 당신이 제시한 맥락 내에서는 그런 일이 없었습니다.

촘스키 정말 그렇게 생각하십니까?

실버 당신은 크루스가 그저 얼굴마담일 뿐 아무 일도 하지 않는다고 말했습니다. 그런 말은 결국 아르투로 크루스가 한때 산디니스타를 대표한 미국 대사였다는 사실을 간과한 것이 아닐까요?

촘스키 아닙니다. 크루스는 언제나…….

실버 게다가 크루스는 산디니스타의 자금원이기도 했습니다.

촘스키 맞습니다. 미국에서요.

실버 하지만 산디니스타가 철저한 독재자인 것을 깨닫고 그들과 결별을 선언했던 것입니다. 촘스키 선생, 당신은 정말 사기꾼입니다. 이제 국민이 당신의 정체를 정확히 알아야 할 때가 되었습니다.

촘스키 이제야 당신이 토론의 핵심에서 벗어나려는 이유가 분명해졌군요!

실버 천만에요. 당신의 근거 없는 주장에 지쳤기 때문입니다!

촘스키 죄송합니다. 하지만 제가 말씀 드린 대로 아르투로 크루스는 미국에 있었습니다. 그러나…….

실버 그가 미국에 있었던 이유가 무엇이겠습니까?

촘스키 그는 미국에 있었습니다. 미국에서 변절했습니다. 정치적 인물로 변신해서 니카라과로 돌아갔습니다. 기업계에 기반을 둔 저항 세력 중 믿을 만한 후보가 없었기 때문입니다. 그는 얼마든지 선거에 참여할 수 있었지만 그렇게 하지 않았습니다. 그 이유는…….

실버 그가 선거에 참여할 수 없었던 것은…….

촘스키 죄송하지만 제 말을 끝까지 들어보시겠습니까?

실버 안 되겠습니다. 거짓말을 듣고 있을 수가 없습니다.

리든 제가 나서야겠군요.

촘스키 저는 아직 아무 말도 하지 않았습니다.

실버 투르바스(친 산디니스타 시민병)가 계획적으로 크루스의 선거 참여를 방해했기 때문입니다.

촘스키 다시 조작하시는군요. 어쨌거나 계속해봅시다.

리든 아쉽게도 그럴 수가 없습니다. 약속된 시간이 다 된 것 같습니다. 촘스키 씨, 당신은 일요일 밤에 레이건 대통령에게 무례한 언동을 보이신 것 같습니다. 하여튼 두 분께 감사드립니다. 존 실버 씨, 그리고 노암 촘스키 씨, 수고하셨습니다.

촘스키 그랬다면 다행입니다.

다음은 이 토론에 관련된 부분들을 촘스키의 글에서 발췌한 것이다.

1979년 니카라과의 독재자 소모사 정권의 몰락은 워싱턴에 두려움을 안겨주었다. 엘살바도르의 야만적인 독재자도 전복되어 미국이 영향력을 상실할지도 모른다는 두려움이었다. 소모사 정권의 몰락 다음으로 미국에 위협을 안겨주었던 것은 1970년대에 들면서 확산된 "민중의 조직화"였다. 교회의 후원 아래 자활조직으로 성장해가던 성경공부단, 농민조직, 노동조합 등이 대표적인 예였다. 따라서 엘살바도르가 민중에게 정치과정에 참여할 수 있는 기회를 제공하는 진정한 민주주의로 나아갈지도 모른다는 두려움을 미국은 떨칠 수가 없었다.

카터 행정부는 1979년 10월 개혁성향을 지닌 군장교들의 쿠데타를 지지함과 동시에 가장 반동보수적인 군인들이 정권을 계속 유지하도록 함으로써, 엘살바도르의 이런 위협을 억눌렀다.

1980년 2월 로메로 대주교는 카터 대통령에게 군사정부에 무기지원을 중단해 달라고 촉구하면서, "군사지원은 이 땅에 불법행위만을 키울 것이며, 기본적인 인권을 지키기 위해 투쟁하는 민중을 향해 무차별적으로 자행되는 탄압을 더욱 심화시킬 것"이라 경고했다.

그러나 인권탄압을 심화시키고, 민중조직을 와해시키며, 자립능력을 방해하는 것이 미국 정책의 핵심이었다. 따라서 카터는 대주교의 간청을 무시하고 군사지원을 계속했다. "개혁의 과정에서 군부의 핵심 역할을 강화한다"는 명목이었다.

1980년 3월, 로메로 대주교가 암살당했다. 아틸리오 라미레스 판사를 주심으로 한 법정 심문이 시작되었다. 라미레스 판사는 미국의 총신(寵臣)으로 암살단을 이끌던 메드라노 장군과 우익 지도자 로베르토 도비송을 암살 사주죄로 고발했지만, 그 직후 생명의 위협을 느끼고 도망치듯 조국을 빠져나와야 했다. 라미레스 판사는 "처음부터 그들이 살인을 은폐하려는 음모에 관계했던 것이 틀림없다"고 결론짓는다.

6월, 군부의 공격이 있은 후 대학에 휴교령이 떨어졌다. 군부의 공격으로 총장을 포함해서 수많은 사람이 목숨을 잃었고, 적잖은 시설이 약탈당하고 파괴되었다.

이런 잔혹 행위에서, 본연의 의무에 충실한 언론도 폭파와 테러를 피해갈 수는 없었다. 독재정권을 "자유선거"로 합법화하기 위해서, 언론의 말살은 반드시 필요한 선결과제였던 것이다.《라 크로니카 델 쁘에블로》의 편집장과 한 기자가 도끼에 난도질된 시체로 발견되었다.《엘 인데펜디엔테》는 편집장이 세 번의 암살 시도를 가까스로 벗어나고 그 가족까지 위협당한 끝에, 또한 군인들이 무력으로 사무실을 점거하고 직원들이 체포되어 고문당하는 온갖 수모를 당한 끝에, 결국 종간을 선언할 수밖에 없었다. 가톨릭계 라디오 방송국은 여러 차례 폭격을 당했다. 레이건이 당선된 직후, 군인들이 주교구 건물을 무단으로 점거했고, 라디오 방송국을 파괴했으며, 신문사를 불법으로 수색하는 만행을 저질렀다.

1980년 10월 26일, 로메로 대주교의 후임이던 리베라 이 다마스 주교는 군부를 향해 "아무런 자위책도 없는 무고한 시민들을 죽음으로 몰아넣는 학살전"을 자행하고 있다고 거센 비난을 퍼부었다. 그로부터 몇 주 후, 두아르테는 군사정권의 민간인 대통령으로서 서약하면서 군부를 "민중의 편에 서서 전복세력에 맞선 용감한 애국자"라며 극찬을 보냈다.-《조수를 돌려라》(보스턴, 사우스엔드 출판사, 1985) 102~107쪽.

엘살바도르의 선거 기간 동안《뉴욕 타임스》,《타임》,《뉴스위크》, CBS 방송은 물리적 폭력에 의한 잔혹 행위는 물론이고《라 크로니카》와《엘 인데펜디엔테》의 종간, 살해당한 기자들의 희생조차도 언급하지 않았다.-에드워드 허만과 노암 촘스키,《여론 조작》(뉴욕, 판테온 출판사, 1988) 129쪽.

원 주

서문

1) W. E. B. Du Bois, *Color and Democracy: Colonies and Peace* (Milwood, N.Y.:Kraus-Thompson, 1975), 99, 142.
2) Noam Chomsky, *On Power and Ideology* (Boston: South End Press, 1987), 6.
3) Noam Chomsky, *Language and Politics*, ed. C. P. Otero (New York: Black Rose books, 1988), 671.
4) 앞의 책.
5) Stanley Aronowitz and Henry A. Giroux, "Schooling, Culture and Literacy in the Age of Broken Dreams: A Review of Bloom and Hirsch," *Harvard Educational Review* 58, no.2 (May 1988), 178.
6) Adam Pentman, "Buchanan Announces Presidential Candidacy," *Boston Globe* (Dec. 15, 1991), 13.
7) Diego Ribudeneira, "Taking a Stand, Seated," *Boston Globe* (Nov. 14, 1991), 40.
8) Edward W. Said, *Representations of the Intellectual* (New York: Pantheon Books, 1994), xv.
9) Patrick L. Courts, *Literacy and Empowerment: The Meaning Makers* (South Hadley, Mass.: Bergin & Garvey, 1991), 4.
10) Henry A. Giroux, *Critical Education and Cultural Studies: Making the Pedagogical More Political* (typewritten MS).
11) John Ashbery, "What is Poetry?" *Houseboat Days: Poems* (New York: Viking, 1977), 47.
12) Giroux, 앞의 책.
13) Paulo Freire, *The Politics of Education* (South Hadley, Mass.: Bergin & Garvey, 1985), 116.
14) 앞의 책, 114.
15) 앞의 책, 117.
16) Tom Paxton, "What Did You Learn in School Today?" copyright 1962 Cherry Lane Music Publishing Company, Inc. (ASCAP).

17) James W. Loewen, *Lies My Teacher Told Me* (New York: The New Press, 1945), 3.
18) 앞의 책.
19) Pink Floyd, "Another Brick in the Wall," copyright 1979 Pink Floyd Music Limited.
20) Barbara Flores, "Language Interference on Influence: Toward a Theory for Hispanic Bilingualism"(Ph.D. dissertation, University of Arizona at Tuscon, 1982), 131.
21) Cited in Howard Zinn, *Declarations of Independence: Now Examining American Ideology* (New York: HarperCollins, 1990), 234-35.
22) 앞의 책.
23) Cited in Noam Chomsky, *Towards a New Cold War* (New York: Pantheon, 1982), 339-40.
24) Chomsky, *Towards a New Cold War*.
25) Cited in Paulo Freire and Donaldo Macedo, *Literacy: Reading the Word and the World* (South Hadley, Mass.: Bergin & Garvey, 1987), 130.
26) Freire and Macedo, *Literacy*.
27) 앞의 책, 131.
28) James Gee, *The Social Mind: Language, Ideology, and Social Practices* (South Hadley, Mass.: Bergin & Garvey, 1992), vii.
29) Freire and Macedo, *Literacy*, 132.
30) 앞의 책.
31) Gee, *The Social Mind*, xi.
32) Peter MacLaren and Rhonda Hammer, :"Media Knowledge, Warrior Citizenry, and Postmodern Literacies", *Journal of Urban and Cultural Studies* 1(1992), 49.
33) William Lutz, *Doublespeak* (New York: HarperCollins, 1989), 1.
34) Said, *Representations of the Intellectual*, xiv.
35) Henry Giroux, *Radical Pedagogy and Educated Hope: Remembering Paulo Freire* (typewritten MS).
36) Paulo Freire and Donaldo Macedo, "A Dialogue: Culture, Language and Race," in *Breaking Free: The Transformative Power of Critical Pedagogy*, ed. Pepi Leistyna, Anvie Woodrum, and Stephen A. Sherblom (Cambridge,

Mass.: Harvard Educational Review, 1996), 222.

1장 길들이기 교육을 넘어서

37) Paulo Freire, *The Politics of Education: Culture, Power, and Liberation* (South Hadley, Mass.: Bergin & Garvey, 1985) 103.
38) 앞의 책.

3장 조작된 역사

39) Addendum to Chomsky, *NI*, 80.
40) 연합통신(*AP*), 《뉴욕 타임스》(*NYT*), 1월 5일; Stephen Kinzer, *NYT*, 1월 6일; AP, 《보스턴 글로브》(BG), 1월 8일: 사설, *NYT*, 1월 8일; Bernard Weinraub, *NYT*, 1월 15일; Abrams, Op-Ed, *NYT*, 1월 15일; David Shipler, *NYT*, 2월 26일, 1986.
41) Beecher, "Pressuring Nicaragua," *BG*, Jan. 17, 1986.
42) Hamilton, ms., 1987.
43) 결국 거짓으로 밝혀졌지만 니카라과를 비난할 목적으로 동원된 선전들과, 이런 사실들의 폭로에 대한 흥미로운 반응에 대해서 좀더 알고 싶다면 *NI*, 부록 1, 1장에서 인용된 자료를 참조할 것.
44) *NYT*, 1987년 8월 13일.
45) 미 국무성의 근거 없는 주장에 대해서 좀더 자세히 알고 싶다면, Morris Morley and James Petras, *The Reagan Administration and Nicaragua*(New York: Institute of Media Analysis, 1987).
46) *Extra!* 1987년 10·11월. 1988년 3월 11일의 편지에서, 렐리벨드는 "그 사실을 뚜렷이 뒷받침해줄 증거"를 제시한 기사를 쓰도록 르모인 기자에게 충고했다고 FAIR에 전했다(*Extra!* 1988년 9·10월호는 "그로부터 6개월이 지난 뒤에도 그런 기사는 게재되지 않았다."고 지적하고 있다).
47) Humberto Ortega, FBIS-LAT-87-239, Dec. 14, 1987; LeMoyne, Dec. 20, 1987.
48) *NYT*, Dec. 18, 1987.
49) *NYT*, Jan. 18, 1988.
50) J. D. Gannon, *Christian Science Monitor*(CSM), Aug. 26, 1988.
51) *NYT*, Feb. 7, 1988.

52) Trainor, *NYT*, April 3, 1988; Rivera y Damas, Oct. 26, 1980, cited by Bonner, *Weakness and Deceit* (New York: Times Books, 1984), 207.
53) "Salvador Rebels: Where Do They Get the Arms?" *NYT*, Nov. 24, 1988. 우연이었는지 몰라도, 외신담당 편집장의 약속에도 불구하고 《뉴욕 타임스》가 이 문제에 대한 분명한 입장을 밝히지 못했다는 FAIR의 공개적인 발표가 있은 지 1달이 지나, 이 기사가 게재되었다.
54) Morly and Petras, *Reagan Administration and Nicaragua*에서 내 서문을 참조할 것.
55) 동일한 원칙의 상반된 적용이라는 원칙에 얽매이지 않는 사람이나 언론사도 적지 않았다. 《뉴스위크》의 중앙 아메리카 특파원 찰스 레인 기자는 《월스트리트 저널》(산디니스타가 엘살바도르를 비롯한 여러 나라의 정부를 전복하려는 음모를 꾸미고 있다고 공세를 늦추지 않았던 신문)에 기고한 글을 통해서, "엘살바도르 게릴라는 자체의 힘으로 무기를 구입해서 최대한 활용했다"고 보도했다. 그러나 역사는 그들의 노력을 외면했다. 레인 기자의 표현에 따르면, "한때 장밋빛처럼 보였던 혁명, 산디니스타의 실험은 산산이 부서지면서 그 나라를 쿠바에 버금가는 경제의 파국상태(언급되지 않은 이유로)로 빠져들며 미소의 대결장으로 전락하고 말았다."(《월스트리트 저널》, 1988년 12월 23일).
56) 미란다의 증언과 그 증언에 대한 정부·언론의 해석에 대해서는 1988년 3월 《Z 매거진》에 기고한 내 시론(試論)을 참조할 것. 또한 Holly Sklar, *Washington's War on Nicaragua* (Boston: South End, 1988), 383f.
57) Marcio Vargas, Mexico City, interview with Arce, *Central America Information Bulletin* (Guatemala City), Dec. 21, 1988; Rubén Montedonico, El Diá (Mexico City), Nov. 6, 7, 1988, reprinted in translation in *Honduras Update*, Nov-Dec. 1988. On Lau, see Chomsky, *Turning the Tide* (Boston: South End, 1985), 104.
58) Addendum to *NI*, 81.
59) 솔 벨로우의 《To Jerusalem and Back》을 리뷰한 내 글에서 한 사례를 분석한 적이 있다. 이 글은 《Towards a New Cold War》(New York: Pantheon, 1982)에 재수록되었다. 이 리뷰는 대단한 분노를 불러일으켜, 처음 실렸던 잡지가 발행금지를 당하기도 했다. 또한 위에서 언급한 책을 비롯해서, 《Peace in the Middle East?》(New York: Pantheon, 1974, chapter 5)와 《Fateful Triangle》 (Boston: South End, 1983; 개정판, 1999)에도 많은 사례가 실려 있다.
60) *NI*, appendix V, section 4를 참조할 것.

61) "Statement by the AFL-CIO Executive Council on Israel," Feb, 16, 1988.
62) Wiesel, Op-Ed, *NYT*, June 23; Reuven Padhatzur, *Ha'aretz*, May 16, 1988. 그가 사랑하는 나라의 만행에 대해서 침묵을 지켜야 하고, 그가 보도를 자제한 내용에 대해서는 오직 힘있는 사람만이 알 자격이 있다는 비젤의 무모한 철학에 대해서는, 《Fateful Triangle》과 《Turning the Tide》를 참조할 것. 또한 최근 극에 달한 폭력적 만행도 침묵을 지키는 것이 의무라고 거듭해서 주장하는 비젤의 세계관에 대해서는 1988년 1월 22일 발간된 《Yediot Ahronot》에 게재된 그의 기사를 참조할 것. 여기에서 비젤은 "나는 이스라엘을 비난하고 싶지 않다. 나는 이스라엘에 대한 비판적 태도를 언제나 자제해왔다"고 솔직하게 말한다. 다른 나라들의 만행을 옹호하는 사람들에게서 자주 듣던 변명 아닌 변명이다. 그러나 자신들이 과거에 쏟아냈던 흉악한 기록들을 역사에서 지워버리면서 비젤의 침묵을 비난하는 사람들을 언급하지 않고 비젤만을 공격하는 것은 공정하지 못하다. 이처럼 용납할 수 없는 사람들의 기록에 대해서는 주21)에서 언급한 문헌들을 참조하기 바란다. 적어도, 이런 세계관이 인기를 얻지 못하던 시절부터 줄기차게 끌어온 비젤의 성실성만은 칭찬받을 만하다.
63) Zeev Sachor, "Getting Accustomed to Atrocities," *Hotam*, April 1, 1988. 이 글은 텔아비브에 본부를 둔 '인권을 위한 이스라엘 동맹'에서 발표한 1988년의 보고서 중 이스라엘 언론이 번역한 평론의 하나이다. 이 책자는 이스라엘 국방성이 자행한 대학살을 솔직하게 기록해서, 학살의 노역에 가담한 주구(走狗)들에게 교훈을 주려는 목적에서 제작되고 있다. 소중한 정보로 가득한 이 책자는 기꺼이 진실을 파헤치려는 사람들에게 무척이나 필요한 자료집이지만, 미국에는 거의 알려져 있지 않다.
64) *Ha'aretz*, July 15, 4; *Jerusalem Post (JP)*, July 6; Ya'akov Lazar, *Hotam*, July 15, reporting from Jabaliya; William Montalbano, *Los AngelesTimes (LAT)*, May 31, 1988, AP, May 30, on Dahariya, one of the atrocities reported by Dedi Zucker based on testimony by reservists, *Yediot Ahronot*, June 10; *Yerushalayim*, June 17, on Jerico; AP, June 22, 24, citing charges by Knesset member Ran Cohen; *JP*, Aug. 3, 1988, on the release of Mohammed Dari after three months in prison. 더 많은 사례를 참조하려면, *Punishing a Nation: Human Rights Violations during the Palestinian Uprising, December 1987-December 1988* (Al Haq-Law in the Service of Man, Ramallah, December 1988).
65) Yizhar Be'er, *Kol Ha'ir*, Aug. 26, 1988; Joshua Brilliant, *JP*, Aug. 26, 1988.

66) Eitan Rabin, *Ha'aretz*, Sept. 23, 1988.
67) Shimon Elkavetz, *Hadashot*, Sept. 28; Tali Zelinger, *JP*, Sept. 29, 1988.
68) *JP*, Nov. 17; *Ha'aretz*, Dec. 2, Nov. 15, 16; Yariv, *Yediot Ahronot*, Nov. 18, 1988. Michal Sela, *JP*, Jan. 26, Feb. 3; *JP*, Feb. 10, 1988. See also Glenn Frankel, *Washington Post (WP)*, Feb. 12; George Moffett, *CSM*, Feb. 15, 1989.
69) Reuven Padhatzur, *Ha'aretz*, Nov. 30, 1988. See also Eitan Rabin, *Ha'aretz Supplement*, Dec. 2, 1988, making the same points.
70) *Hadaf Hayarok*, supplement to *Al Hamishmar*, Aug. 23, 1988.
71) Almagor, *Ha'ir*, Dec. 16, 1988; *NYT*, March 18, 1968.
72) Gilat, *Hadashot*, Dec. 16; Gissen, Joel Brinkley, *NYT*, April 28; AP, *NYT*, Dec. 15; special, *NYT*, Dec. 5. 1988. Eiran Taus, *Al-Hamishmar*, Nov. 19; Judith Green, *News from Within (Jerusalem)*, Dec. 14, 1988. 군에 의해 파괴된 집들을 재건축하려는 '베이타 위원회'에서 일하는 예루살렘의 건축가, 그린은 소년이 살해당한 날 미국 영사관의 한 직원과 그 마을을 방문했다. 그때 목격했던 것을 바탕으로 이 글을 쓴 것이다. 군인들이 폭동진압장비를 갖추고 마을에 진입했을 때, 마을은 조용했고 길거리를 돌아다니는 사람도 거의 눈에 띄지 않았다고 한다. 한편 베이타 마을이 군의 점령 상태에 있었던 4월, 유대인 소녀의 살해사건이 있은 지 1주일이 지난 후 그 마을을 개인적으로 방문한 사람의 증언을 토대로 한 배경에 대해서는 내가 《Z 매거진》에 기고한 글을 참조하기 바란다. 이 글은 1999년에 발간된 《Fateful Triangle》에 재수록되었다.
73) 이주에 대한 문제를 다룬 문헌에 대해서는 《Z 매거진》(1988년 5월)에 실린 내 시론을 참조하라. Poll, *Ha'aretz*, June 8, 1988. 정착민과 키부츠 회원을 제외한 채 실시한 여론조사에서는 41%가 찬성했다. 또한 그 직후에 실시한 여론조사에서는 점령지역에서 아랍인의 "이주"를 49%가 찬성하는 것으로 조사되었다. *JP*, Aug. 12, 1988. 라브 쿠크의 가르침에 대한 내용은 1988년 9월 26일 《다바르》에서 에얄 카프카피가 인용한 것이다. 이 문제를 논의한 문헌으로 가장 쉽게 참조해볼 수 있는 글은 Yehoshafat Harkabi, *Israel's Fateful Hour* (New York: Harper and Row, 1988)이다.
74) Michael Walzer, "Nationalism, Internationalism, and the Jews," in Irving Howe and Carl Gershman, eds., *Israel, the Arabs and the Middle East* (Bantam, 1972); Cockburn, *Nation*, Nov. 21, 1988.
75) Addendum to *NI*, 84.
76) *Extra!* Dec.1987.

77) CBS News, 6:30 p.m., Dec. 7, 1987. 정확한 자료를 구할 수 없어, 인용한 구절이 한치도 다르다고 확인할 수는 없지만 내용은 크게 다르지 않다고 말할 수 있다.
78) 그러나 *NI*, chapter 2를 참조할 것.
79) *NYT*, Dec. 4, 1987.
80) Steven Roberts, *NYT*, May 31; editorial, *NYT*, June 1.
81) Alexander Cockburn, *Nation*, June 18, 1988.
82) Editorial, *Globe and Mail*, June 10, 1988; James LeMoyne, *New York Times Magazine*, June 5, 1988. 카네이 신부 사건에 대해서 르모인 기자는 카네이 신부가 처형당했다고만 언급한다. 고문건에 대한 로모인 기자의 설명에 대해서는 *NI*, appendix V, section 6을 참조할 것.
83) *New Statesman*, June 3, 10, 1988. 이외에도 *BG* (1988년 6월 1일)의 격주 사설과 Michael Parks, *LAT*, May 28, 1988을 참조할 것.
84) Addendum to *NI*, 89.
85) *American-Arab Affairs*, Winter 1987-88.
86) Paul Lewis, *NYT*, Nov. 4, 1988.
87) "The U.N. versus the U.S.," *NYT Magazine*, Jan. 22, 1984.
88) Shirley Hazzard, *Defeat of an Ideal* (Atlantic Monthly Press, Little Brown, 1973), 201. 그녀는 1959년 라오스 정부의 발의와 1964년 통킨만 사건이 유일한 예외라고 지적한다. 그때 아들레이 스티븐슨은 미해군 함정에 대한 공격이 "미국을 겨냥한 계산되고 의도된 군사도발"이라고 주장했지만, 실제 미 군함에 대한 공격은 없었던 것으로 밝혀졌다.
89) *Times Literary Supplement* (London), Sept. 17, 1982
90) *Defeaf of an Ideal*, 9, 14ff., 60f., 65, 71.
91) 실수로 오르테가 장군이라 쓰인 것을 내가 고쳤다. David Johnston, *NYT*, June 25, 1988. Lindsey Gruson, *NYT*, Nov. 14, 1988.
92) Paul Lewis, *NYT*, Oct. 16, 1987; AP, Feb. 28, 1988.
93) AP, March 22; *CSM*, March 25, 43 words; Treaster, *NYT*, March 27, 1988. See also Mary McGrory, *BG*, March 23(온두라스가 유엔 감시단의 입국을 거부한 사실을 보도).
94) Addendum to *NI*, 90.
95) 1950년부터 현재까지 인도차이나 사태에 대해서 문제가 어떤 식으로 제기되었는지 알려면, Edward Herman and Noam Chomsky, *Manufacturing Consent*

(New York: Pantheon, 1988)의 5장과 6장을 참조하라. 이스라엘과 아랍 분쟁에 대한 문제에 대해서는 NI, appendix V, section 4를 참조하라.

96) New Republic, Aug. 28, 1988; 니카라과 전문가로 알려진 크리스티안은 니카라과 반군이 전형적인 라틴 아메리카 게릴라 운동으로 "중앙 아메리카의 변종"이라 정의한다. 왜냐하면 불안한 통치권을 장악한 일부 개인을 제외할 때, 핵심 인물은 중앙 아메리카인으로 전향한 아르헨티나 출신의 고급장교들, 유명한 살인광인 온두라스의 군부 실력자 구스타보 알바레스, 그리고 옛 니카라과 방위군 출신들이기 때문이다. 또한 몇몇 특수한 경우를 제외할 때, 라틴 아메리카 게릴라군과 똑같은 패턴을 보여준다. 그러나 크리스티안은 "핵심 인물"에 대한 정확한 명단을 소상하게 밝히지 않았다.

97) Michael Allen, WSJ, Aug. 10; *Central America Report* (Guatemala City), Aug. 14, 1987. 본 사건과 언론의 반응에 대해서는 Chomsky, *Culture of Terrorism* (Boston: South End, 1988), 141f., 18-19.를 참조할 것.

98) 이후로, 나는 영어로 번역된 과테말라 판본을 사용했음을 밝혀둔다. Special Document, Esquipulas II Accord, *Central America Report*, August 14, 1987.

99) LeMoyne, *NYT*, Aug. 6, 7. 세레소 대통령과 아리아스 대통령의 반응에 대해서는 *Central America Report*, Aug. 14를 참조할 것. 좀더 자세한 내용을 알고 싶으면 *Culture of Terrorism*, 141f를 참조할 것.

100) Rosenthal, *NYT*, Aug. 21, 1987.

101) Brian Barger, UPI, *Philadelphia Inquirer*, Oct. 9, 1987; *Excelsior* (Mexico City), Oct. 22, 1987. 공중보급과 그밖의 문제에 대해서는 1988년 1월과 3월의 《Z 매거진》에 게재한 내 글을 참조하기 바란다.

102) 일부 예외적인 언론에 대해서는 NI, chapter 4, note 34, 37을 참조할 것.

103) 이 글은 《뉴욕 타임스》의 도서관 보전판을 바탕으로 작성한 것이다. 초기판(보스턴)은 약간 다르다. 따라서 반군 공격에 대한 10월 24일 기사의 마지막 단락(25번째 단락)에서, 킨저는 온두라스에서 CIA가 은밀히 공중으로 보급해준 붉은눈 미사일을 비롯한 첨단 무기를 반군이 사용하고 있다고 보도했지만, 도서관 보전판에는 빠져 있다. 전투기가 없던 니카라과로서는 그런 무기공급을 속수무책으로 지켜볼 수밖에 없었을 것이다.

104) 12월 6일 반군 사령관과의 인터뷰를 인용하며, 킨저는 "반군이 니카라과 내에서 자체로 군수품을 조달할 수 없어 지금까지 52회에 걸쳐 CIA의 공중보급을 받았다(관례에 따라 엘살바도르의 경우는 언급되지 않았다)"고 보도했다. 또한 다음날 기사에서는 니카라과 정부 발표를 인용해서, 11월 5일부터 12월 5

일까지 82회의 공중보급과 21회의 항공정찰이 있었다고 쓰고 있다. 1월 25일의 기사는 1987년에만 350회 이상의 공중보급이 있었다는 미국 관리의 말을 인용하면서 "니카라과 영공을 침입하는 야간 공중보급이 반군의 생명줄이다"고 단언한다. 1987년 10월 30일 AP는 반군을 지원하기 위해 이륙한 수송기가 온두라스에서 추락했다는 소식을 단신으로 전해준다.

105) Neil Lewis, *NYT*, Nov. 12, 1987. 이 사실을 수정해서 보도하고 있는 언론에 대해서는 주64)에서 인용한 참고자료를 참조할 것.

106) U. N. General Assembly, A/42/PV.67, Nov. 16, 1987. 아스토르가 대사의 고발이 있었던 유엔 총회의 회의 내용에 대해서는 *NI*, 4장을 참조할 것.

107) Stephen Kinzer, *NYT*, Oct. 15, 1987. 킨저는 아리아스 대통령의 말을 인용한 것이라며, "산디니스타가 반군과 종전을 협상하고 대폭적인 사면조치를 취하지 않는 한, 온두라스는 반군 캠프를 폐쇄하거나 공중보급을 저지할 의도가 없다"고 보도했다. 그러나 에스키풀라스 협정에는 반군 지원의 중단 조건으로 그런 내용이 전혀 명기되어 있지 않다. 아리아스를 비롯해서 어떤 지도자도, 중앙 아메리카 정부들이 토착 반군들과 종전협상을 끝내거나 에스키풀라스 협정의 조항을 준수하겠다고 약속할 때까지 엘살바도르와 과테말라에 주둔한 게릴라에 대한 외부 지원은 합법적이라 주장한 적이 없었다. 킨저의 보도가 사실이라면, 아리아스도 에스키풀라스 협정의 파기에 한몫을 한 것이며, 따라서 그 협정을 "아리아스 플랜"이라 이름 붙인 것 자체가 우습게 된다. 《뉴욕 타임스》는 누차에 걸쳐 아리아스의 입장을 그런 식으로 보도하고 있지만, 어느 정도가 사실인지 확인할 길은 없다. 아리아스의 역할과, 아리아스가 상대적으로 미국에 호의적으로 보였던 이유에 대해서는 1988년 11월 《Z 매거진》에 실린 내 글을 참조하기 바란다. 한편 "코스타리카 내의 우익단체와 워싱턴의 압력에 굴복하면서도 겉으로는 그의 이름이 붙은 플랜에 충실한 척했다"는 충격적인 기록에 대해서는 COHA, "News and Analysis"(1989년 2월 10일)를 참조하기 바란다.

108) 에스키풀라스 협정에 구속받지 않는 나라로 알려진 코스타리카에서도 적잖은 의문이 제기된다. 가령 스페인어를 사용하는 언론이 절대적으로 우익의 지배 하에 있기 때문에, 코스타리카 문제가 보도될 경우 제기될 수 있는 문제는 "모든 이데올로기 집단"의 접근이 지켜지고 있느냐는 점이다. *NI*, appendix, V, section 6; *Culture of Terrorism*, 243을 참조할 것.

109) COHA, *Washington Report on the Hemisphere*, Feb. 3, 1988; *Update*, Central American Historical Institute, Dec. 28, 1987; *Cultural Survival* 12, no. 3,

1988.
110) Jonas, *San Francisco Bay Guardian*; Cockburn, *Anderson Valley Advertiser*, both June 8, 1988.
111) Human Rights Watch(Americas Watch/Asia Watch/Helsinki Watch) and Lawyers Committee for Human Rights, *Critiques: Review of the Department of State's Country Reports on Human Rights Practices for 1987*, June 1988. 이 책은 미국무성이 발표한 중앙 아메리카 국가들에 대한 보고서를 신랄하게 비난하고 있다. 또한 "신빙성 있는" 투텔라 레갈의 발표를 일관되게 부인하고 곡해하는 태도에 대해서도 맹공을 퍼붓고 있다.
112) COHA, *Washington Report on the Hemisphere*, Feb. 17, 1988; *Latin-America Press* (Peru), Nov. 19, 1987.
113) 그밖의 자세한 내용에 대해서는 《Z 매거진》(1988년 2월)에 게재된 내 글을 참조할 것. 유엔에서의 증언에 대해서는 *La Voz*, CDHES, March 24, 1988.
114) AP, Nov. 15, 1987. 대주교는 암살단이 저지른 여타의 범죄에 대해서도 언급했다. 2월 20일, 《뉴욕 타임스》는 AP를 인용해서, 대주교가 암살단을 범인으로 지목했으며, 살인 용의자는 자신의 고회를 철회했다고 짤막하게 보도했다.
115) LeMoyne, *NYT*, Nov. 29, 1987; COHA, *Washington Report on the Hemisphere*, Feb. 17, 1988. 나중에는 라디오나 텔레비전에 접근이 훨씬 자유로워졌지만, 1987년 11월 당시 언론에 접근하기란 하늘에 별따기처럼 어려운 일이었다. 그래도 미국에서 재정지원을 받은 친 반군 언론 《라 프렌사》에 비길 만한 언론은 없었다. 중앙 아메리카 언론에 대해서는 *NI*, appendix V.를 참조할 것.
116) *NYT*, Nov. 29, 1987; Feb. 22, June 5, 1988.
117) *NI*, appendix V, section 6.
118) 앞의 책. 샤모로의 귀향에 대해서는 COHA, "News and Analysis," Feb. 20, 1988.
119) *Turning the Tide*, 109-10.
120) *El Sol*(El Salvador On Line, Center for Central American Studies, Washington), Aug. 29, 1988; Sam Dillon, "El Salvador's Violent Past Returns in Poverty, Death," *Miami Herald* (MH), Sept. 6, 1988.
121) LeMoyne, *NYT*, Nov. 21; Stephen Kinzer, *NYT*, Nov. 16, 1987. 르모인은 대부분의 위험이 국가 보안대와 그 하수인들에 의해서 획책되고 있다는 사실을 은폐한 채, "총과 피로 위협하는 극좌와 극우"가 사모라와 운고에게 안겨줄 위

험을 지적했다. 이처럼 "좌파와 우파의 테러"라는 핑계는 미국이 지원하는 "중도파"의 테러를 은폐하는 전형적인 수법이다.

122) *El Norte* (Mexico), July 17, 1988; Central America NewsPak.
123) 사모라의 당은 "사회기독교 민중운동"이다. "본연의 민주주의"는 물론이고 "민주적 개방"조차 없는 현 상황에 대한 그의 평가에 대해서는 COHA, *Washington Report on the Hemisphere*, Aug. 31, 1988을 참조하기 바란다.
124) LeMoyne, photo, *NYT*, Nov. 4, 1987; *NYT*, October 28, 1987.
125) 더 자세한 내용을 알고 싶다면, 주64)에 인용된 문헌을 참조할 것.
126) *Central America Report*, July 15, 1988; *Latinamerica Press* (Peru), July 21, 1988.
127) Reuters and AP, *Toronto Globe and Mail*, March 23; Pamela Constable, *BG*, March 20, 1988; *El Tiempo*, July 14, 1987.
128) *Toronto Globe and Mail*, March 23, 1988. 산디니스타의 국경 침입에 대한 분노의 표출에 대해서는 *NI*, appendix III을 참조하기 바란다. 한편 온두라스의 지원에 대해서는 Susan Rasky, *NYT*, March 19, 1988을 참조할 것.
129) 테구시갈파에서 조셉 트리스터 기자만이 온두라스 국민의 정서를 그런대로 전해주었다. 즉 반군을 온두라스에서 추방할 때 두 나라 사이의 긴장이 종식될 것이란 일반 국민의 정서만이 아니라, 현상을 그대로 방치할 경우 온두라스가 결국 반군 때문에 곤경을 맞게 될 것이란 두려움까지 언급하고 있다. *NYT*, March 21, 27.
130) *NI*, 221. Peter Ford, *CSM*, Jan. 15; Richard Boudreaux, *LAT*, Jan. 14; LeMoyne, *NYT*, Jan. 16; Kinzer, *NYT*, Jan. 25, 1988.
131) *NYT*, Nov. 10, 1987.
132) *San Francisco Bay Guardian*, Jan. 6, April 20, 1988.
133) 앞의 글. 중앙 아메리카의 취재 방향에 대해 《뉴욕 타임스》의 편집진에게 제시한 FAIR의 질문표, Jan. 23, 1988. Gutman, *WP*, Aug. 7, 1988.
134) AP, Feb. 2, 3; *Globe and Mail*, Feb. 3, 1988; Amnesty International, El Salvador, "Death Squads-a Government Strategy"(October 1988). 더 자세한 내용에 대해서는 《Z 매거진》에 실린 내 글을 참조할 것.
135) Douglas Farah, *WP*, Jan. 4; COHA, *Washington Report on the Hemisphere*, Jan. 20, 1988.
136) AP, Feb. 23, 26, 1988; Congressional Record, House, Dec. 8, 1987, H11037f. 니카라과의 예수회가 보여준 반응에 대해서는 *Envío*, Jan. 1988을 참조할 것.

137) Feb. 18, March 20, April 20, 1988. 게릴라의 잔혹 행위를 보도한 르모인의 기사의 신빙성에 대해서는 *NI*, appendix V, section 4를 참조할 것.
138) March 20, "Review of the Week"; Feb. 29, 1988. 르모인의 후임자 린제이 그루손도 기본적인 방향에서는 크게 다르지 않았다. 가령, "엘살바도르의 게릴라, 공격의 강도를 높이다"는 제목의 기사에서, 그루손은 "국가의 부를 재분배하고 미국이 지원하는 정부를 전복시키는 데 목적을 둔 마르크시스트들"의 폭력성을 소개하는 데 처음 10단락을 할애했다. 군사령부와 잠복한 경찰을 공격한 것은 물론이고, 부유촌에서 일어난 2건의 자동차 폭발사건 등. 그리고 11번째 단락에서야, 인권감시단이 "우익암살단, 군부, 게릴라 등이 범인으로 추정되는 테러와 학살이 급증하고 있다"고 발표한 것을 언급하고 있다(*NYT*, Oct. 20, 1988).
139) Editorial, *Observer* (London), Feb. 7, 1988.
140) 자세한 내용에 대해서는 1988년 1월과 3월에 발간된 《Z 매거진》에 실린 내 글을 참조하기 바란다.
141) Editorial, *NYT*, Jan 31.
142) LeMoyne, *NYT*, Jan. 22, 1988.
143) LeMoyne, *NYT*, Jan. 18, 1988; *Globe and Mail*, Feb. 5, 1988.
144) Editorial, *El Tiempo*, May 5, 1988, reprinted in Hondupress, May 18.
145) *Central America Report*, June 17, 1988.
146) 인권감시단은 이런 식의 이데올로기 전쟁을 거듭해서 비난했지만 아무런 소득을 거두지 못했다. 자세한 내용에 대해서는 《Z 매거진》(1988년 1월)에 실린 내 글을 참조하기 바란다.
147) Reuters, *NYT*, Nov. 9, 1987. CIVS의 11월 8일 보고서와 라틴 아메리카 관리를 인용하고 있음. 1987년 11월에 공포된 "사면법과 국가비상체제 유보를 위한 법안"을 나는 미구엘 데스코토 외무장관에게서 12월에 얻을 수 있었다. 당시 그는 에스키풀라스 협정이 계속해서 유지될 수 있을 것이라 진정으로 믿고 있는 듯한 모습이었다.
148) Nov. 18, 1987.
149) Chris Norton, *Globe and Mail*, Feb. 10, 1988.
150) Chamorro, *Packaging the Contras: A Case of CIA Disinformation* (New York: Institute for Media Analysis, 1987).
151) *Harper's*, Oct. 1987.
152) Lindsey Gruson, *NYT*, Dec. 15, 1987.

153) Tad Szulc, *Parade Magazine*, Aug. 28, 1988.
154) 줄리아 프레스톤은 산디니스타가 최첨단 장비를 노획했다고 보도했다. 미국의 산하 부대마저 완전히 갖추고 있지 못할 정도의 첨단 장비였다(*WP*, Feb. 4, 1988). 이런 첨단장비 이외에도, 니카라과 반군은 미국의 공군과 해군의 정찰시스템을 통해서 중요한 정보를 제공받았고, 엄청난 양의 군수품을 지원받았다. 당시 그 지역의 기준으로 판단할 때 최상급 수준이었던 반군의 군사 및 통신 장비에 대해서는 *Culture of Terrorism*, 91을 참조하기 바란다. 온두라스에 본부를 둔 반군에게 주어진 "인도적 차원"의 불법 지원은 반군이 니카라과 내에서 향유할 수 있는 생활수준을 훨씬 넘어서게 해주었다. 식량과 필수품은 물론이고 최상급 스포츠용품까지 지원해주었으니 말이다(Joe Gannon, *CSM*, Feb. 13, 1988). 이런 "인도적 차원"의 지원은 테러 세력을 유지하는 동시에, 경제 사정이 악화된 니카라과에서 우호 세력을 유인하는 이중의 목적을 띠고 있었다.
155) *Interamerican*'s Public Opinion Series, no. 7, June 4-5, 1988, Interamerican Research Center, Los Angeles; *Alert!* (CIPES), March 1988.
156) *NI*, 16.
157) William Bollinger and David M. Lund, *Latinamerica Press* (Peru), Sept. 22, 1988. 볼린거는 인터 아메리카 여론조사센터 소장이며, 룬드는 멕시코시티 아우토노마 대학교 역사학과 교수이다. 두 사람은 중앙 아메리카의 여론조사에 지금도 관여하고 있다.
158) 1988년 9월, 리베라 이 다마스 대주교의 주관으로 엘살바도르에서 열린 평화를 위한 국민대토론회의 결론은 "Box 192, Cardinal Station, Washington, DC 20064"에 주소를 둔 'National Agenda for Peace in El Salvador"에 의해 배포되었다.
159) Katherine Ellison, Knight-Ridder Service, *BG*, Aug. 1, 1988. "과테말라, 온두라스, 엘살바도르에 비해서 니카라과가 아리아스 평화협정을 충실히 실행했다"는 사실을 많은 기자들이 알고 있었지만, 니카라과가 소련과 동맹관계에 있었다는 사실만으로도 진실을 은폐할 충분한 이유가 될 수 있었다. 결국 진실의 인지가 언론의 취재 방향에 영향을 미칠 수는 없었다. editorial, *NYT*, March 11, 1988.
160) 적어도 엘살바도르의 여론은 그랬지만, 과테말라의 경우는 충분한 증거가 없다. 그러나 엘리슨의 보도는 "과테말라가 게릴라와의 대화를 중단했다"는 사실을 인정했다는 점에서 파격적이었다.
161) COHA, "News and Analysis," Jan. 14, 1988. FDR은 FMLN 게릴라와 연대한

정당이다.

162) *Excelsior*, Feb. 9; *Central America Report*, Feb. 26. 《보스턴 글로브》(2월 9일, 11일)는 단신으로 처리했다. *CSM*, Feb. 10, 1988.
163) *El Sol*, Feb. 22; editorial, *WP Weekly*, March 28; AP, May 13; *BG*, May 1; Tad Szulc, *LAT*, May 22, 1988.
164) *Central America Report*, March 4, June 24; AP, Feb. 24, March 30, 1988.
165) *Congressional Quarterly*, June 25, 1988.
166) 정확히 말하면, 미국 정부의 독단에 의해서 수정되고 언론이 맞장구쳐준 협정을 가리킨다.
167) COHA press release, June 11, 1988.
168) Kinzer and editorial, *NYT*, June 25; LeMoyne, *NYT*, June 7, 1988.
169) COHA, *Washington Report on the Hemisphere*, July 20, citing Tutela Legal. Archbishop Rivera y Damas, May 29; Bishop Chávez, denouncing April 14 killings; *Alert!* (CISPES), July, June; *El Sol*, Aug 8; Orellana, *El Sol*, Aug. 1; *Guardian* (New York), Aug. 17; *El Sol*, Aug. 29, 1988. European Parliament, *Excelsior* (Mexico), Oct. 7, 1988; *Central America News Update*.
170) Brook Larmer, *CSM*, Aug. 16; Zamora, NPR, July 19; *El Sol*, July 25; AP, *BG*, June 22, 100 words. *El Sol*, July 18; AP, *NYT*, July 14, 125 words, Joel Bleifuss, *In These Times*, May 18. Hondupress, May 4; editorial, *El Tiempo*, May 4; Hondupress, May 18, June 15; *Central America Report*, Nov. 18, 1988. Mariá Verónica Frenkel, reporting on a visit to striking farmers in Costa Rica, *Nicaragua through Our Eyes (Americans Working in Nicaragua)*, July 1988.
171) *WP Weekly*, Aug. 15-21; *NYT*, Aug. 19; COHA, *Washington Report on the Hemisphere*, Aug. 31, 1988.
172) *NYT*, July 11, 1988.
173) Robert Pear, *NYT*, July 15, 1988. 이외에도 많은 언론에서 비슷한 논조로 보도했다.
174) *NI*, 57.
175) Editorials, *NYT*, July, 18, Aug. 7; Kinzer, *NYT* "Week in Review", July 17, 1988.
176) *WP Weekly*, July 18-24, 25-31; COHA press release, July 14; *Update*, Central American Historical Institute (Georgetown U., Washington), Aug. 17, 1988.

177) *The National Interest*, Fall 1988.
178) COHA, "News and Analysis," Sept. 8, 1988.
179) Reuters, *Toronto Globe and Mail*, Oct. 26; *MH*, Oct. 26; 같은 날, BG와 AP는 이 내용을 간략하게 보도했다. 그밖에 참조할 자료는 Americas Watch, *Nightmare Revisited*, September 1988.
180) Pamela Constable, *BG*, Oct. 27, 1988.
181) *Central America Report*, Oct. 14, 1988.
182) *NYT*, Nov. 13, 1988.
183) *LAT-BG*, Nov. 25, 1988.
184) Chris Norton, *CSM*, Jan. 13; *El Sol*, Jan. 9, 1989.
185) UPI, *BG*, Sept. 14; *El Sol*, Sept. 19; *Central America Report*, Sept. 23; Sam Dillon, *MH*, Sept. 20; COHA, "News and Analysis," Oct. 19, 1988.
186) Preston, *WP*, Nov. 8, 1988.
187) Sam Dillon, *MH*, Oct. 1, 1988.
188) *Excelsior* (Mexico City), Aug. 31; Central America NewsPak; AP, Nov. 15; *BG* (Nov. 16, 1988)에서도 행진 사건을 언급하기는 했지만 그 이유에 대해서는 특별히 언급하지 않았다.
189) Lindsey Gruson, *NYT*, Nov. 18, 1988.
190) *Excelsior*, Oct. 19, 21, 1988; Central America NewsPak.
191) Kinzer, *NYT*, Aug. 2, 1988.
192) 주138)을 참조할 것.
193) Rasky, *NYT*, Aug. 2; AP, *BG*, Aug. 3, 1988.

4장 신자유주의 질서 안의 시장 민주주의

194) UNICEF, *The State of the World's Children 1997* (Oxford: Oxford University Press, Oxford, 1997); UNICEF, *The Progress of Nations 1996* (New York: UNICEF House, 1996).
195) Thomas Friedman, *New York Times (NYT)*, June 2, 1992; National Security Adviser Antony Lake, *NYT*, Sept. 26, 1993; David Fromkin(역사학자), *NYT Book Review*, May 4, 1997(최근의 저작물을 요약해주고 있다).
196) 이런 현상에 대한 전반적인 고찰과 역사적 기원에 대해서는 프레데릭 클레어몬트 Frederic Clairmont의 고전적인 저서 《경제 자유주의의 흥망과 성쇠》

(Asia Publishing House, 1960)을 참조할 것. 이 책은 최근에 개정되어 재출간 되었다(Penang and Goa: Third World Network, 1996). 또한 (마이클 초수도 브스키) Michael Chossudovsky의 《빈곤의 세계화》(Penang: Third World Network, 1997)도 참조할 만하다. 클레어몬트는 오랫동안 유엔무역개발회의 (UNCTAD)에 근무한 경제학자이며, 초수도브스키는 오타와 대학의 경제학 교수이다.

197) John Cassidy, *New Yorker*, Oct. 16, 1995; Harvey Cox, *World Policy Review*, spring 1997; Martin Nolan, *Boston Globe (BG)*, March 5, 1997; John Buell, *The Progressive*, March 1997.

198) John Liscio, *Barron's*, April 15, 1996.

199) Bernays, *Propaganda* (New York: Liveright, 1928), chaps. 1-2. M. P. Crozier, S. J. Huntington, and J. Watanuki, *The Crisis of Democracy: Report on the Governability of Democracies to the Trilateral Commission* (New York: New York University Press, 1975).

200) Richard Cockett, "The Party, Publicity, and the Media," in Anthony Seldon and Stuart Ball eds., *Conservative Century: The Conservative Party since 1900* (Oxford: Oxford University Press, 1994); Harold Laswell, "Propaganda," *Encyclopedia of the Social Sciences*, vol. 12 (New York: Macmillan, 1933). 인용구절과 그밖의 내용에 대해서는 1979년 후이징거 추모 강연이었던 《지식인과 국가》(이 글은 1982년 뉴욕의 판테온 출판사에서 재출간되었다)를 참조하기 바란다. 끝으로, 알렉스 카레이 Alex Carey의 《Taking the Risk Out of Democracy》(Sydney: University of New South Wales Press, 1995; Urbana: University of Illinois Press, 1997)을 참조하기 바란다. 이 책은 이 주제를 다룬 개척자적인 소중한 저서이다.

201) 앞의 책; Elisabeth Fones-Wolf, *Selling Free Enterprise: The Business Assault on Labor and Liberalism, 1945-1960* (Urbana: University of Illinois Press, 1995). Stuart Ewen, *PR!: A Social History of Spin* (New York: Basic Books, 1996). 좀더 자세히 알고 싶으면, *Deterring Democracy* (London: Verso, 1991)에 재수록된 내 논문 〈지식인과 국가〉와 〈힘과 여론〉을 참조하기 바란다.

202) Editorial, *New Republic*, March 19, 1990.

203) Sanford Lakoff, *Democracy: History, Theory, Practice* (Boulder: Westview, 1996), 262f.

204) J. Toye, J. Harrigan, and P. Mosley, Aid and Power, vol. 1 (London:

Routledge, 1991), 16, cited by John Mihevc, The Market Tells Them So (London: Zed, 1995), 53. 레닌주의자와의 비교에 대해서는 주8에 인용된 내 글과 *For Reasons of State* (New York: Pantheon, 1973)의 서문을 참조하기 바란다.

205) Carothers, "The Reagan Years," in A. Lowenthal, ed., Exporting Democracy (Baltimore: Johns Hopkins University Press, 1991). 또한 같은 저자의 *In the Name of Democracy* (Berkeley: University of California Press, 1991)도 참조할 것.

206) Cited by Gordon Wood, *The Radicalism of the American Revolution* (New York: Vintage, 1991), 190.

207) 랜스 배닝 Lance Banning은 매디슨의 관점을 자유주의적 관점에서 해석하려는 주요 학자로, 고든 우드 Gordon Wood를 인용해서 이렇게 말하고 있다. 좀 더 자세한 내용을 알고 싶으면, 내가 쓴 *Powers and Prospects* (Boston: South End, 1996), chap. 5와 "Consent without Consent", *Cleveland State Review* 44, no. 1(1996)을 참조하기 바란다.

208) Frank Monaghan, *John Jay* (Bobbs-Merrill, 1935), 323.

209) *Survey of Current Business* 76, no. 12, Dec. 1996 (U.S.Department of Commerce, Washington, D.C.).

210) Morton Horwitz, *The Transformation of American Law*, 1870-1960 (Cambridge, Mass., Harvard University Press, 1992), chap. 3. And Charles Sellers, *The Market Revolution* (Oxford: Oxford University Press, 1991).

211) Michael Sandel, *Democracy's Discontent* (Cambridge, Mass.: Havard University Press, 1996), chap. 6. 내 생각에, 공화주의와 시민의 가치에서 출발한 그의 해석은 계몽시대와 그 이전의 사상을 간과하고 있어 만족스럽지 못하다. 좀더 심도있게 알고 싶다면, *Problems of Knowledge and Freedom* (New York: Pantheon, 1971), chap.1과 *Powers and Prospects*, chap 4. 그리고 제임스 펙 James Peck이 편집한 *The Chomsky Reader* (New York: Pantheon, 1987)의 여러 논문을 참조하기 바란다.

212) Carey, op.cit., and "Force and Opinion."

213) 자세한 내용에 대해서는 내 글, Turning the Tide (Boston: South End, 1985) chap.11을 참조하기 바란다. 언론에서는 다루지 않은 피구에레스의 발언을 충분히 인용하고 있다. 또한 워싱턴의 "민주주의를 위한 성전"에 대한 그의 관점을 철저하게 무시해버린 《뉴욕 타임스》의 중앙 아메리카 전문가의 보도와 사

설에 대해서는 *Letters from Lexington* (Monroe, N.H.: Common Courage, 1993) chap.6을 참조하기 바란다. 한편 니카라과와 엘살바도르의 선거에 대한 언론보도에 대해서는 Edward Herman & Noam Chomsky, *Manufacturing Consent* (New York: Pantheon, 1988), chap. 3을 참조하기 바란다. 항상 진실을 보려 노력하던 캐로서즈마저도 "산디니스타가 1990년까지는 선거를 거부했다"고 쓰고 있다.

214) 나중에 밝혀졌듯이, 장기계획에 따른 선거가 미국의 군사 및 경제적 압력 때문에 가능했다는 것도 사실의 왜곡이다.

215) 선거와, 그 결과에 대한 중앙 아메리카와 미국의 반응에 대해서는 *Deterring Democracy*, chap. 10을 참조하기 바란다.

216) 인용부호의 글귀는 캐로서즈의 글에서도 이런 식으로 강조되어 있다.

217) 자세한 내용에 대해서는 Richard Garfield, "Desocializing Health Care in a Developing Country," *Journal of the American Medical Association* 270, no. 8(Aug. 25, 1993) & Noam Choamky, *World Orders, Old and New* (New York: Columbia University Press, 1994), 131f.

218) Kinsley, *Wall Street Journal (WSJ)*, March 26, 1987; *New Republic*, March 19, 1990. 좀더 자세한 내용이나 비슷한 사례를 알고 싶으면, *Culture of Terrorism*, Chap.5 & *Deterring Democracy*, chap. 10, 12를 참조하기 바란다.

219) Greenway, *BG*, July 29, 1993.

220) *NYT*, May 2, 1985.

221) Ruth Leacock, *Requiem for Revolution* (Kent, Ohio: Kent State University Press, 1990), 33.

222) David Sanger, "U.S. Won't Offer Testimony on Cuba Embargo," NYT, Feb. 21, 1997. 실제의 공식발표를 인용하면, "1960년대 초 이후로 이 초당파적 정책은 우리 국경에서 겨우 150킬로미터 떨어진 곳에 악의적이고 비우호적인 체제가 버티고 있다는 사실, 또한 그 체제를 강화시키도록 묵인하는 것은 결국 카스트로의 호전성을 그대로 인정해주는 것인 동시에 라틴 아메리카 지역을 불안하게 만들 수도 있다는 판단에 기초한 것이다." 따라서 덴마크가 소련과 동유럽의 골칫거리였듯이, 쿠바는 미국과 라틴 아메리카의 안보를 위협하는 존재라는 논리이다. Morris Morley & Chris McGillion, *Washington Report on the Hemisphere* (Council on Hemispheric Affairs, June 3, 1997)

223) Sofaer, *The United States and the World Court*, U.S. Department of State, Bureau of Pacific Affairs, Current Policy, no. 769 (Dec. 1985).

224) 외교관례의 파기를 외교의 승리로 둔갑시킨 사례에 대해 더 많은 것을 알고 싶으면, Chomsky, *Culture of Terrorism*, chap. 7; *Necessary Illusions* (Boston; South End, 1989), appendix IV.5(pp. 84ff.)를 참조하기 바란다.

225) Letter, NYT, Feb. 26, 1997.

226) *Foreign Relations of the United States, 1961-63*, vol. 12, American Republics, 13f., 33.

227) Piero Gleijese, "Ships in the Night: The CIA, the White House and the Bay of Pigs," *Journal of Latin America Studies* 27, part 1(Feb. 1995), 1-42; Jule Benjamin, *The United States and the Origins of the Cuban Revolution* (Princeton: Princeton University Press, 1990), 186ff. 갤럽 지사에서 최근에 실시한 여론조사에 대해서는 《마이애미 헤럴드》의 스페인어 판(1994년 12월 18일)을 참조할 것; Maria Lopez Vigil, *Envio* (Jesuit University of Central America, Managua), June 1995(이 책은 《Z 매거진》(1997년 5월)에 "Passion for Free Markets"에서 심도있게 논의한 바 있다); *Profit over People* (New York; Seven Stories Press, 1998), 81.

228) World Orders, Old and New, 131ff. NAFTA의 예측과 결과에 대해서는 경제학자, Melvin Burke, "NAFTA Integration: Unproductive Finance and Real Unemployment," *Proceedings from the Eighth Annual Labor Segmentation Conference*, April 1995(노트르담 대학과 인디애나 대학 후원). 또한 1996년 캐나다 노동학회가 인력자원개발청의 후원을 받아 제출한 보고서, *Social Dimensions of North American Economic Integration*을 참조하기 바란다. 아프리카에 대한 세계은행의 예측에 대해서는 Mihevc의 책을 참조하면 알겠지만, 우울한 결과를 제시하고 있다. 물론 아프리카 국민에게 우울한 소식일 뿐, 세계은행의 고객층에게 우울한 소식은 아니다. 하지만 그 예측결과가 불충분하고 빈약하다는 사실은 경제학자들에게는 공지의 사실이다. Paul Krugman, "Cycles of Conventional Wisdom on Economic Development," *International Affairs* 71, no. 4, Oct. 1995를 참조하라. 그러나 크루그만은 그 예측에 참여한 경제학자들에게 신랄한 비판을 삼가는 약간 이중적인 모습을 보인다.

229) Helene Cooper, "Experts' View of NAFTA's Economic Impact: It's a Wash," *WSJ*, June 17, 1997.

230) Editorial, "Class War in the USA," *Multinational Monitor*, March 1997; Bronfenbrenner, "We'll Close," ibid.(이 글은 그녀의 보고서를 바탕으로 한

것이다.) & "Final Report: The Effects of Plant Closing or Threat of Planting Closing on the Right of Workers to Organize." 한편 레인식의 범죄가 남겨놓은 엄청난 충격에 대해서는 "The Workplace: Why America Needs Unions, but Not the Kind It Has Now," *Business Week*, May 23, 1994에서 자세히 다루고 있다.

231) Levinson, *Foreign Affairs*, March-April, 1996; *Workshop*, Sept. 26-27, 1990, Minutes, 3.

232) OECD, *Multilateral Agreement on Investment: Consolidated Texts and Commentary* (OLIS, Jan. 9, 1997; DAFFE/MAI/97; Confidential). Scott Nova & Michelle Sforza-Roderick of Preamble Center for Public Policy, Washington, "M.A.I. Culpa," *The Nation*, Jan 13; Martin Khor, "Trade and Investment: Fighting Over Investors' Rights at W.T.O.," *Third World Economics* (Penang) Feb. 15; Laura Eggerston, "Treaty to Trim Ottawa's Power," *Toronto Globe and Mail*, April 3; Paula Green, "Global Giants: Fears of the Supranational," *Journal of Commerce* (Canada), April 23; George Monbiot, "A Charter to Let Loose the Multinationals," *Guardian* (UK), April 15, 1997. 그 결과와 의미에 대해서는 Chomsky, Profit over People, chaps. 6-7을 참조할 것.

233) Kenneth Roth, Executive Director, Human Rights Watch(HRW), Letter, *NYT*, April 12, 1997.

234) Paul Farmer, *The Uses of Haiti* (Monroe, Me.: Common Courage Press, 1994); *World Orders, Old and New*, 62ff.; Chomsky, "Democracy Restored," *Z Magazine*, Nov. 1994; NACLA, *Haiti, Dangerous* Crossroads (Boston: South End, 1995).

235) "Democracy Restored," citing John Solomon, AP, Sept. 18, 1994.

236) Nick Madigan, "Democracy in Inaction: Did Haiti Fail US Hope?" *Christian Science Monitor*, April 8, 1997; AP, *BG*, April 8, 1997.

237) John McPhaul, *Tico Times* (Costa Rica), April 11, May 2, 1997.

238) Bairoch, *Economics and World History* (Chicago: University of Chicago Press, 1993).

239) Vincent Cable, Daedalus(spring 1995), citing *UN World Investment Report 1993* (그러나 이 보고서는 상대적으로 자료가 부족했다는 사실을 지적하며 상당히 다른 수치를 제시하고 있다.). 미국과 멕시코에 대해서는 David Barkin

& Fred Rosen, "Why the Recovery Is Not a Recovery," *NACLA Report on the Americas*, Jan-Feb. 1997; Leslie Crawford, "Legacy of Shock Therapy," *Financial Times*, Feb. 12, 1997 ("Mexico: A Healthier Outlook"이라는 부제가 붙어 있으며, 극소수의 부자를 제외하고 국민의 대다수가 빈곤에 시달린다고 말한다.). NAFTA 이후 내부거래에 대해서는 William Greider, *One World, Ready or Not* (New York: Simon and Schuster, 1997), 273(멕시코 경제학자 카를로스 에레디아의 주장이 인용되어 있다)

240) 클린턴 행정부의 선임 경제자문위원을 지낸 로라 타이슨의 1992 OECD 보고서, *Who's Bashing Whom?* (Institute for International Economics, Washington, D.C., 1992).

241) Alfred Chandler, *The Visible Hand* (Cambridge, Mass.: Belknap Press, 1977).

242) John Brewer, *Sinews of Power* (New York: Knopf, 1989)

243) Radhakamal Mukerjee, *The Economic History of India: 1600-1800* (Allahabad: Kitab Mahal, 1967); C. A. Bayly, *The New Cambridge History of India* (Cambridge: Cambridge University Press, 1988); Dietmar Rothermund, *An Economic History of India* (London: Croom Helm, 1993); Bairoch, op. cit.

244) Hutton, *The State We're in* (London: Jonathan Cape, 1995), 128f. 전후 경제 성장의 밑거름이 되었던 미국 경제의 전시회복에 대해서는 Gregory Hooks, *Forging the Military-Industrial Complex* (Urbana: University of Illinois Press, 1991).

245) Gerald Haines, *The Americanization of Brazil* (Wilmington, Del.: Scholarly Resources, 1989); Nathan Godfried, *Bridging the Gap between Rich and Poor* (Westport, Conn.: Greenwood, 1987); Michael Weis, *Cold Warriors and Coups d'Etat* (Albuquerque: University of New Mexico Press, 1993); David Rock, *Argentina* (Berkeley: University of California Press, 1987), 269, 292f.

246) 콜롬비아에 대해서는 Walter LaFeber, "The Alliances in Retrospect," in Andrew Maguire & Janet Welsh Brown eds., *Bordering on Trouble* (Bethesda, Md.: Adler and Adler, 1986). 케냐에 대해서는 Michael Phillips, "U.S. Is Seeking to Build Its Trade with Africa," *WSJ*, June 2, 1997. 멕시코에 대해서는 David Sanger, "President Wins Tomato Accord for Floridians," *NYT*, Oct. 12, 1996.

247) Chomsky, *Year 501* (Boston: South End, 1993), chap. 8 and sources cited; Farmer, op. cit.; *Labor Rights in Haiti*, International Labor Rights Education and Research Fund, April 1989; *Haiti after the Coup*, National Labor Committee Education Fund(New York), April 1993; Lisa McGowan, *Democracy Undermined, Economic Justice Denied: Structural Adjustment and the AID Juggernaut in Haiti* (Development Gap, Washington, D.C., Jan. 1997).
248) *Turning the Tide*, chaps. 4-5; Frank Kofsky, *Harry Truman and the War Scare of 1948* (New York: St. Martin's Press, 1993); *World Orders, Old and New*, chap. 2.
249) 앞의 책.
250) Ibid, citing Secretary of the Treasury James Baker; Shafiqul Islam, *Foreign Affairs, America and the World* (winter 1989-90); Low, *Trading Free* (New York: Twentieth Century Fund, 1993), 70ff., 271.
251) Leslie, *The Cold War and American Science* (New York: Columbia University Press, 1993), introduction.
252) Winfried Ruigrock & Rob van Tulder, *The Logic of International Restructuring* (London: Routledge, 1995), 221-22, 217.
253) 좀더 자세한 내용을 알고 싶으면, Eric Toussaint & Peter Drucker, eds., *IMF/World Bank/WTO, Notebooks for Study and Research* (Amsterdam: International Institute for Research and Education, 1995), 24-25.
254) UNICEF, *State of World's Children*, 1997.
255) UNICEF, *State of World's Children 1997*; Kennan PPS 23, Feb. 24, 1948 (FRUS, vol. 1, 1948), 511; Michael Hogan, *The Marshall Plan* (Cambridge: Cambridge University Press, 1987), 41, paraphrasing the May 1947 Bonesteel Memorandum.